OLIVIER S. REL.1972

MÉMOIRES

DU

COMTE HORACE DE VIEL CASTEL

SUR

LE RÈGNE DE NAPOLÉON III

(1851 — 1864)

PUBLIÉS D'APRÈS LE MANUSCRIT ORIGINAL
ET ORNÉS D'UN PORTRAIT DE L'AUTEUR

AVEC UNE PRÉFACE

PAR

L. LÉOUZON LE DUC

I

1851

PARIS
CHEZ TOUS LES LIBRAIRES
1883

MÉMOIRES
DU
COMTE HORACE DE VIEL CASTEL

SUR

LE RÈGNE DE NAPOLÉON III
(1851—1864)

TOUS DROITS RÉSERVÉS

Imprimerie B.-F. Haller, Berne

MÉMOIRES

DU

COMTE HORACE DE VIEL CASTEL

SUR

LE REGNE DE NAPOLÉON III

(1851 — 1864)

PUBLIÉS D'APRÈS LE MANUSCRIT ORIGINAL
ET ORNÉS D'UN PORTRAIT DE L'AUTEUR

AVEC UNE PRÉFACE

PAR

L. LÉOUZON LE DUC

I

1851

PARIS
CHEZ TOUS LES LIBRAIRES
1883

PRÉFACE.

La mode est aux Mémoires; on en publie beaucoup; mais pour curieux qu'ils soient, la plupart ayant pour objet le XVIIe et le XVIIIe siècles, n'offrent qu'un intérêt rétrospectif. Les Mémoires du Comte Horace de Vieil Castel nous touchent de plus près; ils embrassent l'importante période de 1851 à 1864, au développement de laquelle nous avons assisté et dont nous gardons toujours le vivant souvenir.

Jusqu'à présent, cette période a fourni matière à bien des récits; nous la connaissons dans son ensemble; mais quant à ses détails, même les plus propres à expliquer les faits, on ne saurait nier qu'elle ne reste encore enveloppée de nuages. Les Mémoires du Comte Horace de Vieil Castel serviront à les dissiper. Ils nous introduisent dans les coulisses les plus secrètes de ce théâtre, où s'est joué, pendant tant d'années, le destin de la France; ils nous révèlent les mobiles intimes qui en ont inspiré les scènes et dirigé les acteurs. Dans un drame où, au milieu d'émouvantes péripéties, de résultats grandioses, s'agitent tant de petites passions, de mesquines convoitises, de basses intrigues, l'élément comique a nécessairement une large part; les Mémoires du Comte Horace le font ressortir. Les personnages y sont pris sur le vif, et tous, jusqu'aux comparses les plus infimes, y défilent, chacun avec son rôle nettement défini, sa note caractéristique. C'est l'histoire par la chronique, la chronique dans sa plus saisissante actualité, car elle suit les événements jour par jour, souvent heure par heure. Ainsi, grâce aux Mémoires du Comte Horace de Vieil Castel, il nous sera donné enfin de lever tous les voiles et d'apprécier les hommes et les choses dans leur valeur vraie.

On trouvera peut-être cette publication prématurée; d'ordinaire, et par suite de prohibitions testamentaires, les Mémoires ne sont guère livrés à l'impression que longtemps après la mort des auteurs, et lorsque ceux de leurs contemporains qu'ils craindraient de compromettre les ont suivis dans la tombe. Scrupule respectable, mais qui, à beaucoup d'égards, est loin d'être inoffensif. Que d'erreurs, que de faux jugements encombrant l'histoire, eussent été prévenus, si certains témoignages autorisés se fussent produits plus tôt!

Actuellement que l'on est si avide de documents authentiques, que l'antique et timide axiome : « Toute vérité n'est pas bonne à dire » est absolument proscrit, un tel scrupule ne se comprendrait pas; on fait, au contraire, un devoir à celui qui a en mains des vérités quelles qu'elles soient, de les mettre sans tarder en pleine lumière.

Devançant ce mouvement d'opinion, M. de Vieil Castel n'a fixé, pour la publication de ses Mémoires, aucune date déterminée; il a laissé sur ce point toute liberté à ceux qui les auraient en dépôt. A la vérité, on doit supposer qu'il n'en eût point provoqué l'impression du vivant de l'Empire; mais depuis longtemps l'Empire n'est plus; et, bien qu'il ait creusé dans le pays des traces profondes, bien que ses partisans continuent de s'agiter, pleins de confiance et d'espoir, il n'en faut pas moins reconnaître que sa période est close, et qu'il est permis de le juger aujourd'hui avec la même franchise, la même indépendance que le jugera la postérité.

D'ailleurs, par sa position personnelle, M. de Vieil Castel n'avait point à se demander si ses révélations seraient ou non intempestives. Jamais il n'a tenu de ces hauts emplois qui font d'un homme le dépositaire officiel responsable de secrets d'État, et par suite l'obligent, même après sa mort, à une réserve sévère.

M. de Vieil Castel était un savant, un littérateur, un artiste, et dans toute sa carrière administrative, il s'est concentré exclusivement sur les sciences, les lettres et les arts.

La politique, toutefois, avait pour lui un vif attrait, et il était mieux placé que personne pour en surprendre et en pénétrer les secrets. Son esprit fin et délicat, son caractère indépendant et libre d'ambition, sa loyauté ferme et même ombrageuse en faisaient d'ailleurs un juge éclairé et honnête.

Le Comte Horace de Vieil Castel appartenait à une famille qu'une étroite intimité liait avec celle des Bonaparte. Né en 1797 et élevé à la Malmaison, il assista aux débuts du premier Empire dont il fêta avec enthousiasme la glorieuse épopée. De là son admiration pour l'Empereur et son système de gouvernement, son profond et inaltérable dévouement à la dynastie Napoléonienne; aussi, lorsqu'en 1851, il la vit renaître de ses cendres, salua-t-il son second avénement comme une manifestation de la Providence, comme une revanche nationale, et s'attachant à la personne de Napoléon III, il lui prodigua, sans se démentir jamais, un culte ardent, sincère et désintéressé.

Le désintéressement était chez le Comte Horace une vertu dominante. Plein d'obligeance pour les autres, qu'il faisait profiter de son crédit, il ne demandait rien pour lui : non certes qu'il n'eût pas conscience de sa valeur, il s'estimait, au contraire, très-supérieur à beaucoup de personnages comblés des faveurs du pouvoir; mais il n'admettait pas qu'un serviteur convaincu dût mettre sa fidélité à prix. Souvent délaissé, oublié, supplanté par d'audacieux intrigants, s'il en concevait du dépit, il ne le manifestait pas; il aimait mieux se laisser barrer la route que de se la frayer par des habiletés qu'il regardait comme des bassesses ; le métier de courtisan et de flatteur lui répugnait. Nobles sentiments dont il ne se prévalait pas; il nous dit simplement dans l'introduction à ses Mémoires que, s'il négligeait ses intérêts propres, c'est qu'il était *paresseux.*

Le Comte Horace de Vieil Castel, que sa naissance, son éducation, ses mérites personnels semblaient appeler aux postes les plus élevés de la politique ou de la diplomatie, dut se contenter d'une place de conservateur, puis de secrétaire général au Musée du Louvre. Le Prince Napoléon l'y nomma aussitôt son avénement à la Présidence. Il est vrai que cette place répondait le mieux aux aptitudes qu'il avait montrées jusqu'alors et aux études spéciales auxquelles il s'était livré.

Le Comte Horace, nous l'avons dit, était un savant, un littérateur et un artiste. Adolescent,

VIII

il chante ses amours dans des vers pleins de sentiment. Vivant dans l'intimité des poëtes, ses contemporains, il en est fort goûté. Alfred de Musset, entre autres, son ancien camarade de collège, lui porte une affection fraternelle, et il la lui rend bien. Comme il souffre de la décadence intellectuelle qui a frappé son pauvre ami et précipité sa fin! Avec quelle délicatesse il s'efforce de faire vibrer dans ce cerveau affaibli, presque atrophié, les joyeux souvenirs de la jeunesse! et quand, grâce à son insistance, un rayon de gaîté vient à percer ces ténèbres, comme il s'en montre heureux et attendri![1])

---

[1]) Nous trouvons dans les *Poésies du Comte de Vieil Castel*, imprimées chez Claye, en 1854, une pièce de vers relative à Alfred de Musset, que nous croyons devoir citer:

> Tu n'es plus ce chanteur intrépide et superbe
> Qui foulait en passant comme on foule un brin d'herbe
> De ses rivaux vaincus le troupeau frémissant.
> Tes yeux ne brillent plus du feu de ton génie;
> L'écho ne redit plus ta puissante harmonie;
> Ton front découronné s'incline en pâlissant.
>
> Pourquoi donc aujourd'hui ce silence farouche,
> Ce rire amer et froid qui contracte ta bouche?
> Quel regret a fixé son vautour dans ton sein?
> As-tu vu loin de toi ta volage maîtresse
> A de nouveaux amants prodiguant sa tendresse,
> Rester sourde à ta voix qui l'appelait en vain?
>
> Relève donc ton front, parle, dis ta misère,
> Fais entendre ta voix, poëte à l'âme austère;
> Reprends, reprends ton luth si longtemps négligé;
> Chante les yeux en pleurs, prêtre de l'harmonie,
> Chante, tu m'appartiens même à ton agonie,
> Je suis ta muse, ami faible et découragé!

Après les vers, la prose : M. de Vieil Castel publie des romans,[1]) romans aristocratiques dont ses mémoires donnent la clef et où la peinture des mœurs et des passions s'empreint de la haute distinction du gentilhomme. Pour le fond et la forme, ces œuvres d'imagination sont aujourd'hui démodées, mais à l'époque où elles parurent, elles eurent leur succès.

Enfin, à la suite de longs et studieux voyages à travers la France, l'Italie, l'Égypte et la Grèce, viennent les ouvrages sérieux : *Marie-Antoinette et la Révolution française* et quelques autres du même genre, tenant à la fois de l'histoire et du roman. Puis, *une Collection de costumes, armes et meubles pour servir à l'histoire de France*, œuvre capitale, qui a coûté à l'auteur dix-sept ans de recherches et plus de cent mille francs d'argent. Citons encore le catalogue du *Musée du Louvre* et une foule d'études et de rapports rédigés et publiés par le Comte Horace à raison de ses fonctions officielles.

De son salon ou plutôt de son atelier du Louvre et des autres salons qu'il fréquentait, M. de Vieil Castel s'était fait un observatoire, du haut duquel

---

[1]) Voici les titres des principaux romans du Comte Horace de Vieil Castel : *Le faubourg St-Germain; le faubourg St-Honoré; la Noblesse de Province; Cécile de Vareil; Gérard de Stolberg*, etc.

il assistait, sans s'y mêler, aux évolutions du règne. Dévoué à Napoléon III jusqu'au fanatisme, considérant la nouvelle ère impériale avec son exaltation d'artiste et l'associant à ses souvenirs du premier Empire, il en avait conçu une idée gigantesque. A ses yeux, c'était le relèvement triomphal de la France; et il rêvait les gloires de Louis XIV, les grands généraux, les habiles diplomates, l'éblouissement de l'Europe devant le nouveau *Soleil*.

Il ne tarda pas à se heurter aux déceptions; elles l'affectèrent profondément. Napoléon III ne cessait point pour cela d'être son idole; mais le piédestal qui le portait, sapé ouvertement ou sournoisement par ceux-là même qui avaient contribué à l'élever, lui semblait chanceler de plus en plus. Bien des mesures avaient été prises qui devaient rassurer sa foi religieuse et ses sentiments conservateurs; néanmoins il les suspectait, car en approfondissant les motifs qui les avaient inspirées, il ne pouvait s'empêcher de constater qu'elles avaient beaucoup plus pour but de favoriser les visées égoïstes d'un entourage insatiable que les intérêts généraux de la France. Or, plus encore que l'Empire et que l'Empereur, M. de Vieil Castel aimait la France. C'est pourquoi il s'alarmait, convaincu que tout gouvernement quel qu'il soit, dont l'action ne tend pas directement et loyalement au bien du pays, marche fatalement à sa perte. D'un autre côté, même dans la situation relativement modeste qu'il occupait, M. de Vieil Castel subissait le contre-coup des intrigues qui assiégeaient l'Empereur. De combien d'injustices, de mécomptes, de déboires n'a-t-il pas eu à souffrir! Courtisans et flatteurs, tous ceux qui avaient ou qui voulaient avoir part à la curée conspiraient contre lui; redoutant sa supériorité, offusqués de son attitude loyale et indépendante, ils travaillaient à ruiner son influence et à le reléguer dans l'ombre. M. de Vieil Castel sentait vivement la blessure, mais il n'en conservait pas moins sa sérénité fière.

Impuissant à réagir contre ceux qui le dénigrent, contre ceux qui avilissent et déshonorent la grande cause à laquelle il s'est sacrifié, le Comte Horace s'abandonne à des accès de misanthropie; il recherche la solitude de son cabinet, et là, chaque soir, évoquant ce qu'il a vu, entendu et éprouvé durant la journée, il écrit ses Mémoires. Connaissant particulièrement tous les personnages qu'il passe en revue, il les saisit dans leur réalité intime et les peint dans le détail. Pour beaucoup d'entre eux le portrait est loin d'être flatté; il ne saurait l'être qu'en cessant d'être vrai : or, tout en écrivant d'une plume familière et sans songer à se faire l'oracle de la postérité, le Comte Horace de Vieil Castel tient absolument à rester vrai; et l'on sent qu'il l'est même lorsque, dans ses expressions, il donne le plus carrière à son humeur aigrie, à son esprit mordant et incisif.

Dira-t-on que ces Mémoires sont une œuvre de rancune? L'auteur avait le cœur trop haut pour mériter un pareil reproche; il les représente lui-même comme un hommage à la justice et à la vérité.

Pourquoi donc ménagerait-il ceux qui l'ont si peu ménagé? Pourquoi passerait-il sous silence ou atténuerait-il le rôle odieux ou ridicule de ces gens qui, par leurs perfides roueries, leurs convoitises malsaines, ont si impudemment abusé de ce souverain qu'il aimait?

En *enregistrant* (c'est son expression) les événements qui se déroulent sous ses yeux, le Comte Horace prétend en tracer un tableau aussi complet que fidèle; il lui importe par conséquent de n'y rien retrancher, pas plus les ombres que les côtés lumineux. Qu'au moment où ils paraîtront, ses Mémoires risquent d'éveiller certaines susceptibilités et même de provoquer quelques colères, ce n'est pas à lui à s'en inquiéter; son devoir est de raconter simplement et loyalement; son droit, de critiquer consciencieusement; et c'est ce qu'il fait.

Telle est, du reste, l'impression que produisent les récits et les jugements du Comte Horace lorsqu'on les rapproche de ce que l'on connaît du règne de Napoléon III. C'est bien là le tableau approprié à un pareil cadre, et l'on peut affirmer que les couleurs n'en sont point chargées. Réellement, l'auteur ne décrit que ce qu'il a vu, ne répète que ce qu'il a entendu, n'exprime que ce qu'il éprouve; pas de thèse préconçue, pas de parti pris : si quelque erreur lui échappe, dès qu'il s'en aperçoit, il la redresse. Accident fort rare, car avec sa clairvoyance naturelle, sa parfaite connaissance des hommes et des choses, il ne risque guère d'être dupe; puis, dans le milieu où il vit, le renseignement juste lui arrive de prime-saut; il n'a qu'à ouvrir les yeux et à prêter l'oreille.

L'anecdote abonde, toujours alerte et pimpante; un grain de sentiment s'y mêle parfois[1]); mais le plus souvent il s'agit d'histoires plaisantes et même

---

[1]) Par exemple cette émouvante conclusion du récit de la mort de Mlle de Sudre : « Je ne sais pourquoi cette mort si prompte et dans de telles circonstances, m'impressionne plus que toute autre mort. Pauvre enfant, si admirée, si adorée par tous ceux qui l'approchaient, couchée ce soir bien loin de sa famille, de ses amis, sous l'herbe d'un cimetière, abandonnée à la destruction. Et ces lèvres, ces mains qu'on osait à peine effleurer de ses lèvres par la pensée, tout cela livré aux vers. Dans six mois, elle sera oubliée! Pauvre enfant! Pauvre nous!»

burlesques, qui, à la façon dont elles sont racontées, derideraient les plus moroses. Quant aux aventures galantes, elles ne se comptent pas ; la cour et la société du second Empire offrent dans ce genre, on le sait, une mine inépuisable. Sans hésiter, M. de Vieil Castel met en scène héros et héroïnes dans leurs attitudes les plus hardies ; et, comme pour démontrer que le français peut rivaliser de désinvolture avec le latin, il ne recule pas devant les peintures les plus vives, les expressions les plus crues. Certaines pages de ses Mémoires rappellent les boutades les plus scabreuses des conteurs du XVIII° siècle.

Devant les grands événements politiques, le style des *Mémoires* se relève. M. de Vieil Castel s'attache surtout à ceux qui lui paraissent gros de danger, et il les suit avec une attention fébrile. Voyant à quel point l'Empereur est mal conseillé, mal servi, et comme la machine gouvernementale peu à peu se détraque, il use de tout ce qu'il peut avoir d'influence pour faire entendre de salutaires avertissements. Par malheur, il prêche dans le désert ; d'autres l'emportent ; et il en est réduit à consigner tristement, dans ses tablettes, ses tentatives avortées, ses appréhensions sinistres. Avec quelle verve à la fois indignée et sarcastique ne flagelle-t-il pas cette camarilla affolée, ces hauts et bas fonctionnaires incapables ou malhonnêtes, toutes ces avidités rapaces qui ne savent que flatter, exploiter et compromettre! Vient un temps, cependant, où sa voix trouve de l'écho : sortant de ses rêves, déchirant les voiles dont on l'enveloppe, l'Empereur comprend enfin que son gouvernement va à la dérive; et en se confessant le mal, il cherche le remède. Depuis quinze ans, il a muselé la presse; maintenant, il lui ôte le bâillon, il recourt à elle; il crée et soudoie des journaux, il les dirige, il les inspire, il leur envoie des articles ou des brouillons d'articles. Voici un de ces brouillons, écrit de sa main et recueilli parmi les papiers des Tuileries : M. de Vieil Castel n'aurait jamais pu souhaiter une justification plus entière, une confirmation plus autorisée de ses doléances et de ses critiques.

« Il est un fait réel, c'est que l'Empereur est resté aussi populaire qu'il y a quinze ans, tandis que son gouvernement ne l'est pas.

« D'où vient cette anomalie ?

« C'est que les agents du pouvoir, au lieu d'imiter la bienveillance extrême du chef de l'État, sa modestie et sa simplicité, ont été infatués des pouvoirs qui leur étaient délégués, et qu'ils ne se sont pas assez occupés de suivre les inspirations des populations et ne se sont pas assez occupés de leurs intérêts.

« Les administrations sont restées hautaines et routinières.

« Les préfets ont voulu faire les pachas et imposer leurs volontés aux populations.

« Le gouvernement de l'Empereur est le plus honnête qui ait jamais existé, mais il s'est laissé contaminer par des hommes qui, sans être au pouvoir, étaient en relation avec le gouvernement et qui le compromettaient par leurs spéculations.

« La presse, au lieu de contrôler les actes de tous les agents du pouvoir, ou a été servile ou rebelle. »

Un témoignage parti de si haut suffira, nous l'espérons, pour mettre le Comte de Vieil Castel à l'abri de tout reproche de partialité, d'exagération ou d'injustice. On ne prendra ses Mémoires que pour ce qu'ils sont réellement, c'est-à-dire pour un effort consciencieux destiné à jeter une lumière décisive sur les faits, les gestes, les personnalités, en un mot sur tout ce détail du second Empire que l'ignorance ou l'intérêt ont jusqu'ici laissé dans l'ombre. Et c'est ainsi que les *Mémoires du Comte Horace de Vieil Castel* nous apparaissent non-seulement comme une œuvre intéressante et utile, mais encore comme une œuvre patriotique, puisqu'ils permettront au pays de porter désormais un jugement complet et dégagé de tout ce qui tendait à l'obscurcir sur une période qui a tenu une si grande place dans son histoire, et de fixer définitivement les responsabilités.

L. LÉOUZON LE DUC.

SOMMAIRE.

ANNÉE 1851.

JANVIER.

La Princesse Mathilde — Chaix d'Est-Ange — Le comte de Nieuwerkerke — M⁰ᵉ Piscatory et les Pharaons — La Princesse Metchersky et Tanneguy Duchâtel — Opinion de la Princesse Mathilde sur le Prince de Canino — La famille de Tussac et le marquis de Pastoret — Le duc de Vallembroie — La commission du Haras de St-Cloud . . . . 5 à 8

FÉVRIER.

Le vicomte de Saint-Mars, la comtesse Dash, ses maris et ses amants — Flamarens et la marquise de la Châtaigneraie — M. et M⁰ᵉ Berger — Ambassade du baron de Lagrenée en Chine, le bouton de cristal, insigne des juges de paix chinois — Retour du baron de Lagrenée; sa femme — Le baron de Bourgoing, son mariage par myopie, sa singulière politique en Espagne, son histoire du mastodonte — Guizot et la fusion — De l'administration et de la diplomatie — La marquise de Guadalcazar, ses amants — Déprédations commises en 1848 — Dîner chez Lamoricière, projet d'un directoire — Sasse et la bourgeoisie — La marquise du Vallon, ses filles, ses convives — Jules et Ferdinand de Lasteyrie, leurs femmes — les appas de l'ambassadrice de Turquie — Le ménage Bocca Giovino — La marquise de Contades et le marquis

XVIII

Pages

Coislin — Opinion de la Princesse Mathilde sur le comte de Montalembert — Le marquis de Custine, Mlle de Duras — Opinion de Humboldt sur le marquis de Custine, d'après son écriture — Labouillerie, grand vicaire de l'archevêché de Paris, sa jeunesse, son aventure avec Mlle Kocburn — Fumisteries faites à Paul Foucher — Réflexions de Mme E. de Girardin au sujet de l'impuissance du duc de Bordeaux — Biographie du marquis de Lavalette, son mariage — Duel entre Bacciochi et Jules Lecomte — Proposition Creton sur la rentrée des Princes — Le Prince-Président et l'architecte Duban au sujet des travaux du Louvre — Lettre sanglante du comte de Nieuwerkerke à Jules Lecomte . . 8 à 64

MARS.

Rejet de la proposition Creton — La Princesse Mathilde et le Prince Démidoff — Opinion du Tzar Nicolas — L'esclave Nédirdjka — Tanneguy Duchâtel, l'amour tiré au sort — Suzanne de Carondelet — Les nouveaux préfets — Calvimont, son mariage, sa belle-mère — Mme veuve Danrémont épouse M. Vaisse sans prendre son nom — Fermeture par l'autorité du cours de Michelet — Réclamation de cinq millions par les exécuteurs testamentaires de Louis-Philippe — Les deux cent mille francs de Lavalette et sa carrière diplomatique — L'héroïne du roman de Gérard de Stolberg — Le comte Charles de Lasteyrie et M. Sirey, anciens prêtres — L'établissement de fous du docteur Belhomme — Un bal travesti chez le ténor Roger — La comtesse de Nesselrode, Mme Zéba, la comtesse Kalerdjy et Alexandre Dumas fils — Un consul général trichant au jeu — Suite du scandale Nesselrode, un récit de Didier . . . . 64 à 113

AVRIL.

L'orateur du faubourg St-Antoine renseigné par sa maîtresse, la comtesse Kalerdjy — Judith payée pour olopherniser Ledru Rollin — Martinet, officier de la garde nationale en 1848, préserve la duchesse d'Orléans — Grave accusation contre Ladvocat, directeur des Gobelins — De Laborde et ses intrigues — Le ministre M. de Crouseilhes, sa famille, sa carrière — Augustine Brohan fuyant en Belgique, les violences du jeune Villoutray — Le mouvement insurrectionnel en Portugal, le maréchal Narvaëz — Les troubles de St-Gaudens — Confiance du Prince-Président en l'avenir . 113 à 136

MAI.

Saisie à l'imprimerie du dixième bulletin du *Comité de résistance* — Interpellations de MM Joly et Schœlcher à l'assemblée — M. et Mme Cavé — Papiers administratifs brûlés par Auguiot — Les amours de la reine d'Espagne, rappel de Navaëz, exil de Serrano, rentrée du roi — Brouille de Véron et du ministre au sujet de Rachel — Mort du docteur Koreff — La Princesse Mathilde et sa suite expulsées de la tribune du duc d'Aumale . . . . 136 à 148

JUIN.

Agitation révisionniste — Mutisme du Prince-Président — Ouverture officielle du Louvre restauré — Le fils de Rossi crache publiquement à la face du Prince de Canino, un duel s'ensuit — Duel du comte de Nieuwerkerke et du Prince Pierre Bonaparte — Les fils de Lucien, leur mère — Rude apostrophe du général Baraguay d'Hilliers au Prince de Canino — Lettre de la mère de Canino à Mme de Drisen — Lettre de Mazzini à M. Ferdinand de Lesseps — Discours du Président à l'inauguration du chemin de fer de Poitiers — Véron à Auteuil, son installation, ses commensaux . 148 à 159

JUILLET.

Quelques opinions de la Princesse Mathilde — Discussion sur la révision — Visite du Prince-Président à St-Gratien — MM. de Persigny, Mocquard, de Morny — Le général Magnan promu au commandement de l'armée de Paris — Le baron de Chamerolles; deux ouvriers engloutis dans un puits qu'il fait creuser; Chamerolles assiégé dans son château, menacé de mort, sa fuite; incurie du sous-préfet — Visite du Prince-Président au Louvre, son appréciation sur la décoration de la

XX

grande cour, ses projets pour relier le Louvre aux Tuileries — Victor Hugo et la révision — Saisie et vente du mobilier du général Magnan, ses dettes — Terrible aventure arrivée à la marquise de Caraman — Séparation conjugale de M™ de Ganay — Plaintes et menaces des paysans contre M. de La Rochefoucauld, gardien du château de sa sœur, près d'Amiens — Le mariage de Boulay de la Meurthe . . . . 159 à 173

AOUT.

M™ O. Barrot demande à l'archevêque de Paris des prières pour l'éloignement de ce *cretin* de Président — Le Prince Napoléon, fils de Jérôme, expulsé de sa demeure aux Invalides pour cause de conduite scandaleuse — Les bouffonneries du bureau de l'assemblée, présidé par Bernardi — Véron, sa vie, sa cuisinière Sophie, brouille avec Rachel, bon mot de Roqueplan — Détails donnés par Privat Danglemont sur Villemessant, Ch. Maurice et Fiorentino — Duprez conspué par le *Courrier des Théâtres* — Roqueplan directeur des *Variétés*, ses agissements envers les actrices — Crédit alloué par l'assemblée à Léon Faucher pour une mission dans l'ancienne Médie — M. Mohl — Léon Faucher et M. de Saulcy — Visite de Véron au comte de Chambord, leur conversation — Le salon de M™. de Courbonne — Dispositions du Président pour loger des troupes au Louvre — Jules Janin et l'acteur Perrelet — Menaces de Dupaty, insulté par un article de Jules Janin — Excuses et rectifications du critique — Vénalité de la presse artistique — Opinion du roi de Prusse sur Raoul Rochette — Bizarre lettre de faire part de la mort du comte de Cayla . . . . 174 à 195

OCTOBRE.

M. de Bitlaudel et les frères Serrurier — Le coup d'état d'abord fixé au 21 septembre, ajourné par manque de confiance en plusieurs généraux — Les chapeliers communistes — Grave conseil des ministres — Projet de rétablissement de l'ancienne loi du suffrage universel — Chute du ministère — Commencement de la crise — Formation d'un nouveau ministère — Le général de Saint-Arnand, Fleury, Maupas — Première représentation au Théâtre Français d'une pièce d'Alfred de Musset : Bettine — Pluie de décorations — Inauguration de l'église S‍ᵗ-Leu Taverny, destinée à la sépulture des Bonaparte — M. de la Gueronnière se rallie à la politique du Président . . . . 196 à 205

NOVEMBRE.

Portraits de Lamartine et de Musset par Laurent Jan — Epigramme faite par Michaud contre Fiévée — Louis-Napoléon inaugure ses réceptions — Le préfet Carlier — Influence de la presse — Bertin, Véron et E. de Girardin — Message du Président — Entrevue de la Gueronnière et du Président — Lamartine perd sa situation au journal *Le Pays* — La Princesse Mathilde affirme une conspiration ourdie contre le Président — Représentation à l'Opéra, Thiers et *ses femmes* en deuil de la duchesse d'Angoulême — Mme Lehon et de Morny — Proposition des questeurs à l'effet de donner au président Dupin le droit de requérir l'armée pour la sûreté des représentants à l'assemblée — Les factions — Paroles du Président — Projet d'adresse du commerce parisien — Trahison de Leroy, secrétaire général au ministère de l'Intérieur, ses visites à Thiers — Projet de déclaration du ministre de la Guerre à l'assemblée — Allocution par le Prince-Président aux officiers des régiments nouvellement arrivés à Paris — Le Président semble décidé aux mesures énergiques — L'abrogation de la loi du 31 mai est repoussée, la proposition des questeurs est rejetée — Nomination d'un député de Paris — Le candidat Devinck . . . . 205 à 222

DÉCEMBRE.

Le coup d'état — Rétablissement du suffrage universel — Les représentants prisonniers — Menaces du général Forey à Piscatory, prisonnier — Arrestation du général Lauriston au faubourg S‍ᵗ-Antoine — Arrestation de Delpech — Vote par l'armée de la

XXII

présidence décennale — Refus de la bourgeoisie de signer ce vote — Mort de Baudin — La Haute Cour de justice dissoute par la force armée — Tarif imposé par les hommes pour aller aux barricades — Dix-huit personnes arrêtées rue de Richelieu — La province — Dépêche du général de Castellane — Les adhésions — Les répressions — Canrobert à la maison Sallandrouze — Démission du comte Louis de Vieil Castel — Les départements du centre — Les journaux étrangers — Hostilité du journal le *Times* — Les trente-huit cadavres du cimetière Montmartre — Deux agents de change fusillés — Effrayante évaluation des morts au combat et des fusillés — L'insurrection en province — Forfaits monstrueux — Saisie des papiers de M. Baze — Le supérieur du séminaire d'Issy — Le Prince de Joinville — Les insurgés du département des Basses-Alpes — Récit du colonel Espinasse sur les instructions reçues pour la perpétration du coup d'état — Le colonel Espinasse s'emparant du Corps législatif — Promotions dans l'armée — Réformes des ministères — Suppression des séances publiques à la Chambre — Interdiction des comptes rendus par la presse — Congé de six mois donné au maréchal Jérôme — Voyage forcé du prince Napoléon — Résultat des élections générales — Monnaie à l'effigie du Président, le coq remplacé par l'aigle — Préparatifs du Te Deum à Notre-Dame . . . . 222 à 250

Fin du premier volume.

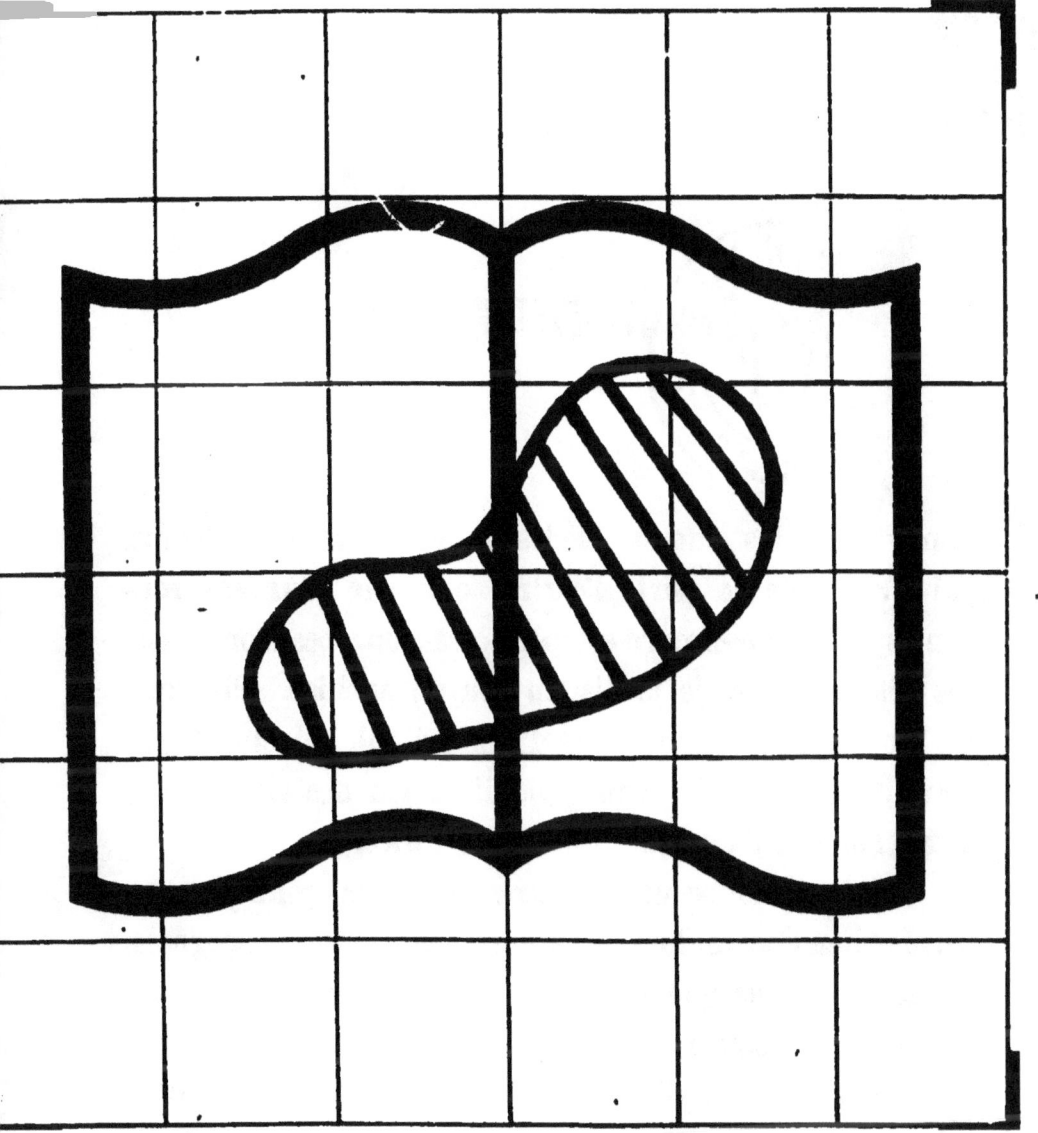

INTRODUCTION.

En voyant les choses et les hommes de mon temps, j'ai pris enfin le parti d'écrire jour par jour ces souvenirs. L'amour-propre est peut-être pour beaucoup dans ma résolution et je le dis en toute franchise. Plus que les trois quarts des hommes d'aujourd'hui, j'ai étudié, j'ai travaillé et je crois avoir produit, sinon des choses tout à fait bonnes, du moins des choses utiles.

Je me suis occupé des arts et de la politique; en dernier lieu encore, lors de l'affaire des mariages espagnols, j'ai soutenu plus que personne et avec le complet assentiment des hommes politiques, le droit de la France.

J'ai voyagé, étudié à mes frais; j'ai parcouru les plus belles bibliothèques de la France, de l'Angleterre et d'une partie de l'Allemagne. En 1829, j'aifait un long rapport au ministre de l'Intérieur pour proposer la nomination d'un inspecteur des monuments historiques. Mon rapport a été fort approuvé et, en 1830, Vitet fut nommé inspecteur!

J'ai publié à mes frais l'histoire du costume en France; j'ai employé 17 ans de ma vie à cette publication, j'y ai employé 100,000 fr.

Aujourd'hui on a bien voulu trouver que tant de travaux méritaient un emploi; je suis *secrétaire* de l'administration des musées, enregistrant les délibérations auxquelles je ne prends pas part.

Mais de Laborde est de l'Institut pour avoir toute sa vie copié des catalogues et comme il est assez ignorant en histoire des arts, comme en histoire politique, on l'a nommé conservateur des musées du moyen-âge et de la renaissance du Louvre, dans l'espoir, sans doute, qu'il y apprendrait quelque chose.

Tout cela me laisse sans haine et sans colère; par le temps qui court ce qu'il y a de mieux à faire, c'est de voir et de retenir; je vois donc et je me souviens. Je ris, à moi tout seul, de certaines importances qui me regardent à peine et ne discutent pas avec moi, parce qu'elles se jugent d'une sphère très-supérieure, et je laisse passer les ignorants en leur disant:

Beati pauperes spiritu etc.

Cependant, si plus tard, quand je ne serai plus, mes enfants venaient à se demander pourquoi notre père est-il resté dans les emplois ignorés, lorsque tant de sots *brillaient* au premier rang?..... était-il donc plus sot encore?.....

Je veux les détromper et leur faire connaître mon époque. Ne vous inquiétez pas de moi, mes chers amis, j'ai souffert à moi seul, ce que j'avais à souffrir, j'ai passé dans le monde, voyant tout et avec si peu d'ambition que je n'ai jamais trouvé qu'il valut la peine de se faire flatteur et courtisan pour être couvert de décorations, comme Véron ou Feuillet de Conche, ou pour être membre de l'Institut comme Léon de Laborde.

User sa vie, pour n'arriver qu'à valoir ces hommes-là!.....

Dans mon petit livre, je vous juge, mes prétendus grands hommes; dans le monde, je me moque de vous et c'est moi qui vous regarde du haut de *ma grandeur*. Je ne veux cependant pas être classé parmi les hommes incompris, non, Dieu m'en garde. Si je ne suis rien, c'est ma faute, j'éprouve de l'embarras à demander pour moi, puis vient la paresse, quand il s'agit de recommencer vingt fois les mêmes démarches et l'ennui de solliciter. Je ne suis donc pas *incompris*, je suis paresseux.

Voyez, cependant, à quoi mène cette paresse; des gens importants s'habituent à vous regarder comme des êtres inférieurs, à trouver que vous êtes bon tout au plus pour enregistrer leurs paroles et ils vous disent de la meilleure foi du monde : vous ne pouvez pas être élevé jusqu'à nous, avoir votre voix dans nos assemblées, vous êtes un peu trop ambitieux, mais vous devez vous trouver très-satisfait du lot qui vous est échu.

Très-bien, mes beaux messieurs, nous ne sommes qu'un enregistreur, nous enregistrons; nous ne haïssons personne, sinon les sots qui nous fatiguent, mais nous n'avons à ménager personne, parce que personne ne nous a ménagé; à la besogne.....

Et vous, mes chers enfants, lorsque vous lirez ceci, pensez à votre père qui dans sa vie a beaucoup souffert sans se plaindre jamais à qui que ce soit et qui a beaucoup travaillé sans grande récompense de son labeur. J'ai beaucoup vu, aussi j'ai connu ce monde, comme peu de gens le connaissent.

Adieu, je vous ai toujours aimés, mes chers enfants, et, si je regrette de ne rien être et de n'avoir pas de fortune, c'est pour vous.

Au Louvre, 1851.

COMTE HORACE DE VIEL CASTEL.

29 JANVIER 1851.

J'ai dîné, aujourd'hui, rue de Courcelles n° 10, faubourg S¹-Honoré, chez S. A. la princesse Mathilde (Démidoff), fille de Jérôme Bonaparte, avec M`ᵐᵉ` Bresson, femme de notre ancien ambassadeur, M`ʳ` de Guitaud, son frère, second secrétaire à Madrid, M`ᵐᵉ` la marquise de Contades (fille du général de Castellane, qui commande à Lyon), M`ʳ` Chaix d'Estanges (l'avocat) et M`ʳ` le comte de Nieuwerkerke, directeur général des musées. La conversation a été très-animée et spirituelle; il a été fort question de M`ᵐᵉ` Piscatory (fille du général Foy). *Bas-bleu* très-prononcé et qui se prononce avec une merveilleuse audace sur les dieux égyptiens; cette *femme savante* connaît la déesse *Potiche* et tous les *Ibis* des Pharaons, elle parle beaucoup des Assyriens, enfin elle adore l'antiquité et les antiques. Sa main, qu'elle agite sans cesse à la hauteur de sa tête, a pour mission de montrer l'anneau royal de je ne sais plus quel roi égyptien, trouvé momifié dans j'ignore laquelle des pyramides.

M`ᵐᵉ` Piscatory fait admirer à ses *fanatiques* la beauté des muscles égyptiens de sa fille.

Après Mⁿᵉ Piscatory, Mᵐᵉ la marquise de Caraman (Césarine de Béarn) a eu l'honneur de passer devant notre aréopage. C'est encore un *bas-bleu* de première qualité, qui étudie les langues modernes et les guitarres. Jadis coquette très-maniérée, je l'ai connue fumant la cigarette chez la princesse Metschersky. Le pauvre Elim Metschersky en était très-épris, il eut d'elle un rendez-vous qui n'eut aucun résultat, parce qu'elle portait pour la circonstance des pantalons sans coutures que mon timide ami n'osa pas déchirer, ce qu'elle ne lui a point pardonné.

A cette époque (1834) Elim lui envoyait des bouquets de Camélias et Tannéguy du Châtel (ministre de l'Intérieur plus tard) des Camélias en caisse.

Chaix d'Estanges s'est beaucoup plaint d'être assiégé par le prince de Canino (ancien président de la République romaine) pour le faire convertir à plaider sa cause contre d'Arlincourt (le vicomte). Nous l'avons tous dissuadé de prêter son ministère à ce méchant, gros et malpropre républicain. La princesse Mathilde seule en le lui conseillant n'a pu s'empêcher de convenir de trois faits; à savoir que Canino avait été *mauvais fils et qu'il était toujours mauvais père et mauvais époux.*

JEUDI 30 JANVIER.

Soirée en petit Comité, chez ma femme, rue des Saussayes 8. Mᵐᵉ la Baronne de Tussac, ses deux filles, ma mère et ma sœur Caroline.

Ma fille a fort bien joué du piano, elle est très-bonne musicienne.

M`<sup>lle</sup>` de Tussac, la plus jeune, a chanté non sans prétention ; sa sœur aînée *Dame de St-Denis* est une idolâtre de Lamartine, elle le voit souvent, ainsi que sa femme.

Toute cette famille de Tussac est amie des Mrs de Pastoret ; c'est un petit troupeau, *très des Houillères*, sous la garde de ce vieux *Paris*, qui en 1834 était l'amant de la charmante duchesse de Vallembroie (sœur de Césarine de Béarn), morte des suites de couches et de l'ennui causé par son vieux mari, qui portait perruque, faux ratelier, œil de verre, en lui tout ce qui se voyait était faux ; le reste ne valait dit-on guère mieux. Le duc de Vallembroie est mort en 1850.

VENDREDI 31 JANVIER.

Soirée au Louvre.

Bonne musique (Seligmann, violoncelle ; Dancla, violon ; Ponchard et Géraldy, chanteurs).

J'ai causé avec le général Perrot, qui est chargé du commandement des gardes nationales de la Seine. Il se montra très-obligeant et très-amical envers moi ; je l'aime beaucoup, c'est un brave militaire, très-ferme, charmé d'être débarrassé de Changarnier.

Une nouvelle cause d'irritation contre le président de la république vient de surgir. L'assemblée nationale a nommé une commission pour étudier la question du Haras de St-Cloud ; comme la dite commission traversait le parc de cette résidence, loué au président, un gardien s'opposa à ce que cette fraction de la souveraineté nationale déléguée pour visiter un haras, passât dans une allée réservée. Insistance de la commission qui tonne enfin par dix voix plus ou moins harmonieuses :

Nous sommes des Représentants.

A cette foudroyante accusation de qualités, le gardien répond sans se déconcerter :

Raison de plus.

Colère de quelques Jupiters que veut en vain modérer M' de Beaumont, jupiter raisonnable.

Je ne sais comment se terminera cette affaire, nous sommes à l'époque des petites choses dont on tire de grands effets. *Pauvre pays.*

SAMEDI 1ᵉʳ FÉVRIER.

Dîner rue de Courcelles 10, chez la princesse Mathilde.

Au dîner une princesse sicilienne dont j'ai oublié le nom et le vicomte de Saint-Mars, colonel du régiment de dragons, actuellement à Paris.

Ce vicomte de Saint-Mars est le mari de la vicomtesse de Saint-Mars, faiseuse de romans et de feuilletons de journaux, connue sous le nom de comtesse Dash, tour à tour ou tout ensemble maîtresse de Roger de Beauvois, d'Elim Metschersky, d'Alex. Dumas, etc. etc. etc.... et qui enfin partit de France il y a 6 ans pour épouser le fils de l'hospodar de Valachie, et qui y est revenue, il y a 4 ans, abandonnée par ses deux maris et par ses amants, pauvre, tirant mille diables par leurs queues, pour recommencer sa vie de feuilletoniste et de romancière. Elle touche 1500 fr. de pension du colonel et 2000 fr. de l'hospodar.

La comtesse Dash est une vraie *Bohême*, qui écrit pour manger, pour boire et pour courir les bals, dépensant en toilettes ridicules plus d'argent qu'il n'en faudrait pour faire vivre dix honnêtes femmes. Elle aime le plaisir pour la débauche et souvent elle s'est donnée au premier venu qui la conduisait souper après le bal de l'Opéra. Elle a de l'esprit, mais elle n'est plus jeune et elle regrette sa jeunesse et de ne pouvoir plus choisir dans le sérail des hommes qui marchaient sur ses pas. Elle a 45 ou 46 ans. Le comte de Rochefort qui vient d'être nommé colonel de cuirassiers a été un de ses premiers amants.

Après le dîner, il est venu quelques personnes ; le comte de Flamarens, jeune premier depuis 30 ans du faubourg St-Germain ; toujours élégant, toujours blond, toujours frisé, fort occupé en ce moment à compromettre une jeune femme qui n'est pas difficile à compromettre. J'aurai l'occasion de revenir sur le compte de ce couple amoureux. Je dois dire, d'ailleurs, que Flamarens est un bon et brave garçon.

Il a été, pendant plus de quinze ans, l'amant déclaré de Mme la marquise de la Chataigneraie (celle dont le mari se fait actuellement nommer le prince de Pons). Cette marquise était sotte comme une grenouille, mais ces caillettes-là gardent longtemps leurs amants.

Le général Excelmans, brave homme, très-vieux aujourd'hui, sourd, toujours amoureux des princesses impériales de la famille Bonaparte.

Son fils, officier de marine, aide de camp du ministre de la marine, excellent, d'un commerce aimable. Monsieur et madame Berger, préfets, mâle et femelle, de la ville de Paris.

Le mâle a fait son entrée comme les seigneurs du moyen-âge, seulement au lieu de faucon, il portait sa femme sur son *poingt*. Ce Berger est le type physique et moral du mauvais bourgeois, haineux, fat, important, faisant des révolutions pour paraître.

Enfin, la princesse Mathilde, Guitaud et moi, nous sommes restés les derniers; causerie intime d'une demi-heure, sur toutes choses et sur tous hommes. Nieuwerkerke était parti de bonne heure pour faire des visites.

Dans notre conversation intime, il a été question des diplomates français, et soit dit en passant, c'est peu de chose; il y a parmi eux un tiers de fats, un tiers de sots et le troisième tiers a quelques capacités et de faibles utilités.

Voici deux anecdotes sur deux de ces diplomates.

M. de Lagrénée (Baron de). Les arménois prétendent qu'il a nom *Torchon*; les politiques, avouent que c'est bien un Torchon, mais un Torchon de Lagrénée, comme on dirait Torchon de toile ou Torchon de papier.

Torchon de Lagrénée, élevé à St-Acheul, soutenu par la congrégation, était attaché à l'ambassade française en Russie en 1830. Les Evangiles s'étalaient sur sa table; le rosaire était suspendu à sa cheminée et le scapulaire sur sa poitrine; en 1831 il se disait esprit fort, maintenant représentant du peuple, c'est un important du parti orléaniste. Je l'ai entendu lors du complot Ivan soutenir à M' Baroche dans le salon de la princesse Mathilde que le prétendu assassin était soudoyé par le caissier du prince Louis Napoléon.

Je n'oublierai jamais l'indignation de la princesse, sa superbe et subite rougeur, les deux larmes qui sillonnèrent ses joues, ni ses paroles de mépris et de courroux à cet insolent, elle fut magnifique et vraiment royale.

Mais revenons à Torchon de Lagrénée, nommé ambassadeur extraordinaire (très-extraordinaire, en effet) en Chine; il partit à la tête de toute une expédition pour faire un traité de commerce avec le céleste empire. Je n'ai point à m'occuper de ses travaux diplomatiques, nous savons ce qu'ils ne rapportent pas.

Le Torchon est grand amateur de décorations, cela n'est pas un crime, c'est la maladie régnante, tout le monde est décoré aujourd'hui. Lors donc qu'il eut terminé ses travaux, qu'il n'avait plus qu'à tourner ses vaisseaux vers la France, Torchon se dit qu'il serait glorieux pour sa patrie qu'il y rentrât un peu plus magot qu'il n'en était parti et cette idée fermentant dans sa tête, il alla trouver le commissaire impérial Lin, et lui fit la demande du *bouton de cristal*, qu'il serait heureux, ajoutait-il, de porter comme un souvenir de ses amis les Chinois.

Lin, un homme de bon sens, lui répondit que la chose était impossible, d'abord parce qu'elle blesserait les susceptibilités chinoises; que l'empire du milieu n'avait aucune institution qui répondît aux décorations européennes, que le *bouton de cristal* était le signe distinctif des mandarins et qu'il fallait pour l'obtenir passer un examen de lettré chinois, ce que ne pourrait pas faire l'ambassadeur.

Le Torchon s'obstina, déclara qu'il ne partirait pas sans le *bouton de cristal*, fallut-il le porter à la chinoise sur le Nombril, et, en effet, la mission fut prolongée de six mois.

C'est-à-dire que 1,500,000 fr. durent être inscrits en plus au budget de l'État pour cette obstination.

Lin, en chinois bien avisé, cherchait le moyen de débarrasser son pays d'un hôte aussi exigeant et voici comment il y parvint.

Les juges de paix de la race jaune portent, pour insigne de leur dignité, un collier de verroterie; ce collier fut accordé à Torchon de Lagrénée qui, satisfait alors, consentit à quitter *Canton* et démontra, six mois après, aux parisiens ébahis comment la France devait se trouver fière de ne payer que 1,500,000 fr., l'honneur de posséder un juge de paix chinois parmi ses diplomates.

La femme de Torchon est une ex-demoiselle d'honneur de l'impératrice de Russie; on s'accorde à la regarder comme la pimbêche la plus désagréable et la plus méchante qu'il soit possible de rencontrer. Aussi insolente que son mari, et jouant la vertu.

J'aurai l'occasion de revenir sur son compte.

M. le baron de Bourgoing, notre ministre plénipotentiaire en Espagne, est un des plus mirifiques niais que je puisse offrir comme spécimen de l'espèce. Avec des manières et un langage d'abbé musqué, un faux air bonhomme, une affectation de franchise, on peut le ranger parmi les intrigants; il est marié à une grande bavaroise plus sotte que lui et qu'il a demandée en mariage par erreur. Comme le dit Bourgoing à la vue basse, il s'est trompé de beau-père, dans un escalier obscur, et il a fait sa demande à un bavarois pour un autre; puis, il a accepté les conséquences de son erreur.

Bourgoing était alors ministre en Bavière.

Mais arrivons à l'histoire que je veux raconter sur lui.

Monsieur, dit-il un jour à Guitaud dans le palais de l'ambassade à Madrid, il serait convenable de faire donner par l'Espagne une preuve d'estime à la république française et d'amener ainsi à la fraternisation deux peuples faits pour s'entendre. Allez donc demander au directeur du musée espagnol l'autorisation de faire mouler le *mastodonte* que possède cet établissement; allez et pour récompenser ce directeur nous le décorerons de l'ordre de la légion d'honneur. C'est ainsi que j'entends continuer la politique de Louis XIV ou je ne m'y connais pas. Guitaud, qui ne savait ni ce qu'était un *mastodonte*, ni quoique ce soit des histoires anté diluviennes, s'acquitte de la commission; mais le directeur du musée espagnol lui répond avec une sorte de colère: « Nous n'avons pas de *mastodonte*, Monsieur, mais bien un *anoploterium*, un squelette d'*anoploterium* », et il le conduit devant la carcasse fossile d'une énorme bête vermoulue, rattachée par des fils de fer; puis il continue: « Dites à M' l'ambassadeur de France que les squelettes d'*anoploterium* ne se moulent pas, que ce serait une barbarie de l'essayer et que la monarchie de Charles V ne saurait y consentir. »

Guitaud se retira confus et ce fut ainsi que Bourgoing ne put continuer en Espagne la politique de Louis XIV.

Il faut avouer que la diplomatie française brille en ce moment d'un grand éclat.

Après 1848, nous aurons eu à Naples un joueur de violon; à Lisbonne un faiseur de mélodrames, à Francfort un maître de langues; à Berlin le fils d'un savant astronome, avocat, assez mal famé, coureur d'actrices et grand joueur de dominos.

Risum teneatis.

DIMANCHE 2 FÉVRIER.

Je n'ai rien appris, ce soir, chez M⁣ʳ Baroche (place Vendôme); j'y ai vu beaucoup de gens prévoyants qui me semblaient venus pour se tenir en mesure, dans le cas d'une résurection. Persigny et Flavigny y faisaient les aimables.

Chez le baron Gustave de Romans (rue Tronchet 11), d'Anjou, directeur d'un journal semi-légitimiste de Montpellier, prétendait que M⁣ʳ Guizot avait vu les princes de la maison d'Orléans la semaine dernière à *Claremont* et que ces princes l'avaient chargé de négocier la *fusion* des intérêts bourboniens avec le comte de Chambord; sur ce, M⁣ʳ Guizot leur aurait répondu que tarder plus longtemps serait donner la France *à l'empire.* Les fusions, les alliances et toutes les menées politiques sont jeux de salons; notre *bas empire* est mené par la fatalité; le plus sage est de ne rien prévoir au milieu de gens sans croyances, sans vigueur et sans droiture. Les intérêts personnels sont rois. La république est une pauvre fille près d'accoucher; chacun veut être le parrain de son enfant; nous payerons les dragées du baptême.

LUNDI 3 FÉVRIER.

Je viens d'apprendre la mort de Melle de Sudre, charmante jeune fille, spirituelle, pleine de talent, musicienne distinguée, qui, il y a six semaines, dans ce même cabinet du Louvre où j'écris, me demandait des dessins pour orner un album de romances de sa composition. Quinze jours après elle me chantait ses romances chez son père et aujourd'hui la voilà morte, au moment d'épouser, après deux ans d'attente, Champagnac, un de mes amis, nommé récemment sous-préfet.

Elle avait l'air heureux, mais d'un bonheur fébrile et comme si elle eût un pressentiment de sa mort prochaine; tout en elle décelait une impatience d'user toutes les facultés de son intelligence. Pauvre fille enterrée avec sa robe de fiancée!..... Peut-être vaut-il mieux pour elle qu'elle s'ensevelisse avec l'illusion de ses premiers jours, car Champagnac n'était pas le mari qu'il lui fallait; son amour pour elle était déjà passé; l'été dernier il flottait entre elle et Théodorine du Vallon, jeune coquette qui ouvre non son cœur, mais sa ruse féminine à toutes les comédies amoureuses. Melle de Sudre est morte à la préface de ses premiers succès d'artiste, à la préface de son bonheur de femme.

Je ne sais pourquoi cette mort, si prompte et dans de telles circonstances, m'impressionne plus que toute autre mort. Pauvre enfant, si admirée, si adorée par tous ceux qui l'approchaient, couchée ce soir, bien loin de sa famille, de ses amis, sous l'herbe d'un cimetière, abandonnée à la destruction. Et ces lèvres, ces mains qu'on osait à peine effleurer de ses lèvres par la pensée, tout cela livré aux vers. Dans six mois elle sera oubliée! Pauvre enfant! Pauvres nous!.....

MARDI 4 FEVRIER.

Le supplément à la dotation présidentielle proposé hier, qu'en adviendra-t-il? Si la population était consultée, ce supplément serait voté par acclamation. Un républicain pur, le sculpteur Huguenin, sort de mon cabinet et me l'a dit comme l'expression d'un vœu populaire. Il a même ajouté : au 10 décembre j'ai voté pour Cavaignac; mais, maintenant, moi et beaucoup de gens qui pensent comme moi, nous voterons pour Louis Napoléon. Jusqu'à présent je n'ai pu me former une opinion précise sur ce prince, est-ce un temporiseur calme et résolu, est-ce un homme qui ne sait prendre un parti. Il a refusé de prendre l'empire lorsque, après l'élection du 10 décembre, le général Changarnier le lui offrait, il veut la prorogation..... ce ne peut être qu'un marche-pied. Je lui reconnais une grande qualité : il est courageux; une grande vertu politique : il est peu communicatif. Nul de ses amis élyséens n'a sa confiance, il ne s'ouvre avec aucun. Il n'ignore rien de ce qui se fait contre lui; il a des preuves des complots de son cousin, fils de Jérôme; il a des preuves des engagements du général Changarnier avec tous les partis, et des preuves de l'ordre donné par ce général aux troupes de la garnison de Paris de tirer sur lui, s'il tentait de sortir de l'Élysée pour se transporter aux Tuileries. Le comte Saint-Mars a fait connaître cet ordre qui lui avait été donné.

Morne et presque terne au milieu de son salon officiel, le président s'anime et prend un air ouvert dans l'intimité. Je l'ai vu l'été passé à St-Cloud et cet hiver chez sa cousine, la princesse Mathilde; ce n'était pas le président, c'était un homme de bonne compagnie, aimable et agréable. Il y a de la finesse en lui et une droite ruse, quant à son désintéressement, je crois peu qu'il fasse si bon marché qu'il le dit, dans ses messages, de la continuation de son pouvoir; il est ambitieux, il croit à sa destinée et depuis son enfance il répète qu'un jour il gouvernera la France.

Malheureusement s'il connaît les premiers rôles de la troupe politique qui s'agite autour de lui, il ignore les comparses.

L'administration et surtout la diplomatie sont entre les mains de gens tous prêts à se transfigurer au premier échec qu'il subirait. L'armée est meilleure. La diplomatie est orléaniste et elle ne sort de l'orléanisme que pour tomber sous la direction d'autres incapacités que les orléanistes y supportent, quoique bonapartistes, mais qui ne sont pas dangereuses. Le président a trop d'instruments qui ont été créés par d'autres et pour d'autres choses. Dans les temps où nous vivons, il faut à chaque situation nouvelle des

2

hommes. Qu'est-ce que toute cette frippaille de valets de pied diplomatiques du règne qui a fini en 1848, transformés en ministres, en chargés d'affaires du régime actuel. Tous ces gens-là assiègent les gouvernements près desquels ils sont envoyés, de supplications pour obtenir un grand cordon; puis, lorsqu'ils ont obtenu ce grand cordon, ils sollicitent leur changement pour aller pêcher ailleurs d'autres décorations. Ces diplomates me font parfaitement l'effet de *reposoirs* élevés dans les villages pour la *Fête-Dieu.* C'est-à-dire un drap de toile sur lequel sont accrochés tous les oripeaux de la bourgade et de tous les temps.

J'ai dîné chez la marquise de *Guadalcazar* (Mlle d'Entraigues) grande d'Espagne de 1re classe, ancienne maîtresse de Ferdinand VII de *Bulgarie*, ministre de Russie en Espagne, de M. De La Garde, ambassadeur de France en Espagne, de M. Edouard de Lagrange, alors secrétaire d'ambassade, aujourd'hui député, et de je ne sais combien d'autres.

C'est une vieille coquette de soixante ans qui joue le rôle d'enfant, se croit encore vraiment belle, ce qu'elle n'a jamais été, danse le menuet, la *cachoutcha* et les boléros, et qui aurait de l'esprit si elle voulait consentir à avouer plus de vingt ans et à faire taire ses prétentions de femme à bonnes fortunes. C'est elle qui vint en France de la part de Ferdinand VIII pour réclamer auprès de Louis XVIII l'intervention de l'armée française en 1823.

—Donc, je dînais chez cette marquise, avec mon frère Louis, directeur de la division politique aux affaires étrangères, M. de Bois le Comte, ancien ministre en Suisse pendant les affaires du Sonderbund, et M. de Bretonne, conservateur à la bibliothèque Ste-Geneviève. Mon frère et Bois le Comte sont deux des anciens amants de la Marquise. Tous deux niais invétérés en affaires d'amour ; hommes tout juste ce qu'il faut pour n'être pas mollusques. Fort instruits tous deux, tellement instruits même, que les badauds les trouvent gens d'esprit.

Bretonne, savant rêveur, moitié Voltairien, moitié *Béotien*, parlant passablement de ce qu'il ne comprend guère, auteur d'un livre sur les origines historiques et traducteur du Don Quichotte pour plaire à S. Ex. la Marquise de Guadalcazar, dont il est encore l'amant en cette *bonne* année de disgrâce 1851.

J'étais ainsi seul désintéressé dans ce congrès des amants de la grande d'Espagne qui présidait à un dîner de miroton ayant pour vis-à-vis une autre Marquise, vieille antiquité, sans âge supputable et sans forme humaine, très-utile à la Guadalcazar dont elle entretient les illusions, en la traitant de petite fille. Cette autre marquise, a nom Marquise de Fontanar, etc., etc., etc., mais nous ne l'appelons que *la Fontanar*.

Pendant cet agréable dîner, il a été fort question de politique et les deux diplomates, peu partisans du régime actuel, ont fort approuvé la brochure de Thuriot de la Rozière (ex-diplomate de la même boutique, aujourd'hui député) qui met en présence la politique suivie par l'assemblée nationale et celle du président, pour donner tort à cette dernière. Je crains fort que mon frère ne compromette sa position ; il est orléaniste trop ouvertement et tous les dimanches il va causer des affaires du moment en déjeûnant chez le vicomte de Flavigny, ex-diplomate, aujourd'hui député (frère de la comtesse d'Agoult, Daniel Stern) tour à tour légitimiste et orléaniste pour arriver aujourd'hui à être je ne sais quoi. Les membres déjeûneurs de ce petit sénat sont, outre mon frère et Flavigny : Gabriac, ancien diplomate congréganiste, Bois le Comte et quelques autres membres passagers de la même église. Ils se tiennent tous comme larrons en foire et ont toujours soin d'avoir un des leurs aux affaires, pour demeurer bien informés et pour avoir une porte entr'ouverte en cas de besoin. Tout cela a de l'influence et tout cela se loue à qui mieux, c'est une assemblée de pères de l'église, qui communique rarement par la parole avec les simples mortels.

Les ambassades sont pourvues d'aspirants à ce conseil suprême, aussi dès qu'un pauvre jeune homme est atteint par la maladie diplomatique, il devient à l'instant gourmé, empesé, rogue, important, et lorsqu'on le trouve digne d'être bardé de décorations, il n'est plus abordable.

Les déjeûneurs de chez Flavigny tiennent la boule du monde entre leurs mains ; ce sont de petits *Charlemagne*. Ce qui me les fait admirer, c'est la façon tout habile dont ils se sont partagé les rôles. Mon frère occupe le poste diplomatique et répond des puissances étrangères. Flavigny conduit les affaires intérieures par l'assemblée nationale ; Bois le Comte est une plaque d'assurance (compagnie du Phénix) en cas de succès du parti légitimiste, et Gabriac, à la tête des saints, apporte l'appui des congréganistes. Ces quatre personnages presque ignorés forment un conseil comme l'était celui des dix à Venise. Ils sont fort répandus dans le monde et butinent partout ; comme des abeilles, ils composent leur miel du dimanche avec des sucs récoltés pendant la semaine.

Tous quatre forment un égoïsme complet qui pourrait avoir pour devise :

Si fractus illabatur orbis...

Ils sont les fourmis blanches de l'Inde, auxquelles rien ne résiste.

Mon frère n'a jamais été jeune dans son enfance et n'a jamais connu le monde pratique; il aime, je crois, les femmes par ouï-dire, quoique de méchantes langues prétendent qu'il y a telle femme qui a été sa maîtresse.

MERCREDI 5 FÉVRIER.

La dotation du président sera refusée, la coalition l'a ainsi décidé; M. Molé voulait faire renvoyer la discussion jusqu'à l'avénement d'un ministère définitif, les autres chefs plus impatients, ont préféré discuter sans ajournement et refuser sur-le-champ, quoiqu'ils sachent bien que l'opinion générale ne les approuve pas. Les Thiers, les Odillon Barrot, les Emile de Girardin, les Victor Hugo, les Larochejaquelin sont comme les grenouilles qui croassent dans les marais à l'approche du mauvais temps.

Le journal m'arrive, je ne m'étais pas trompé, la dotation sera refusée; quelle belle occasion de dire des choses peu agréables au pouvoir, les coalisés n'y manqueront pas. Légitimistes, orléanistes, comme ils vont s'en donner.

Plus j'y réfléchis, plus je trouve misérable ce que nous nommons le gouvernement parlementaire, et qui pourrait tout aussi bien être nommé gouvernement de *dissolution*, de *démoralisation*.

Ce soir, je suis pris par une grippe abominable, je vais relire l'histoire du bas-empire, de la décadence et de la chute de Rome.

MERCREDI 5 FÉVRIER.

J'ai lu pendant trois heures et j'ai cru lire l'histoire de mon temps. Hélas! nous possédons tous les vices de Rome, et nous ne serons pas éclairés par l'expérience de sa chute; nous avons deux prétendants et les barbares, non pas vers nos frontières, mais au milieu de nous; comme à Rome, chaque parti les appelle contre son adversaire.

Quels hommes que tous ces chefs! quels misérables, qui s'amusent à jouer le jeu des révolutions pour la satisfaction de leur amour-propre. Ils n'ont pas de conviction, ils ne croient qu'en eux.

M. de Chateaubriand et les royalistes ont fait 1830, Thiers et la bourgeoisie orléaniste ont fait 1848.

Ce qui est triste, c'est de voir comment tout ce monde de députés s'en va gaîment vers l'abîme. Les barbares sont là, ils n'attendent qu'une occasion et il y aura plus de ruines que lorsque les Huns et les Vandales ravageaient l'empire.

Lamartine a pu écrire cependant que cette *populace française était remarquable par son respect pour les monuments des arts.*

Lamartine! flatteur de populace; Lamartine, courtisan du ruisseau pour paraître indépendant. Jadis les rois avaient leurs flatteurs, aujourd'hui c'est la boue qui a ses gentilshommes de la chambre.

Quel respect pour les monuments des arts!... quand je suis arrivé au Louvre, j'ai vu les tableaux des galeries de Neuilly et du Palais-Royal, coupés, hachés, déchiquetés; les statues mutilées, trouées, tordues, et les beaux vases de porcelaine et les coupes d'onix et de cristal de roche, et les dessins, les livres, les manuscrits! M. de Lamartine, vous avez sciemment menti; ce peuple est voleur et toutes les révoltes heureuses que vous glorifiez, après coup, ont été accomplies par des gens qui cherchent le désordre pour piller.

On ne pourra jamais assez répéter que tous les écrivains ont menti en louant les révolutionnaires de 1848, comme aussi ceux de 1830.

En 1830, ces honnêtes citoyens volaient pour 1,500,000 fr. de bijoux et de matières précieuses dans les galeries du Louvre, sans compter le pillage des Tuileries.

En 1848, nouveau sac des Tuileries, pillage du Palais-Royal, auquel le feu est mis, pillage de Neuilly, pillage de la maison de M. de Rothschild, contributions forcées dans plusieurs maisons, entre autres chez Lord Henri Seymour, où je me trouvais, les armes de luxe et 1000 fr. d'argent.

Aux Tuileries, tout est pillé, volé; les diamants, les pierres précieuses sont disputés à la pointe du couteau, et maintenant, dans les bas fonds de cette populace, on demande les filles habillées de soie!

Les Huns et les Vandales valaient mieux que tout cette canaille.

JEUDI 6 FÉVRIER.

On parle beaucoup ce matin d'un dîner donné par le Grand Lamoricière à MM. Molé, Thiers, Baze et enfin aux membres de la coalition, centre gauche. La question de la révision de la constitution y a été traitée et discutée; on s'est arrêté à cette idée qu'il est opportun de supprimer la présidence de la république et de la remplacer par un Directoire de cinq membres.

Nous marcherions ainsi à une convention.

Rien ne peut donc instruire, rien n'a donc le pouvoir d'éclairer les hommes, ni le passé, ni le présent?

Nous n'avons que des ambitieux aux appétits grossiers. Quel progrès!... Un Directoire!... c'est-à-dire le renouvellement de ce qu'il y a eu de plus sale et de plus honteux après la révolution de 1789.

Cinq petits et mesquins Barras, qui se feraient la guerre, se disputeraient le pouvoir!... Bas-empire, Bas-empire, te voilà donc revenu. Nous verrons arriver le pouvoir mis à l'encan par les légions.

J'apprends que le général Changarnier était du dîner Lamoricière.

J'ai dîné chez la princesse Mathilde, tout à fait en petit comité, elle allait le soir chez le président, où l'on danse, mais moi, je n'irai pas, je suis trop enrhumé. La princesse était charmante, elle avait une robe blanche brodée d'or; elle était coiffée d'épis d'or et de bleuets et ses beaux diamants en collier paraient ses épaules.

VENDREDI 7 FÉVRIER.

Soirée au Louvre; celle du président hier, a été la plus animée et la plus nombreuse de la saison, chacun tenait à honneur de protester, par sa présence, contre l'hostilité de l'assemblée. Pour la première fois, je crois, depuis l'avénement en France du régime représentatif, l'*opposition* n'a aucune popularité; de tous les côtés, les populations s'inscrivent pour offrir une dotation que veut refuser l'assemblée. Lyon offre, dit-on, 300,000 fr., Limoges

120,000, le département de l'Eure 180,000; les différents corps de métiers s'inscrivent pour des sommes considérables à Paris.

Le président devra honorablement refuser; sa popularité y gagnerait beaucoup.

A la soirée d'aujourd'hui, chez Nieuwerkerke, la *bonne* compagnie bien représentée, les artistes aussi, très-excellente musique. L'*Aria di chiesa de Stradella* (1667) a été chantée par Roger de l'Opéra avec succès; puis une charmante ballade de Membrée *Page, Ecuyer, Capitaine;* puis enfin la *Marquise d'Amaëgui* d'Alf. de Musset. Membrée accompagnait lui-même sa ballade de *Page, Ecuyer, Capitaine.* Kruger a joué plusieurs airs sur le piano, il a été fort applaudi. (La Harpe éolienne, rêverie. Gazelle, impromptu.) Après cette soirée officielle, il y a eu, comme à l'ordinaire, *arrière*-soirée dans mon atelier, nous étions très-nombreux. Giraud, cet excellent artiste et très-excellent camarade et ami, a continué la galerie de caricatures qu'il augmente chaque vendredi pour Nieuwerkerke; Soulié, le conservateur de la galerie de Versailles, a posé.

Mes convives étaient Mery le poëte, Gudin le peintre de marines, Giguoux, Muller, Giraud, peintres, le comte de Baillon, Guitaud, le secrétaire d'ambassade, le Marquis de Coislin, Roger, le chanteur, Membrée, le compositeur, de Montéglon, attaché à la conservation des dessins du Louvre, Soulié, etc.

Jusqu'à une heure après minuit, bonne causerie en prenant du thé et fumant des cigares. Les soirées de mon atelier sont très-appréciées et c'est comme une faveur d'y être admis.

SAMEDI 8 FÉVRIER.

Rien de nouveau; le rapport concluant au rejet de dotation du président a été présenté aujourd'hui par M. Piscatory, orléaniste, autrefois ministre en Grèce.

Lundi prochain la discussion. J'ai dîné avec Nieuwerkerke au café. Le soir, n'ayant rien à faire, je me suis rendu chez Susse, place de la Bourse, pour faire causer sur la politique, Victor Susse, qui est fort enclin à parler des choses qu'il ne comprend guère. Il est curieux de saisir l'esprit de la bourgeoisie parisienne, de cette fraction de la société française d'où nous vient tout le mal dont nous souffrons.

Cet esprit reste toujours le même, rien ne peut corriger ces éternels enfants qui se veulent faire passer pour des hommes. Victor Susse est le type du bourgeois commerçant. Les révolutions détruisent son commerce, il les maudit, mais il les laissera toutes passer, s'il n'aide pas à leur avénement; il souhaite le repos, mais il est frondeur dans l'âme quand il n'a pas peur.

Victor Susse se croit très-fort en politique, il prend volontiers la parole et ne la quitte plus, quoique parlant avec difficulté. Il tranche les questions les plus épineuses, règle le destin des Etats, blâme les ministres et développe son plan administratif et politique, tout comme les plus gros seigneurs de l'assemblée.

La bourgeoisie se révolterait si on voulait la contraindre à croire à l'infaillibilité du Pape, mais elle se pose de bonne foi infaillible.

Pauvres *jourdains!...* pour être notaire, médecin, avocat, il faut des années d'études, mais pour devenir homme d'état, il faut tout simplement naître bourgeois de Paris.

Il va, sans qu'il soit presque besoin de le dire, que Victor Susse rêve, comme apogée de sa gloire, la croix de la Légion d'honneur.

DIMANCHE 9 FÉVRIER.

J'ai dîné chez Mme la Marquise du Vallon, qui tient rue de Provence, n° 58, une espèce de table d'hôte.

Cette marquise, dont le mari était avant la révolution de février 1848, receveur particulier à Paris, est une sorte d'intrigante ruinée, faiseuse d'affaires et capable de tout entreprendre pour gagner de l'argent; son mari est parti un beau jour laissant un déficit dans sa caisse, il est maintenant retiré en province, vivant de coquilles de noix et de ce que sa femme peut ajouter à ces coquilles de noix. La Marquise du Vallon a un frère, colonel en Afrique, brave militaire, nommé de Lourmel, qui s'empara du Conservatoire des Arts-et-Métiers, lorsque Ledru-Rollin et ses amis s'y réfugièrent; son autre frère est retraité du service hollandais; il a longtemps et parfaitement servi à Java.

L'intrigante marquise a été fort jolie; maintenant c'est une grosse femme qui a encore des prétentions qu'elle fait valoir, Dieu sait comment. Je lui ai connu comme amant, Berthier de Sauvigny, celui qui fut accusé, non sans raison, d'avoir voulu écraser Louis-Philippe avec un cabriolet, le vaudevilliste de Saint-Georges et Victor Hugo; je ne compte pas le fretin.

Sa fille aînée gère l'établissement de la rue de Provence, qui est mis sous son nom. Théodorine du Vallon est au moins aussi coquette que sa mère; elle a toujours deux ou trois adorateurs, auxquels elle accorde quelques menues faveurs. Les méchantes langues prétendent qu'elle réserve les *dernières* et les plus grandes pour les occasions *fructueuses*. Je n'en sais rien, mais c'est possible. Je ne crois pas qu'elle se laisse arrêter par des scrupules le jour où sa fantaisie et son intérêt lui conseilleront de *faiblir*. J'ai même comme une sorte d'illumination qui me dit ce jour-là arrivé depuis longtemps; mais, encore un coup, je n'en sais positivement rien.

La fille et la mère peuvent donc faire ménage ensemble, l'une ne gâtera pas l'autre. Il y a aussi deux plus jeunes filles de Mᵐᵉ du Vallon, jolies toutes deux, ignorées jusqu'ici et qui ont été retirées du Mans, où elles vivaient chez un oncle, pour venir orner le salon de leur mère. La plus âgée des deux a dix-sept ans et l'autre seize ans. Je les plains de toute mon âme; elles sont des effets de commerce qu'on émettra un jour.

La plus jeune surtout mériterait une autre destinée; grande, d'une taille élancée et bien prise, d'une figure charmante, elle a le charme de la jeunesse qui ignore et qui s'ignore. Elle est très-bonne musicienne et compose même avec goût.

Encore une fois, c'est dommage et j'éprouve un véritable sentiment de tristesse en songeant à cette pauvre fille qui se flétrira tôt ou tard dans l'atmosphère de table d'hôte auquel on expose sa jeunesse.

L'organe de cette jeune fille est très-agréable, il possède un charme de mélodie très-grand.

Mais revenons au dîner et disons quels personnages s'y trouvaient réunis. M. le Marquis de Jouffroy, qui s'est mêlé à vingt affaires d'industrie, bavard, sans capacités, important et vieux libertin.

M. de Moissac, légitimiste périgourdin, appartenant à une très-bonne famille, mais arriéré dans ses opinions, et exagéré comme tous ceux de sa province. M. Ardant, bourgeois de Limoge, opinion du bourgeois parisien. M. Cayé, jeune légiste légèrement rouge.

M. le baron de Papon, officier au service d'Autriche dans le corps des Croates qu'il regarde comme le premier corps de troupes du monde. Il vante beaucoup la pendaison dont il dit avoir usé très-souvent et il la conseille comme moyen de répression à tous les peuples qui ne veulent pas périr. M. Granier de Cassagnac, le journaliste que tout le monde connaît; six à sept autres comparses sans valeur, et moi.

La conversation ne s'est animée qu'au second service, lorsque la politique est arrivée comme supplément de nourriture pour dissimuler la pauvreté du dîner. Alors, il a été question de tout, et du passé et du présent, et des révolutions de 1789, 1830, 1848 et des révolutions à venir. Le baron de Papon voulait ses croates et le maréchal Haynau, le vicomte de Moissac, le comte de Chambord et l'écrasement de la bourgeoisie. Ardant croyait à l'efficacité du régime représentatif et à l'influence de la parole des *bavards*. Cayé écoutait d'un air effaré et au milieu de tout ce *tohubohu*, on riait, on se livrait à des plaisanteries comme si la conversation avait roulé sur l'histoire égyptienne ou assyrienne.

Enfin, il a été fort parlé de l'Italie, de l'esprit des populations, des dernières campagnes de Charles-Albert. Le baron de Papon a mis derechef ses croates en ligne et Granier de Cassagnac est intervenu.

J'ai eu l'honneur de causer avec le Pape, a-t-il dit, lorsqu'il commençait à se lancer dans ce système de réforme qui a tourné contre lui. C'est un bon prêtre qui alors était fort ignorant en politique et qui a pensé qu'il parviendrait à museler les révolutions par quelques concessions. Il m'a même demandé si je ne pensais pas que la liberté de la presse fût un bon moyen de civilisation pour le peuple et il a paru surpris de ma réponse qui était qu'à notre époque la liberté de la presse couvait la licence et que la licence démoralisait. Le Pape a été entraîné, parce qu'en lui il n'y avait pas l'étoffe de l'homme qu'il aurait fallu pour les circonstances.

Dix conversations particulières se sont établies, personne ne s'entendait, chacun avait son système à lui et le dîner a parfaitement présenté l'image de la société actuelle. Faites donc une nation avec de tels éléments.

LUNDI 10 FÉVRIER.

Une majorité de cent et quelques voix, comme je m'y attendais, a rejeté la dotation du président.

Que fera-t-il et que fera-t-on?

M. Piscatory, rapporteur de la commission, s'est montré aigre et presque insolent; ce Piscatory est un orléaniste de première classe; ancien amant de la duchesse de Dino (aujourd'hui duchesse de Talleyrand) dont il a eu une fille; il est actuellement l'époux de cette Madame Piscatory bas-bleu, dont mon frère est épris. Comment des gens d'esprit peuvent-ils pousser l'absurde jusqu'au point de dire, comme Piscatory l'a fait : *Le président de la république n'est pas le chef de l'Etat.* Cette phrase, destinée à l'absurde populace, peut servir de pendant à celle éditée contre *Louis-Philippe : Le roi règne et ne gouverne pas.*

Hélas! mes ignobles petits jourdains, que veut dire *régner,* d'où vient ce mot? vous l'ignorez; vous voulez régner, gouverner, tailler à votre guise dans ce beau royaume de France, mes chers petits bourgeois, vous avez le talent de laisser faire des révolutions, vous savez tout brouiller, tout ruiner, mais vous ne savez que cela. Votre émancipation a été le plus grand malheur du pays. Le plus mauvais de tous les rois c'est *Jourdain* de Paris.

MARDI 11 FÉVRIER.

Le président, par une note insérée ce matin au *Moniteur*, remercie ceux qui voulaient souscrire en sa faveur à une dotation votée par le pays, mais il ne l'accepte pas. Cette note est courte et digne; elle aura un bon effet. On connaît ce matin la liste des votants contre la proposition de dotation. Légitimistes, orléanistes, montagnards sont réunis sur cette liste. C'est une coalition des plus étranges et des plus sales.

Jules et Ferdinand de Lasteyrie, mes deux cousins, sont sur cette liste. Jules, petit-fils de Lafayette, par sa mère, montagnard jusqu'au jour où il prit pour femme Mᵐᵉ de Jarnac, c'est-à-dire de Rohan-Chabot, sœur de Jarnac, notre envoyé à Londres avant 1848. Orléaniste depuis cette époque; sa femme est, dit-on, dotée par la *branche cadette*.

Ferdinand, bon garçon d'esprit, mais d'esprit faux. C'est un de ces bons garçons qui font bonassement le mal! sa mère était sœur de la mienne; son père, le plus enragé Jacobin de la Jacobinerie moderne, avait été prêtre, et pour le marier, il avait fallu un bref de sécularisation. Il n'avait aucune croyance et il est mort il y a dix-huit mois à quatre-vingts et quelques années, comme un voltairien de bas étage. C'était aussi un *bon homme*.

Ferdinand a été élevé par Labat, archiviste de la préfecture de police (actuellement), Jacobin niais, qui se croit du caractère parce qu'il est perpétuellement opposant, admirateur des Jacobins de 1793, sans portée d'esprit, voire même sans esprit, mais assez instruit.

Il y a deux natures dans Ferdinand; une nature aristocratique qu'il dissimule devant la chambre et ses électeurs, mais qu'il laisse galoper dans le secret du cabinet. Là, il fait sa généalogie, il colorie son blason, il chérit le souvenir de ses aïeux. Dans la rue, il n'est plus que le citoyen Lasteyrie, et à l'assemblée, il débite assez bien des discours spirituels, mais manquant de fond, qui ont d'abord été applaudis par le petit cénacle de femmes de sa parenté, rassemblé chez lui pour une première audition.

Ferdinand est arrivé d'Amérique il y a deux jours, dégoûté des républicains d'Amérique qu'il déclare être les plus grossiers de tous les habitants du globe, les coquins les plus effrontés et les plus sots qu'il soit possible de trouver.

Il a dû renoncer avec eux à la fraternité républicaine. Mme F. de Lasteyrie est une jeune et très-gentille petite Américaine, enfant gâtée et mal élevée, mais dont le cœur est excellent.

J'ai vu Ferdinand faire fabriquer deux sortes de cartes de visite. Pour les libéraux et pour ses électeurs:

Ferdinand Lasteyrie,

pour le faubourg St-Germain, pour les gens du monde

Le Comte F. de Lasteyrie.

C'est la fable de la chauve-souris. Sous la monarchie de juillet, Ferdinand publiait l'histoire des Vitraux en France, grand et bel ouvrage, que son cousin Rémusat a soutenu par un grand nombre de souscriptions pendant son ministère.

La Marquise de Dolomieu et les d'Orléans ont choyé l'enfance et la jeunesse de Ferdinand, mais *Labat Chauvin*, en a décidément fait un républicain, ou plutôt un opposant, un de ces hommes qui se disent : notre rôle est de tout désapprouver, de tout blâmer, un de ces *Samsons mirmidons* qui ébranlent journellement les colonnes de tout temple et pour lesquels tout pouvoir est ce traditionnel philistin, pour la destruction duquel la nature les a pourvus d'une *mâchoire d'âne*. Les deux Lasteyrie s'aiment peu. Jules traite Ferdinand de nigaud. Ferdinand traite Jules de roué et de faiseur d'embarras. Chacun d'eux voudrait être le seul Lasteyrie à l'assemblée.

Je voterais avec plaisir, pour qu'on les renvoyât planter leurs choux. Les choux, me diraient peut-être : « que vous avons-nous fait ?.... »

Le soir, il y a eu concert chez la princesse Mathilde. J'y ai entendu Seligman, Mlle Masson et Dupont.

Comme à l'ordinaire, il est venu beaucoup de monde. La diplomatie encombrait les salons; j'ai causé avec Kisseleff, le ministre de Russie, et nous avons passé en revue le personnel féminin. Les volumineux appâts de l'ambassadrice de Turquie ont fait notre admiration. Il paraît que dernièrement ils se sont échappés de leur prison au moment où un attentif empressé lui offrait la main pour descendre de voiture, et la malheureuse princesse a eu beaucoup de peine à leur faire réintégrer le domicile voulu.

Lorsque presque tout le monde a été parti, nous nous sommes réunis près de la table au thé et nous avons commencé à médire du prochain. Il ne restait que le Marquis et la Marquise de Chabrillant (Mortun), Excelmans fils, aide-de-camp du ministre de la marine, le colonel Saint-Mars, la princesse Mathilde, Mme de Salvages (l'Egérie napoléonnienne) et moi. Le ménage *Roca Giovino* nous a occupés.

La jeune femme (fille du prince de Canino) est gentille, très-vive et très-coquette, c'est un jeune écuyer qui brûle de revêtir ses premières armes. Tous nos jeunes soupireurs l'entourent et la pressent. Son mari a l'air d'un écolier qui n'est pas bien certain d'être en vacances. Il est jaloux et niais, bon garçon, que sa femme commence à conduire et qu'elle conduira tout-à-fait avant peu. Je crois ce ménage destiné à faire parler de lui. La jeune femme a déjà toute la rouerie d'une bonne petite adresse féminine.

Mme la Marquise de Contades et le Marquis de Coislin sont entrés en scène à leur tour. La princesse Mathilde a voulu faire de la Marquise une pauvre victime de Coislin *barbe bleue*. Je n'ai pas laissé passer une attaque pareille, et j'ai pris la parole, comme on dit à l'assemblée.

« Pardonnez, Princesse, mais votre bon cœur vous
« égare, la Marquise de Contades, fort coquette et fort lé-
« gère au beau temps de son beau temps, a, dans la soli-
« tude des forêts bretonnes, été saisie par l'imposant,
« qu'elle a fait romanesque, de cette grande figure à barbe
« de Coislin. Au milieu de ses paysans, sur le théâtre
« même où il a *chouanné* en 1832 et 1833, c'était comme
« un volume retrouvé de Walter Scott. La Marquise aime
« les chevaux, les chasses, les courses effrénées à travers
« les forêts; elle a voulu que son Nembrod la lançât dans
« tous ces tourbillons.

« Le Nembrod s'y est ruiné. Puis, le Nembrod avait
« pris sa passion au sérieux, la Marquise a cherché à rompre
« sa chaîne et y a réussi; mais jamais, Princesse, elle ne vous
« dira comment. Je suis peut-être, avec les intéressés, la
« seule personne qui le sache et, sur mon honneur, la
« Marquise a joué un rôle bien laid. Mais à tous péchés
« miséricorde, seulement qu'elle n'accuse pas Coislin. Elle
« n'est pas Clovis le fier Sicambre, et elle n'a nul besoin
« de brûler ce qu'elle a adoré, même pour adorer ce
« qu'elle a brûlé. »

Après ce magnifique discours, la princesse Mathilde, comme je m'y attendais, m'a répondu : « Vous êtes une méchante langue ».

Les Chabrillant partis, Mme de Salvage partie, le cercle s'est reformé plus réuni, et le discours de Montalembert sur la dotation a été fort loué et admiré par les assistants à l'exception de la princesse Mathilde.

J'avoue que cette injustice m'a blessé; plus j'aime la Princesse, plus je la voudrais juste, plus je la voudrais impartiale, plus je voudrais ses idées grandes et nobles.

Tout ce qu'elle peut faire, c'est de supporter Montalembert. Elle le traite de jésuite et de cafard devant le comte Saint-Mars, qui est un bonhomme, c'est vrai, mais qui, sans mauvaise intention, pourrait répéter le propos. La princesse Mathilde n'admet pas qu'il y ait à l'assemblée un orateur des intérêts catholiques ; parler de ses croyances, c'est être jésuite. Hélas! ainsi tout aide à la destruction de tout. Le public démonétise les princes en s'attaquant à leur *camarilla*, à leur *cour*, à leur *Elysée*. Et voilà que les princes devenus Voltairiens, s'attaquent aux idées religieuses en les proscrivant comme *jésuitiques*.

Les peuples ont besoin d'idées religieuses, de prêtres qui les enseignent, de respect autour de ces prêtres, et vous n'en obtiendrez autour de vous, princes, que s'ils en ont autour d'eux. Partout où le prêtre a été en butte aux attaques de la foule ignorante, partout où les partis politiques ont cru faire merveille en tonnant contre les prétentions de la cour de Rome, en traitant de *jésuites* ceux qui soutiennent l'Eglise, le respect des princes et de l'autorité a bien vite disparu. Jésuite est un vieux mot de bagage Voltairien, qui n'a plus de signification. Les *jésuites* ne remuent pas de pavés, ne font pas chasser les dynasties.

Les Bonaparte ne connaissent qu'une croyance et qu'un pouvoir : celui qui leur a été légué par l'empereur Napoléon. Pour eux, il n'y a eu qu'un grand homme, Napoléon ; Charlemagne et Louis XIV ne lui vont pas à la cheville. Il est permis de discuter les idées religieuses, la religion elle-même, mais il n'est pas permis de discuter Napoléon. Ils ne prétendent pas qu'il a été conçu sans *péché*, mais certainement il est demeuré sans péchés.

Nulle tache à ce soleil; doutez de Dieu, mais ne doutez pas de lui.

Cette *Napoléonatrie* est mauvaise, elle pourra faire faire des fautes.

Montalembert a parlé de ses idées religieuses, jésuite! Et ce jésuite, derrière lequel sont tous ces nombreux catholiques fervents de la plupart de nos provinces de France, a parlé de l'autorité du président avec courage, avec franchise, avec loyauté; n'importe, c'est un jésuite.

Les *jésuites*, savez-vous où ils sont, Princesse, puisqu'il faut bien prendre notre dictionnaire, les jésuites sont ces gens que vous appuyez journellement de votre crédit, que vous mettez aux premières places de la diplomatie et de l'administration. Gens qui ménagent la chèvre et le chou pour se nourrir de tous deux.

Ce gouvernement du président est servi par tous ses ennemis, ou par des nullités. Cela me cause une peine profonde, parce que je voudrais du repos pour la France. Je ne saurais trop dire combien ces accusations contre Montalembert me semblent ingrates.

Je crois que sous ce régime-ci, comme sous le prochain, la haine du prêtre sera encouragée.

M. de Nieuwerkerke, le père, est venu au Louvre voir son fils qui a la fièvre; nous avons causé de toutes sortes de choses et de gens; voici ce qu'il m'a raconté sur le Marquis de Custine, l'auteur du voyage en Russie, ce *Ganimède* que la société n'a pas chassé, parce qu'il a 150,000 fr. de rentes.

Avant son mariage avec Mlle de Courtaumer, qui, par parenthèse, est morte toute jeune, fort chagrine et sans se plaindre, le Marquis de Custine *faisait la cour* à Mlle de Duras (dont la mère est l'auteur d'*Ourika*, etc.). Cette Mlle de Duras, que les aimables du faubourg St-Germain nommaient *Bourika*, comme ils baptisaient sa sœur, Mme la Marquise de la Rochejaquelin (en première noce princesse de Talmont), du nom de *Bourgeonika*, à cause de son teint couperosé ; cette Mlle de Duras écoutait le Marquis de Custine et le mariage devait bientôt être déclaré. Un matin, la duchesse de Duras avait dans son salon, outre le jeune couple amoureux, le comte de Nieuwerkerke, le baron de Humboldt et quelques habitués. Le baron de Humboldt prétendait connaître les caractères rien qu'à voir l'écriture des gens, et cette prétention assez bien établie par de nombreuses expériences, faisait ce matin-là le sujet de la conversation. Voyons, dit tout-à-coup Mme de Duras, en prenant une lettre passée dans sa ceinture, voyons, M. de Humboldt, si vous allez pouvoir juger, sur l'écriture que je vous livre, le caractère de la personne qui a écrit cette lettre. Le baron de Humboldt, comme un grand savant allemand qu'il est, se recueille, examine et commence une dissertation sur la forme des lettres, leur physionomie, leur étrangeté ; puis, il arrive à démontrer que l'écrivain dont elles sont le produit est un être extraordinaire, aux goûts bizarres, à l'imagination corrompue, sans moralité.... Enfin, il trace un abominable portrait, malgré les efforts de la duchesse de Duras pour l'interrompre (mais on n'interrompt pas un savant allemand), car l'écrivain ainsi jugé n'était autre que le Marquis de Custine.

Le mariage fut rompu. Custine épousa Mlle de Courtaumer, puis il devint l'être sans nom avouable que nous connaissons. M. de Humboldt ne s'était pas trompé. Quant à M¹¹ᵉ *Bourika* de Duras, c'est aujourd'hui Mᵐᵉ la duchesse de Rauzan, femme de ce sacristain mal peigné, parfaitement nul et dont on n'a pas même, quoiqu'on l'ait essayé, pu faire un diplomate. La duchesse de Rauzan brillait de 1830 à 1835. Elle avait un salon semi-littéraire dont E. Sue, fort choyé alors, était le héros. Pendant un moment, elle et Mᵐᵉ d'Agoult (Daniel Stern) ont été rivales comme Mécènes littéraires. L'une et l'autre se disputaient E. Sue, qui, je crois, a touché un peu à la Rauzan, et a beaucoup couché avec la d'Agoult. En ces bienheureuses années fleurissaient comme poëtes de salon : Emile Deschamps, le poëte des ruelles; Saint-Félix, neveu de Mᵐᵉ d'Agoult, dont il était amoureux, poëte ambitieux visant au Chenier; Labouillerie, fils de l'intendant général de la maison du roi Charles X, aujourd'hui grand-vicaire de l'Archevêque de Paris, alors blond et fadasse viveur, accouchant de vers comme ceux-ci :

Je suis né pour l'amour, les femmes me le prouvent,.....

Ce malheureux Apollon, élevé au séminaire, en sortit pendant quelques années pour goûter les plaisirs du monde; il commit une foule de méchants vers et séduisit une affreuse Anglaise, Mˡˡᵉ Kocburn, rousse comme une carotte de Flandre, louche et mal bâtie, enfin si laide que nous la désignions sous le sobriquet de *Coq borgne*. Le poëte séminariste avait été si entreprenant, et la jeune fille, malgré sa laideur, si entreprise, qu'il fallait songer à réparer son honneur. A ce moment, les yeux de Labouillerie s'ouvrirent, il préféra le séminaire au mariage, et à cet heureux choix nous devons le grand-vicaire actuel.

Parmi les poëtes des salons de cette époque, je trouve encore, en fouillant dans mes souvenirs : le jeune Rességuier, le plus bouffi et peut-être le plus ridicule de tous; mais, chez lui, le ridicule venait de famille; le père, le Marquis de Rességuier, poëte aussi, musqué comme un rat, prétentieux comme une vieille femme, élevait ses enfants dans l'horreur du naturel et le petit Rességuier a retenu merveilleusement les leçons paternelles; c'est à l'heure présente un député légitimiste.

JEUDI 13 FÉVRIER.

La Presse consacre aujourd'hui un long article à raconter le *banquet* offert à M. de Lamartine par ses éditeurs. Ce banquet est une annonce pour l'histoire de la *restauration* (sans calembourg) que le célèbre historien (style de banquet) va faire paraître chez l'un d'eux. C'est une bien ignoble comédie que la plupart des actions de nos hommes du jour, lorsque, comme moi, on connaît les ficelles qui font mouvoir les pantins. Gosselin, que j'ai eu pour éditeur et qui volait au moins deux cents exemplaires par édition, est venu recevoir un brevet d'honnêteté de la bouche de Lamartine, auquel il donnait un brevet de grand historien. Auteur et éditeur se valent: tous deux, il y a quelques années, se plaignaient l'un de l'autre, le libraire, de l'âpreté à l'argent de l'auteur; l'auteur, des rapines du libraire. Depuis la révolution de 1848, je n'ai pu me décider à revoir Lamartine. Cet homme m'inspire un profond dégoût; ce n'est qu'un composé, non pas même d'ambitions, mais de vanités puériles pour la satisfaction desquelles il sacrifiera tout.

Il faut qu'il parle de lui toujours, qu'il se donne des louanges à lui-même, qu'il ait une cour. Combien de fois, dans son salon, l'ai-je entendu se glorifier sans pudeur et sans retenue. La louange la plus grossière lui plaît et il ne rougit pas de descendre aux plus basses flatteries, envers les plus méchants écrivains, pour qu'en retour ils l'encensent et le fassent un peu Dieu.

Lamartine a été misérable dans son banquet d'éditeurs, lorsqu'il a pris la parole; il s'est efforcé de montrer combien l'écrivain actuel est plus grand, plus noble, plus digne que ses devanciers. « Jadis, les Corneille, les Racine, les « Boileau, etc., se faisaient les courtisans de la royauté ou « des grands seigneurs pour obtenir quelque renommée. La « dignité morale de l'homme et la dignité des lettres en « souffraient. Aujourd'hui, l'écrivain est libre, il n'a plus « ni rois, ni grands seigneurs à flatter. »

Puis il a dit, *l'homme qui a été poëte, historien* et qui n'est plus que journaliste, que cette réhabilitation morale de l'écrivain, on la devait aux éditeurs, et alors magnifique glorification de l'éditeur. Il répondait aux *toasts* Gosselin, Didot et Paulin, il avait le droit d'être un peu bavard, il était de son devoir d'être harangueur et il n'a manqué ni à son droit, ni à son devoir.

Je conçois qu'un écrivain comme M. de Lamartine, se trouverait humilié d'adresser quelques louanges au cardinal de Richelieu ou à Louis XIV; mais sa dignité d'homme n'a point à souffrir de cajoler les écus de MM. Gosselin, Didot et Paulin, de faire des coquetteries à ces messieurs, de leur délivrer des brevets de Mécènes. Grand, libre et fier, M. de Lamartine ne courtise pas les rois et les grands; qu'est-ce que cela rapporte par le temps qui court.

Les éditeurs, à la bonne heure!...; la populace, très-bien.

Ce peuple remarquable par son respect pour les monuments des arts, voilà qui relève l'espèce humaine; adorer la boue, louer le gamin de Paris, l'émeutier, mentir à la vérité, voilà qui est beau et noble.

Racine adulait Louis XIV, ce n'était qu'un plat courtisan. Lamartine se traîne aux pieds des éditeurs et des voyous, c'est un grand homme!

Et ce grand homme a vendu pour de l'argent ses impressions, ses amours de jeunesse, et ce grand homme dévore son héritage paternel, insulte aux croyances politiques de sa famille, de ses premières années, pour quelques écus; il a fait les *Girondins,* mauvais livre contre Louis XVI et Marie-Antoinette, dans lequel il garde toute sa pitié pour les bourreaux. Maintenant, il mendie encore de l'argent pour remplir le gouffre qu'il creuse sans dignité.

VENDREDI 14 FÉVRIER.

M. de la Riboissière, représentant du peuple (gendre de M. Roy, le financier), raconte à qui veut l'entendre que le dernier mot de Louis-Philippe mourant a été : *A tout prix, point de prorogation de la présidence, ou nous sommes perdus.* »

Ceci explique les efforts de la coalition et le parti pris par elle de permettre la rentrée des princes. Les socialistes arriveront peut-être par la division du parti de l'ordre; n'importe, voilà où nous en sommes.

Morel-Fatio le peintre de marines, est venu causer avec moi, pendant mon déjeûner; nous avons parlé de Victor Hugo, avec le beau-frère duquel il est très-lié.

Ce beau-frère, Victor Foucher, conseiller à la cour de cassation, homme fort honorable, lui disait dernièrement: « Si mon beau-frère s'est fait montagnard, c'est par peur. « Je n'ai jamais connu personne de plus poltron que lui; tout « jeune, au collège, il avait déjà cette nature peureuse, qui « le rendait la risée de ses camarades. Victor Hugo est de « la race de tous ces anciens Jacobins qui s'étaient faits « scélérats, pour être épargnés par les rouges de l'époque. « Ses fils sont des petits matamores, poussés par la poltron-« nerie de leur père, dans une mauvaise voie. »

Le frère de Victor Foucher, Paul Foucher, dramaturge assez ridicule, s'est fait une position par sa persévérance; de commis au conseil de guerre, il est devenu auteur de mélodrames, d'opéras, de ballets, et gagne très-largement de quoi soutenir une existence agréable. C'est lui qui est le correspondant parisien du journal l'*Indépendance* de Belgique.

Il a été longtemps notre victime aux deux *Musset* et à moi; nous lui faisions manger de la colophane pour du sucre de pomme et nous affichions partout sa caricature. Un jour, dans le journal l'*Artiste,* en rendant compte d'une de ses productions, j'ai imprimé qu'il était au moins l'égal de *Molière,* et il l'a cru.

Je lui ai persuadé une autre fois qu'il était invité à un bal costumé chez les Ancelot, qui ne songeaient pas à lui et qui se chauffaient tranquillement au coin de leur feu; il est arrivé habillé en archer du XVI° siècle, costume collant, rayé jaune et noir, toque rouge, plumes blanches, le poignard au côté, la hallebarde à la main. L'entrée a été superbe, la surprise des Ancelot magnifique. Paul Foucher est resté jusqu'à minuit, attendant toujours le bal masqué.

Le soir, réception au Louvre, chez Nieuwerkerke, jusqu'à onze heures; beaucoup de monde et bonne musique. Le vice-président de la république, le prince de Canino et M. Barroche y sont venus.

J'y ai causé de la nouvelle conspiration des burgraves contre le président; toujours l'affaire du Directoire; les trois généraux d'Afrique : Changarnier, Lamoricière, Cavaignac, et deux hommes politiques, Thiers et Berryer. Pour en arriver là, il s'agit de mettre le président en accusation; puis, *le Directoire est fait.*

Les mauvaises ambitions s'agitent. Les trois généraux sont peu scrupuleux sur le choix des moyens. Thiers et Berryer fort peu aussi; mais Berryer me fait l'effet du niais de la troupe.

A onze heures, quatre ou cinq personnes montent dans mon atelier et nous devisons de peinture en prenant du thé et en fumant. Clément de Ris, Muller, le peintre de l'Appel des condamnés, Montéglon, Tarral, l'écrivailleur sur les tableaux, Saint-Didier. On a beaucoup parlé du tableau de Courbet (un enterrement) et on l'a traité comme il mérite de l'être. Ce tableau est une mauvaise plaisanterie, faite en mauvaise peinture.

SAMEDI 15 FÉVRIER.

Rien appris, rien vu aujourdh'ui. Nous fermons le Louvre pour trois mois, jusqu'à la réouverture complète de toutes les salles du Musée.

DIMANCHE 16 FÉVRIER.

J'ai déjeûné chez mon frère Victor, rue Caumartin 31. Marzocchi a commencé un grand portrait à l'huile de mon frère Louis. Villot, conservateur des tableaux du musée, est venu pendant la séance; nous avons causé des pillages de la révolution de 1848. Villot a vu à cette époque la table sur laquelle a été posé Robespierre mourant et le sabre au bout duquel on portait la tête de la princesse de Lamballe; ils ont été déposés aux archives générales. Villot estime à plus de deux cents les tableaux déchirés à Neuilly et au Palais-Royal.

Le soir, je suis allé chez M. Barroche, où il y avait beaucoup de monde. Dupin, le président de l'assemblée, s'y trouvait et se montrait fort aimable, toujours l'homme à trente-six faces. Deux jours auparavant, au bal du Jardin d'hiver, il n'avait pas quitté le président de la république, qu'il accablait de témoignages d'amitié. Il faut tout prévoir. J'ai vu aussi chez M. Barroche le brave général Perrot, avec lequel j'ai beaucoup causé de la révolution de 1848, qu'il attribuait, comme moi, à l'incertitude et à la faiblesse des gouvernants. Derrière les barricades de la rue St-Honoré, il n'y avait, en effet, que quelques malotrus mal armés.

En sortant de chez Barroche, je suis allé chez la Marquise de Las-Marismas (la mère); petite soirée : on jouait à l'écarté et on chantait (Mlle Masson et Panel), on s'est beaucoup occupé du bal de la princesse Mathilde (pour le 3 mars). Bal costumé, obligatoire, chacun cherche l'extraordinaire; nous verrons. Olympe Aguado rêve le fantastique le plus ébouriffant, il m'a demandé des dessins. Une de ses idées est de se vêtir en bain Vigier : coiffure, une énorme éponge; habit, fond de baignoire; les deux robinets s'élançant des pectoraux, etc., etc., etc.

LUNDI 17 FÉVRIER.

J'ai dîné chez la princesse Mathilde, en petit comité, avec Em. de Nieuwerkerke et son oncle William, M⁻ᵉ Després, sa fille, etc., enfin l'entourage ordinaire de la Princesse.

Elle est fort occupée de son bal costumé et fort contrariée de voir désapprouvé son projet de s'habiller en Cracovienne.

Une seule chose pourrait empêcher ce bal d'avoir lieu, ce serait la mort du roi de Wurtemberg, oncle de la princesse Mathilde; il est fort malade.

Ce monarque est un gros homme apoplectique, qui sera peu regretté des siens. Avare et poltron, sans générosité dans le caractère et sans élévation dans les idées.

MARDI 18 FÉVRIER.

M⁻ᵉ Gabrielle Delahaye, qui débute au théâtre Français dans le rôle de Célimène, sort de chez moi; c'est une grande et jolie personne qui a fort envie d'être engagée; elle m'a prié de m'intéresser à elle et j'ai promis.

Le soir, j'ai dîné chez la princesse Mathilde, avec M. le comte et Mme la comtesse Wieloglowski; puis, il est venu beaucoup de gens de toute sorte, la plupart tellement ennuyeux que Nieuwerkerke, Ratomsky et moi avons fait un wisth. *whist*

Guvenheim, le ministre de Suède, très-bon homme, qui n'a que le tort d'être trop vieux, puisqu'il était officier de service auprès du roi de Suède lors de l'assassinat d'Ancastrom, m'a raconté un très-joli mot de Mme E. de Girardin.

On parlait devant elle de l'impuissance de M. le duc de Bordeaux. « Dieu nous préserve, s'écria-t-elle, du triomphe
« de la légitimité, car dans un pays de courtisans comme
« le nôtre, tout le monde voudra être impuissant; au lieu
« de dire au Roi miope : mon Dieu, Sire, qui est-ce qui y
« voit, on dira, mon Dieu, Sire, qui est-ce...? et ce sera très
« à la mode. »

Lavalette est venu, il vise la mission de Constantinople; il finira par l'avoir; c'est un homme adroit, rusé, un vrai Figaro diplomatique. Il a été imposé jadis par les *Bertin* à M. Guizot et nommé, malgré le roi et Mme Adélaïde. Lavalette, pour arriver à un poste diplomatique important, a mené la vie de joueur, a vécu avec toutes les danseuses les plus célèbres, entre autres Fanny Esler; puis, un beau jour, à bout de ressources, il se fait nommer consul à Alexandrie; puis encore, il épouse la vieille veuve d'un banquier américain, et le voilà grand seigneur. En 1830, il était commis chez Laffitte, ses sœurs tenaient un petit bureau de poste à Triel. Il est marquis comme mon portier, et *Lavalette* du coin de la rue. Ce diplomate est aujourd'hui le protégé de Véron (directeur du *Constitutionnel*). Véron, c'est le bourgeois gentilhomme du XIX° siècle, ancien petit médecin, directeur d'opéra; journaliste, il a détrôné, comme influence, la famille Bertin (des *Débats*); l'aristocratie journaliste qui se forme est la plus hideuse de toutes.

Les *créatures* de Véron appartiennent à la faction des *viveurs* les moins distingués. *Lautour Mezeroy*, ancien propriétaire du *Journal des Enfants*, puis sous-préfet en Limousin, où il faillit être tué par un père à la fille duquel il avait donné la v..... et qui en était morte; puis enfin, préfet à Alger, où il continua ses orgies; homme de peu d'esprit et d'habileté, que la presse fait mousser; Didier, petit-fils du conspirateur de Grenoble, jeune, blond, sans esprit, sans talents, prodigue interdit, muni d'un conseil judiciaire, arguant de son interdiction devant les tribunaux pour ne pas payer ses dettes, et croyant inutile de payer à ses amis ses dettes de jeu. Sous-préfet de S¹-Denis près de Paris, par la grâce de Véron.

Il est impossible de se représenter Véron, quand on ne l'a pas vu; c'est un homme gros, sans cou, la tête bouffie, les joues tombantes, le nez de carlin, le ventre protubérant; affectant les manières des roués de la *Régence*, apprises au théâtre des Variétés. Cynique spirituel de mauvais goût, impertinent ou maniéré, malheureux d'être couturé d'humeurs froides. Luxueux et luxurieux, vaniteux comme ce nègre de Dumas, comme lui maintenant bardé de croix et de plaques, il ne lui manque que l'habit rouge pour ressembler à Fontanarose. Véron a été un des amants de Rachel, mais un des payants. C'est lui qui me disait qu'une nuit, après avoir témoigné, comme il l'avait pu, à la grande tragédienne son amour le moins pur, cette Hermione *nec lassata, nec satiata*, le voyant près de se livrer au sommeil, avait hurlé dans sa fureur *messaline* : VA CHERCHER TON FRÈRE.

Le frère de Véron!!, il faut le connaître; c'est tout bonnement le *grand* Véron, enlaidi, sali, plus commun encore; il tient du laquais et du garçon papetier; ce qu'il était jadis dans la boutique de son père, en face le passage Ste-Marie, rue du Bac, et jamais il n'a pu s'élever qu'au talent de rogneur de papier.

Véron a la plaque de Charles III et il est commandeur d'Isabelle la Catholique; monarchie de Charles-Quint, fais cet homme grand d'Espagne et il aura la bonté de déclarer ta reine la plus vertueuse princesse de la terre. Véron a l'ordre d'Isabelle la Catholique, le juif Rothschild a celui du Christ!! — Les souverains se complaisent à traîner les ornements de leur couronne dans la boue. Véron protège encore Roqueplan (frère du peintre de ce nom), directeur de l'Opéra, parvenu par les filles, un des plus immoraux parmi les impurs.

Nous avons aujourd'hui les vices de la Régence exercés sous le patronage du gouvernement par des laquais. Les Richelieu d'à présent sont dépravés, sans être élégants, sans bonnes façons, sans esprit; on a fait monter l'antichambre dans le salon.

MERCREDI 19 FÉVRIER.

Duel entre Bacciochi et un M. Lecomte, à propos d'un article injurieux pour Bacciochi, inséré dans l'*Indépendance* de Bruxelles. Hier, l'épée de Lecomte s'est cassée;

l'affaire devait reprendre aujourd'hui. Mocquard, secrétaire du président, attend, en causant avec moi, l'issue d'une confér nce à ce sujet, qui a lieu dans le cabinet de Nieuwerkerke, qui est témoin de Bacciochi.

Le vicomte de l'Epine est venu me voir; il m'a raconté qu'avant 1848 et sous le ministère du maréchal Soult, un voyageur français, de ses amis, avait lié, après des années de séjour en Afrique, dans la régence de Tripoli, des relations avec des tribus du désert, qui se seraient chargées, moyennant une petite redevance, d'assurer la sécurité des caravanes de Tombouctou jusqu'à Constantine. Avantage énorme pour la France, qui entrerait ainsi en communication directe avec le centre de l'Afrique.

Le maréchal Soult avait pris cette affaire fort à cœur et avait déjà envoyé des présents aux chefs des tribus et au bey de Tripoli, mais M. Guizot veut rompre toute l'affaire en alléguant qu'elle déplairait à l'Angleterre!!!

Le gouvernement britannique sut les négociations, la bonne volonté du bey de Tripoli, il lui trouva un compétiteur à Constantinople qui partit, muni d'un firman d'investiture de la Porte, débarqua en Afrique et commença la guerre contre le bey. Ce dernier se défendit si vigoureusement et avec tant d'énergie que, désespérant de le vaincre, on le convia à une entrevue; il s'y rendit sans défiance et fut assassiné.

Voilà comment était conduite la politique de la France, voilà comment agissaient les agents de celle de l'Angleterre.

Nous rendons le cabinet britannique hautain et confiant par notre peur continuelle.

O! Louis XIV et Napoléon où êtes-vous?

L'affaire Bacciochi est arrangée, on s'est battu. Bacciochi a été très-légèrement atteint à la poitrine, le combat a continué, mais au moment où Lecomte allait être perforé, l'arme de Bacciochi a été brisée par une vive parade, et les témoins, en présence de ce manque d'armes, ont déclaré l'honneur satisfait; il paraîtra une sorte de rétractation de l'article de Lecomte dans l'*Indépendance Belge*.

Cet article tournait en dérision l'amour de Bacciochi pour les décorations; il est vrai que, depuis 1848, Bacciochi en a conquis quatorze, tant croix de commandeur que grandes croix; il est en quelque sorte l'introducteur des ambassadeurs à l'Elysée, mais quatorze croix, c'est une *nombreuse* récompense.

Les gens du régime actuel aiment les décorations, comme les nègres aiment les couleurs voyantes et les bijoux; le moindre secrétaire d'ambassade s'il n'a pas une plaque à son habit, crie à l'injustice; une jeune fille à marier veut un mari *plaqué;* enfin les malheureux qui sont assez abandonnés de toute intrigue pour ne pouvoir accrocher une décoration européenne, tournent leurs regards vers le bey de Tunis, qui se fait un plaisir de leur donner son *Nicham*, plus ou moins en diamants. M. Latour Dumoulin, journaliste inconnu, a, comme Véron, la plaque de Charles III. Saint-Georges, vaudevilliste, a aussi cette bienheureuse plaque, mais lorsqu'il donne une soirée, pour dissimuler sa grandeur, il ne l'accroche pas à son habit, il la pose au milieu de sa cheminée, dans son salon; c'est tout à la fois *gracieux* et de *bon goût*.

Un sage impôt serait celui qui exigerait 3000 fr. de droit de chancellerie pour obtenir toute permission de porter une croix étrangère.

MERCREDI 19 FÉVRIER.

Le soir, j'ai dîné chez Tarral, médecin anglais, qui n'exerce plus, parce qu'il a épousé une Italienne fort riche. Tarral s'occupe de tableaux et il écrit sur la peinture; nous étions nombreux à ce dîner; d'abord, des Anglais et des Anglaises que je ne connais pas; puis, le prince de Canino, son gendre, le Marquis Rocca Giovini, petit jeune Romain, assez gentil de visage, avec une voix de châtré. Sa femme, qui est jolie, le mènera bien. J'ai même la conviction qu'elle a passé les premières aventures; Ricardo, le frère du banquier anglais, charmant garçon que j'aime beaucoup; Rizza Bey, secrétaire de l'ambassade ottomane, Nieuwerkerke, un Russe, un nombre limité de comparses.

Le dîner a été bon et bien servi; après dîner, quelques hommes sont restés à fumer dans un salon à part; j'étais du nombre, et ce qu'il y avait de bizarre, c'est que nous étions :

un Italien,
un Turc,
un Russe,
un Français,
un Anglais,

cinq fumeurs de cinq nations différentes. Rizza Bey a beaucoup causé avec moi de la Turquie; ce qui m'a surpris, c'est la confiance avec laquelle il m'a dit, en me montrant le Russe, comment ne nous entendons-nous pas mieux avec un tel ennemi à côté; les pauvres Turcs voudraient bien nous persuader que le Russe est un ennemi et que Constantinople occupée par lui serait un malheur européen. Je crois que l'Anglais seul redoute cette prise de possession. Ce que nous devons empêcher, c'est la main mise de l'Angleterre sur l'Égypte; exclure l'Angleterre de toute possession, de tout littoral dans la Méditerranée, tel doit être notre but. Tarral m'a entretenu de la révolution de Rome et de toutes les infamies commises pendant la présidence de ce gros prince de Canino, qui écrit maintenant sur les serins et les moineaux, dans l'espoir d'être nommé directeur du Jardin des Plantes ou membre de l'Institut.

On fusillait très-bien nocturnement des prêtres au monastère de S¹-Calixte et on les enterrait dans les cloîtres. Toute la canaille de l'Europe était à Rome; le Romain seul se remuait le moins possible, se battait très-peu, mais criait assez bien.

Comme nous avons noblement combattu l'armée française, il lui a fallu un long siége pour nous vaincre.

Ayez donc des ménagements pour de pareils *pleutres*, respectez donc leurs monuments qu'eux ne respectaient pas. Les Romains de la ville éternelle ont su assassiner Rossi, mais ils ne savent plus ni la liberté, ni la gloire

JEUDI 20 FÉVRIER.

La coalition n'a plus l'espoir de faire passer la proposition Creton (sur la rentrée des princes), elle n'a pu réunir que deux cents voix. L'amnistie générale tombe en même temps. Nous ne verrons donc pas rentrer les rouges, les Louis Blanc, Ledru-Rollin et compagnie.

La nouvelle tactique est de provoquer des explications sur un mouvement de préfets qui se prépare, de prétendre que ce mouvement n'a lieu qu'en vue de la prorogation et de chercher par tous les moyens à faire mettre le président en accusation.

Ce n'est plus la grande colère du père Duchesne, c'est la grande colère de la coalition.

Quo? Quo scà istis ruitis?

Le Marquis d'Hartford et Richard Wallace sont venus au Louvre; nous avons visité toutes les salles de la sculpture moderne; le marquis veut faire mouler et fondre un petit groupe en marbre d'un Prométhée. J'ai éprouvé un vif plaisir à revoir Richard, j'ai pour lui une véritable affection. C'est un excellent garçon, spirituel amateur d'art, et nous avons fait ensemble bien des campagnes dans les ventes de curiosités.

Le soir, j'ai dîné chez Gudin, le peintre de marines, dans sa jolie maison de Beaujon; le dîner était bon, bien servi, mais les hôtes ont toujours un accueil apprêté, un empressement intéressé, une bonhomie de convention qui me mettent mal à mon aise. Ces gens-là, au lieu de vous marcher sur le ventre, vous marcheraient volontiers sur la figure, si vous vous laissiez aller à leur servir de marche-pied.

M⁻ᵉ Gudin est une grosse Ecossaise, nièce de Lord Wellington, ce dont son mari n'est pas peu fier; elle n'a pas d'esprit, et mari et femme font une dépense *enragée*.

VENDREDI 21 FÉVRIER.

Soirée au Louvre et dans mon atelier; bonne musique. On s'entretenait d'une manifestation qui doit avoir lieu demain. Cette manifestation organisée contre l'Elysée se présenterait, dit-on, réclamant de la Chambre la prolongation des pouvoirs du président, et donnerait lieu à une grave accusation contre le pouvoir exécutif. L'Élysée connaît d'où vient cette manœuvre, entreprise par ceux-mêmes qui avaient inventé la prétendue conspiration d'un épicier de la rue du faubourg St-Honoré: la manifestation sera vertement réprimée, si elle se présente.

Chaque jour, le président parcourt les rues de Paris, visite les ateliers et partout il est bien reçu; aujourd'hui, il était dans la cour du Louvre.

Coulaincourt et le comte de la Villetreux comptaient parmi les preneurs de thé dans mon atelier.

SAMEDI 22 FÉVRIER.

La journée a été calme; quelques groupes, mais les mesures étaient bien prises et les *prétendus Elyséens* n'ont pas fait mine de proclamer quoi que ce soit. Ainsi finit le deuxième acte dont l'affaire Yon est le premier.

DIMANCHE 23 FÉVRIER.

Dîner chez la princesse Mathilde, avec Nieuwerkerke et Ratomsky. Après dîner, il est venu quelques personnes: His de Butinval, ministre à Berlin; de Laborde, conservateur du musée du moyen-âge: Mérimée, inspecteur général des monuments historiques. Il a été fort question du mouvement diplomatique qui sera inséré demain dans le *Moniteur*. Butinval a parlé avec une aigreur remarquable de plusieurs des élus, entre autres de Lavalette, nommé à Constantinople ; j'ai voulu savoir ce qu'il avait à lui reprocher, il m'a répondu :

Ce n'est pas un homme sérieux!! c'est un Figaro.

Butinval se posant en Talleyrand m'a paru sublime ; il se croit un génie, une nécessité, et c'est tout bonnement un ambitieux au langage apprêté, aux prétentions aristocratiques qui, pour avoir ajouté Butinval à son nom de *His*, se croit un Montmorency. Il est de la coterie Bois le Comte, Flavigny, et soutient qu'en dehors de ce cénacle, il n'y a rien de possible.

Ces *décemvirs* voudraient tout gouverner en famille, l'intérêt de leur dynastie passe avant tout autre intérêt, ils ne sont rien positivement que *décemvirs*. Butinval aurait voulu être envoyé à Constantinople.

Cet homme, reconnaissant il y a quatre mois de sa nomination au poste de Turin, est aigri aujourd'hui et blâme d'un ton aigre-doux, parce que Lavalette a été nommé pour Constantinople.

Fiez-vous donc aux *décemvirs*. Saligny perd son poste de la Haye malgré l'appui de la reine des Pays-Bas (qui, après l'avoir détesté, l'adorait presque) pour avoir été l'agent du général Changarnier.

Il est allé pour lui à Wiesbaden et à Claremont.

C'est ainsi que le gouvernement est servi par la diplomatie ; c'est ainsi qu'il le sera encore. Je l'ai dit ce soir à la princesse Mathilde à propos de Butinval, qui est le plus cajoleur des courtisans et qu'elle soutient avec vigueur, parce qu'elle se paye de sa courtisannerie, comme d'une monnaie de bon aloi. La Princesse m'a fort mal reçu et elle a bien accepté qu'il lui fût loisible de défendre ses amis, mais elle n'a pas voulu me faire la même concession et elle n'a pas même voulu me permettre de dire : *J'ai des amis.*

Je laisse passer l'injustice de la Princesse, comme jadis en voyant un sac flotter sur la rivière, on disait : *laissons passer la justice du roi.*

La princesse Mathilde est vive, mais je la crois bonne ; elle a des boutades dans lesquelles elle vous lance à la face : *ce que vous dites n'est pas vrai.*

Mais sa colère ne dure pas ; puis, c'est un caractère franc et loyal. Malheureusement, elle n'a pas assez l'habitude du monde, tel qu'il est. Elle croit voir des moutons dans tous ceux qui viennent bêler, et des tigres dans tous ceux qui ne bêlent pas.

Pauvre femme, vous serez un jour trompée par ces prétendus moutons, quelquefois je veux vous avertir, mais toutes les cours, toutes les royautés sont aveugles, même celles d'un jour. Marchez donc, les Judas qui baisèrent Charles X et Louis-Philippe sont à votre porte.

Mérimée a été causeur et spirituel. Laborde, important comme à son habitude ; mais il baisse dans l'esprit de la Princesse ; elle commence à voir en lui un intrigant. Il s'en préoccupe peu ; on lui a fait faire par Nieuwerkerke une position au musée, et maintenant *Auguiot* et lui cherchent le moment où ils pourront renverser Nieuwerkerke. L'accord est fait entr'eux.

Auguiot, failli non réhabilité, est entré au Louvre, commis, il y a vingt-cinq ans. C'est une plate canaille qui sert de *maquereau* à Lord Normanby près de Mlle Denain, de la Comédie Française, après avoir léché les bottes de

Jeanron. Il a travaillé comme la mouche du coche à le renverser et il a persuadé à Nieuwerkerke qu'il lui devait le poste du directeur des musées.

Nieuwerkerke a fait Auguiot sous-chef des bureaux du musée, agent comptable, et Auguiot a su faire de sa position la première ; il a mis de côté le chef de bureau et il le maintient, cependant, pour n'avoir pas un homme capable qui le mettrait en seconde ligne. Cette année, tout le monde se plaignait d'Auguiot ; il avait fait une dénonciation calomnieuse contre le peintre Gudin. Les conservateurs ne veulent pas avoir de rapports avec lui. Nieuwerkerke a augmenté ses appointements de 500 francs.

Nieuwerkerke, j'en suis désolé, croit faire de la haute politique en maintenant une canaille comme Auguiot. *Diviser* pour *régner*. Maintenir la mésintelligence entre les conservateurs et le bureau, il se trompe.

Il désintéresse seulement les gens qui, comme moi, voulaient se vouer au musée ; je ne veux être ni chef, ni sous-chef de bureau ; mais je ne veux pas avoir à lutter contre un Auguiot comme un antagoniste, avec lequel on se mesure d'égal à égal. Je ne veux être ni commis, ni chef de commis. Nieuwerkerke se méprend sur nous tous et il est mené, sans le croire, par Auguiot.

Nous verrons cela plus tard.

LUNDI 24 FÉVRIER.

Cet anniversaire a été froid et triste malgré un temps magnifique, et l'on sait l'influence du temps sur les joies et les rumeurs de Paris. Un *Te Deum* à Notre-Dame, quelques chants de la *Marseillaise*, des immortelles à la boutonnière de quelques badauds. Lagrange, l'homme de la fusillade du boulevard des Capucines, a harangué le peuple sur la place Notre-Dame sans succès.

Enfin, *fiasco* complet pour cette glorification de la *république* proclamée depuis trois ans.

Le soir de la fusillade du boulevard, j'étais au café de Paris; je vis passer une manifestation, conduite par *Lagrange* et je la suivis, comme un niais, pour savoir ce qui adviendrait. Cette manifestation, cette troupe d'insurgés était composée de quelques centaines de faiseurs d'émeute, portant des torches et un drapeau rouge; il pouvait se trouver parmi eux, trente ou quarante hommes, porteurs d'armes apparentes, deux ou trois étaient revêtus du costume d'officier de la garde nationale.

A la hauteur du jardin du ministre des Affaires étrangères, boulevard des Capucines, un bataillon de la ligne les arrêta. Un coup de feu partit des rangs des insurgés, le bataillon de la ligne répondit par un feu de peloton; tout cela se passa dans l'espace d'une seconde; un moment, la vie fut comme suspendue en moi, et quand je repris mes facultés, le boulevard si bruyant était devenu désert; le bataillon, en ordre de bataille, demeurait immobile sous les armes, les torches étaient éteintes, les blessés se traînaient, pour mourir, dans la rue basse, quelques hommes étaient étendus sans vie sur le pavé et les chefs allaient chercher des charettes pour promener les corps des victimes dans Paris.

La veille, Em. Arago, en apprenant la reculade de Barrot, à propos des banquets, avait dit devant moi:

Pourquoi alors m'a-t-il demandé de me servir de mon influence sur le peuple des faubourgs, pour le faire descendre dans la rue!!

Le peuple était descendu, le lendemain; j'étais aux Tuileries avec mon bataillon de garde nationale, nous avions des cartouches, la ligne paraissait bien disposée, l'artillerie était nombreuse; le Roi nous passa en revue et partit, les troupes furent renvoyées, et, au milieu de la stupéfaction de la ville, la république fut proclamée! J'ai vu brûler Neuilly et le piller, j'ai vu piller la maison de Rothschild à Boulogne, j'ai vu le sac des Tuileries et du Palais-Royal par la plus ignoble populace des plus mauvais quartiers; la chambre des députés dispersée, la chambre des Pairs mise à la porte de son palais, la constitution supprimée, l'hôtel de ville envahi par l'écume de la ville, un gouvernement provisoire, nommé par deux cents inconnus, et la nation courbant la tête devant tant de honte.

La France gouvernée par Arago, un astronome orgueilleux; Lamartine, un poëte ambitieux, sans convictions; Ledru-Rollin, neveu de Camus, le joueur de gobelets de Louis XV; Louis Blanc, écrivailleur, révolutionnaire, plein de sa propre importance; Crémieux, mauvais avocat juif, ambitieux de quatrième ordre, se faisant une aristocratie du titre d'ouvrier; etc., etc.

La république incomprise par tous, la misère partout, le commerce anéanti, la confiance détruite, la guerre civile en perspective, et quelques mois après, la journée de mai et les journées de juin!!!!

Tels sont les bienfaits dont on a rendu, aujourd'hui, grâce à la Providence.

Pauvre nation française, où vas-tu?

MARDI 25 FÉVRIER.

J'ai dîné chez la princesse Mathilde, avec Lebrun (membre de l'Académie), l'auteur de Marie Stuart. Le soir, il est venu beaucoup de monde. Il a été fort question d'un incident relatif aux travaux du Louvre.

Le président, excité par le général Baraguay d'Hilliers, après avoir visité les travaux commencés dans la grande cour, les a déclarés exécrables et a ajouté qu'il ne voulait pas que son gouvernement fût accusé d'avoir toléré cet affront à la magnificence du palais. Le général, un vrai gascon, avait affirmé que les jardins inventés par Duban, lui rappelaient le jardin d'un de ses oncles, curé je ne sais plus où.

Enfin, le président veut voir, demain à 10 heures, Duban et ses plans.

Nieuwerkerke doit assister à l'entrevue.

Duban a reçu, par Nieuwerkerke, communication de ce désir du président; j'étais présent. Il a compris sur-le-champ de quoi il s'agissait, et, sans sortir des convenances, en homme de bonne compagnie qu'il est, sans abandonner le respect qu'on doit au chef de l'Etat, dont il a parlé en fort bons termes, il a déclaré que le président se mêlait d'une chose qui lui est parfaitement étrangère. D'abord le travail a été soumis à la commission des travaux, qui l'a approuvé, puis au ministre compétent, qui l'a aussi approuvé, à l'assemblée, qui a voté les fonds nécessaires à son exécution. Ainsi, toutes les règles tracées hiérarchiquement ont été suivies; les travaux, aujourd'hui à moitié faits, ne pourront être interrompus sans porter un grave préjudice à sa réputation, sans le blesser profondément dans son amour-propre, et il ne saurait accepter un tel soufflet moral; il ne lui resterait donc qu'une chose à faire, ce serait de donner sa démission.

Nieuwerkerke est très-affligé, il comprend la susceptibilité de Duban, et tout en désirant adoucir sa juste fierté, il l'approuve; du reste, il a foi en lui et demande qu'on ne le juge pas avant d'avoir vu la cour du Louvre achevée. Le soir, nous avons écrit au président une lettre que Nieuwerkerke a dû lui remettre, pour préparer l'entrevue de demain; mais le président tient à ses idées. Dieu veuille qu'au moment où l'achèvement des travaux entrepris est si important, Duban en conserve la direction.

Duban gagnera ou perdra demain sa grande bataille. Pour le président, pour le Louvre, pour Duban, je souhaite qu'il la gagne. Je souffre en voyant un artiste éminent remis en question d'une façon je dirais presque aussi brutale. Enfin, à demain. J'ai parlé dans ce sens à la Princesse, avec quelque vivacité; elle me dit bien que je suis taquin, méchant et contrariant, mais elle est si bonne qu'elle ne m'en conserve aucune rancune.

MERCREDI 26 FÉVRIER.

Le président a reçu Duban, ce matin, il a été parfait pour lui, et la lettre d'hier lui ayant fait comprendre la gravité de la mesure qu'il voulait prendre, l'injure qui en résulterait pour un homme de talent, il a dit : *M. Duban*, *je crois qu'avant de juger votre travail, il faut le voir achevé, continuez donc et complétez l'ensemble de vos beaux travaux.*

Cela a été très-bien dit et a produit un bon effet.

JEUDI 27 FÉVRIER.

Nieuwerkerke avait écrit à Jules Lecomte, celui qui s'est battu contre Bacciochi, une lettre terriblement rude, dans laquelle il disait que, vu ses antécédents et comme ne pouvant plus compter parmi les gens d'honneur, il se voyait forcé de lui fermer désormais sa porte.

Jules Lecomte a, en effet, signé du nom d'un de ses amis un billet à ordre, et il a été condamné, par contumace, comme faussaire; quelques années après, il a purgé sa contumace et il est rentré dans un certain monde littéraire.

Lecomte a envoyé, aujourd'hui, un de ses amis à Nieuwerkerke, M. Delille, lequel a dit que Lecomte ne pouvait nier la malheureuse affaire dont il était question; seulement, il voulait expliquer qu'il n'avait pas contrefait de signature, qu'il avait écrit avec son écriture, sans la déguiser, le nom de son ami, et qu'il aurait payé, mais qu'un ennemi, M. Grehan, aujourd'hui officier d'état-major de la garde nationale, avait vu le billet, avait reconnu le faux et l'avait porté au receveur du roi.

D'ailleurs, Lecomte sentait l'impossibilité de se présenter chez Nieuwerkerke, mais il lui demandait de ne pas frapper un homme qui ne pouvait plus rien, et de retirer la lettre si dure qu'il a écrite. Nieuwerkerke, qui est bon, a été touché de la malheureuse situation de cet homme; il retire sa lettre et en écrit une autre à la fois digne et ferme, mais triste et témoignant le regret de savoir Lecomte dans cette position; enfin, une lettre qui ne ferme pas une plaie, mais qui ne l'envenime pas.

VENDREDI 28 FÉVRIER.

La soirée au Louvre, peu nombreuse, mais très-bonne musique. J'ai entendu un nouvel instrument, le *Saxophone*. Il a tous les sons agréables de la clarinette, sans avoir ses tons nasillards; l'artiste, qui en jouait le nommait le ténor des instruments.

A la soirée de mon atelier, peu de monde également, Le comte de la Villetreux, le comte de la Laurencie, Soulié et deux ou trois autres personnes. Nous avons causé et pris du thé, jusqu'à 1 heure.

SAMEDI 1ᵉʳ MARS.

Aujourd'hui est morte Mᵐᵉ la baronne de Reding, d'une bonne et ancienne famille de la Suisse allemande. Elle était très-vieille, mais je ne croyais pas sa mort si prochaine. Elle avait élevé la princesse Mathilde et lui servait de dame de compagnie. C'était une bonne femme, décorée du grand cordon de je ne sais pas quel chapitre allemand; elle aimait la princesse comme une fille. Sa mort empêche le bal costumé qui devait avoir lieu après-demain. Cette pauvre baronne sera difficilement remplacée auprès de la princesse, c'est une perte véritable et embarrassante.

La discussion de la Chambre a été violente sur la proposition Creton, qui est renvoyée à six mois.

La Montagne est toujours la même, elle a fait l'apologie des *assassins* de Louis XVI; alors, il y a eu un tumulte effroyable. Tout le parti des *Miaud* et des *Nadaud* voterait encore la mort de Louis XVI; si le crime était à refaire, il voterait toutes les lois de sang de 1793.

DIMANCHE 2 MARS.

Le dimanche gras a été froid et triste, la promenade sur les boulevards comme un enterrement.

LUNDI 3 MARS.

Aujourd'hui a eu lieu l'enterrement de la baronne de Reding; le service a été célébré dans l'église St-Philippe-du-Roule, et l'enterrement s'est fait dans le cimetière Montmartre. Il y avait beaucoup de monde à la cérémonie religieuse. Le vice-président de la république, le prince Murat, le général Excelmans, l'abbé Coquereau, plusieurs députés, etc., etc. Le froid était intense, le jour triste. Le soir, j'ai dîné chez la princesse Mathilde, avec Nieuwerkerke,

M⁻⁻ Desprès, ses enfants, et Ratomsky; le dîner et la soirée ont été tristes, nous n'avons parlé que de cette pauvre baronne et des regrets qu'elle laisse après elle. La princesse est profondément affectée; lorsqu'elle est arrivée vers moi, tout en noir, je ne saurais dire quelle désolation profonde se faisait lire dans toute sa personne. Elle m'a tendu la main, que j'ai baisée en la serrant, pour lui faire comprendre la part réelle que je prenais à sa douleur. L'émotion s'est emparée d'elle : elle s'est retirée quelques instants dans le premier salon pour pleurer en liberté; puis elle est revenue.

J'aime son caractère et sa personne, elle ne peut rien dissimuler; la franchise chez elle est une vertu poussée dans ses dernières limites. Il ne faut pas la connaître pour être son ennemi. La mort de la baronne de Reding la laisse bien seule, je ne vois personne auprès d'elle pour remplacer cette vieille amie.

Avec quelle affection elle aimait son élève, combien de fois m'en a-t-elle parlé, pour me la faire connaître! Par elle, j'ai su toute l'histoire de son mariage avec Démidoff, toutes les platitudes de cet homme, ses mauvais procédés, ses infâmes traitements; comment, à Florence, il entretenait, sous les yeux de sa femme, la duchesse de Dino; comment il maltraitait la princesse. Et ses supplications à genoux, lorsque l'empereur vint à Florence, de ne pas lui révéler les turpitudes qui salissaient le domicile conjugal.

Le premier mot de l'empereur Nicolas fut : *Vous ne savez pas à quelle canaille vous vous êtes mariée?* Quoique la princesse le sût depuis quelques mois, elle répondit

Votre Majesté n'est pas généreuse en me parlant de l'homme qui est mon époux.

L'empereur reprit plus doucement :

Pauvre enfant, vous le saurez un jour et alors vous viendrez vers moi, comme vers votre appui ; comptez toujours sur mon intérêt bien vrai.

L'empereur connaissait l'homme, comme je le connais moi-même. Rien de plus vil et de plus bas ne peut être imaginé. Insolent avec les valets, rampant avec ceux qui lui résistent, faux, lâche, enfin tous les vices sans une seule qualité.

Il bat les femmes et il a été battu par un domestique qu'il menaçait, mais il ne se bat pas avec les hommes d'honneur. L'empereur le fait surveiller, parce qu'il le sait capable de toutes les méchancetés cachées. Ici, à Paris, il soudoie un libelliste pour attaquer l'empereur ; si la preuve matérielle pouvait en être acquise aussi bien que la preuve morale l'est déjà, il irait pour longtemps habiter la Sibérie.

Démidoff est encore un faux savant qui s'est fait nommer membre correspondant de l'Institut de France, au moyen d'un grand et bel ouvrage dont il a été le bailleur de fonds ; cet ouvrage est le voyage en Russie exécuté par une société d'artistes et de savants *sous sa direction.*

Sous la direction de Démidoff !!!

C'est vraiment admirable ! Il est ignorant comme une carpe ; il fallait imprimer sous le *patronage de ses écus.* J'ai connu son père, aussi lâche, aussi plat, aussi immoral que lui. Il avait loué à Sceaux-Penthièvre la maison de campagne de Mme la comtesse Duchâtel ; c'était, autant qu'il m'en souvient, en 1819, et il avait près de lui une jeune personne, Caucasienne ou Tartare, nommée *Nédirdgka Letacheff*, qui était, je crois, son esclave *cubiculaire*; cette Nédirdgka fut la première passion de Taunéguy Duchâtel (ministre de l'Intérieur au moment de la révolution de 1848).

Taunéguy et moi étions fort liés et, vers 1818, j'étais en pension à Paris, rue de Clichy, chez Bintot, il venait m'y voir dans la semaine; le dimanche, je le voyais à la campagne, chez sa mère, à Sceaux, où mon frère aîné Théodore était sous-préfet.

Un jeudi, comme il pleuvait et que nous ne savions comment occuper nos loisirs, nous nous mîmes à parler des femmes qui nous paraissaient jolies. Nous avions seize ans; puis enfin, nous nous avouâmes que nous voudrions fort être aimés d'une de ces jolies femmes. Mais pour être aimé, il faut d'abord dire à une femme : *je vous aime!* Cela nous semblait difficile; nous ne l'avions jamais dit à aucune. Tout à coup une idée sublime vint illuminer nos jeunes imaginations et nous la mîmes à exécution. Faire une déclaration de vive voix!.. impossible... nous étions trop novices; en faire une par écrit, était plus simple; nous écrivîmes chacun une ligne de cette fameuse lettre; nous tirâmes ensuite à la plus belle lettre, pour savoir qui la signerait. De par le sort, je fus élevé au rang de séducteur; je signai, non sans une sorte de terreur secrète, et nous cherchâmes, d'un commun accord, à quelle femme serait envoyée la déclaration faite en société.

Il nous parut convenable de placer, dans un chapeau, vingt bulletins, portant chacun le nom d'une jeune femme ou d'une jeune fille de notre connaissance. Duchâtel plongea sa main dans le chapeau, il en retira un bulletin que j'ouvris et je lus :

Suzanne de Carondelet.

Suzanne ou Suzette était une jeune personne, alors non mariée (depuis elle a épousé le général de Tarlet), qui vivait à Sceaux avec son père, dans la maison qu'avait occupée Florian.

Suzanne était de trois ou quatre ans plus âgée que moi, on la trouvait jolie, elle était fort recherchée et très-entourée d'amis dévoués. Sa mère n'existait plus et son père, d'une très-noble et très-ancienne famille de l'Artois, avait été prêtre avant la révolution de 1789. Il voyait quelques connaissances intimes et n'allait à Paris que très-rarement.

Suzette!... lorsque ce nom fut proclamé, Tanneguy se mit à rire en me disant : *prends la lune avec les dents!*

J'aurais voulu, je crois, ne pas envoyer notre déclaration, mais Tanneguy l'avait saisie et il la mit à la poste. Je commençais alors une vie d'angoisses dont je ne saurais donner l'idée; je ne dormais plus, je ne mangeais plus, j'avais peur de rencontrer Suzette, je la fuyais. Enfin, il fallut bien me trouver en sa présence; un jour, nous restâmes seuls, il me semble que je m'excusai d'avoir osé lui dire que je l'aimais. Néanmoins, cet amour fut accepté et notre liaison dura cinq ans.

Tout le monde avait fini par la connaître, et comme Suzette était aimée et recherchée, je fus aimé et recherché aussi; on ne croyait pas pouvoir la prier à un dîner ou à un bal, sans me prier. Nous nous voyions plusieurs fois par semaine, surtout le dimanche, que je passais entièrement dans la maison, nous nous écrivions tous les jours et quelles lettres! Des romans qui ne nous paraissaient jamais assez longs, pour nous dire tout notre amour. Depuis notre rupture, je n'ai pas revu Suzette, elle est restée dans mon souvenir comme au temps de nos jeunes amours.

MARDI 4 MARS.

Des voitures de masques, une foule de badauds pour les regarder; le soir, des bals costumés, véritables lieux de débauche, où l'on parle une langue étrange, où chacun se croit le droit d'être grossier, tel est actuellement le mardi-gras.

J'ai dîné au café; j'ai passé ma soirée jusqu'à minuit à causer et à entendre jouer du piano chez M⁻ Susse; puis, je suis allé chez la Marquise Guadalcazar, où l'on dansait; il y avait quelques costumes. Mirabeau (Edouard) portait celui d'officier de la légion de son grand père; il était fort bien.

Je suis rentré au Louvre à une heure, et il y avait encore par la ville des masques avinés qui hurlaient, en se rendant aux bals des cabarets ou des casinos. Les costumes les plus ignobles sont les plus applaudis dans les bals publics. Le masque qui sait rendre toute sa personne difforme et hideuse, qui ne fait pas un pas sans commettre dix indécences, et ne dit pas une parole sans soulever le dégoût, celui-là est le roi de la jeunesse, un héros, un grand homme; les femmes lui adressent leurs agaceries les plus piquantes. Et Dieu sait pourtant de quels noms il divinise, il poétise les femmes :

volaille,
chameau.

Pour lui, un homme est un *mufle;* une figure, une *binette.* Enfin, tout l'argot des voleurs et des malandrins s'introduit peu à peu dans le langage. Les femmes de la meilleure compagnie savent le *cancan,* cette danse des filles et des débardeurs, elles connaissent les femmes entretenues, par leur nom; elles leur disputent leurs amants; enfin, la boue monte; où s'arrêtera-t-elle?

Je donnerai peut-être de curieuses relations sur ces choses-là.

MERCREDI 5 MARS.

Rien d'important, les journaux ne savent comment remplir leurs colonnes; la grande question du jour, l'assemblée n'ayant pas de séance publique, est de savoir: si Cavaignac a répudié, oui ou non, les doctrines émises par la Montagne dans l'avant-dernière séance, et s'il a eu une altercation à ce sujet avec *Charras.* Toujours des questions de personnes.

Cavaignac, Lamoricière, Bedeau, Changarnier, ce qu'on nomme enfin les quatre Africains, sont quatre ambitieux qui, quelque forme qu'ils revêtent, ne songent qu'à eux.

Lamoricière est perpétuellement incertain; Changarnier flottant; Cavaignac en haine particulière au côté gauche à cause des journées de juin, que les émeutiers ne lui pardonneront jamais; d'ailleurs, il appartient à la petite église du National, qui de longtemps ne regagnera pas sa popularité perdue.

Quant à Bedeau, il a livré, le 24 février, le pont Louis XV qu'il devait défendre, et il a laissé massacrer les gardes municipaux à l'entrée des champs Elysées, tandis qu'il était présent avec des forces suffisantes pour empêcher ce massacre. Pastoret l'a vu comme moi, et il m'en parlait, il y a huit mois, à un dîner chez la princesse Mathilde.

Bedeau sera toujours suspect aux honnêtes gens.

JEUDI 6 MARS.

Mlle Delaharpe est venue ce matin pour me prier de solliciter, avec plus d'activité, son engagement au *Théâtre Français*. Elle m'a conté le roman de sa vie et a joué une petite comédie très-bien conduite. Elle a de l'esprit et de l'intrigue, c'est tout autant qu'il en faut pour réussir.

VENDREDI 7 MARS.

La soirée du Louvre a été très-nombreuse, Salvandy y est venu; la soirée à mon atelier très-animée. Le consul général de Russie a beaucoup causé avec moi; il m'a promis une lettre de la *grande Catherine*.

SAMEDI 8 MARS.

Aujourd'hui a paru le changement de préfets, une partie du grand mouvement annoncé depuis quelque temps. J'ignore qui conseille le président, mais les choix sont singuliers; sous tous les régimes se reproduisent les mêmes fautes, les mêmes intrigues, et les nullités sont toujours mises en avant.

Parmi les préfets, M. de Calvimont, sous-préfet de Nontron, est nommé préfet de la Dordogne, département important, où les classes élevées sont légitimistes et les basses classes fort *rouges*.

Calvimont ne convient ni à ce département difficile à conduire, ni à un autre. C'est un esprit étroit, sans vigueur, sans fixité; autrefois, c'est-à-dire jusqu'en 1835, très-légitimiste, rédacteur infime du journal *Le Bridoison*, des plus exagérés parmi les exagérés, il vint se retirer dans le Périgord, son pays, à bout de ressources et ne sachant où trouver le couvert et le repos. Il épousa, à Périgueux, la fille de M. de Taillefer, jeune personne qui avait quelque fortune, mais difficile à marier, parce que sa mère, épousée *in extremis*, par M. de Taillefer, était tout simplement cuisinière et ainsi, réargenté par ce mariage, le petit Calvimont, oncle du jeune de Trémisot, maire de Périgueux, obtint, par l'entremise de Romieux, préfet de la Dordogne, la sous-préfecture de Nontron. Il est sans influence et sans grande considération dans le département.

Romieux me racontait en 1840, pendant un voyage qu'il fit à Paris, qu'il avait fortement insisté pour faire arriver à l'évêché de Périgueux un certain chanoine de cette ville, homme spirituel du reste, instruit et très-occupé d'archéologie, et que pendant vingt-quatre heures sa nomination avait été signée. Cependant des réclamations vinrent du département de la Dordogne, des *puristes* fournirent la preuve que le dit chanoine était l'amant de la comtesse de Lostanges; le ministère ne jugea pas cette conduite fort régulière et la nomination fut annulée. C'est après cette annulation que Romieux vint à Paris.

A sa première audience auprès du roi Louis-Philippe, ce prince lui dit: *Eh bien! M. Romieux, croyez-vous toujours l'abbé *** digne de la mitre épiscopale?*

Toujours, Sire, répondit Romieux.

Moi aussi, reprit le roi; mais malheureusement, *nous sommes les seuls qui pensions ainsi.*

Le second des préfets qui me donne l'occasion d'écrire quelques lignes, est Gustave de Romans, gentil garçon, qui a écrit et fait imprimer beaucoup de plus que médiocres brochures politiques; sans opinions arrêtées, sans grandes convictions, écrivant assez mal, et parlant longuement, mais encore moins bien qu'il n'écrit. Gustave de Romans a mené, avec point de fortune, la vie de jeune homme; puis enfin, il a épousé la nièce du prince Elim Mestchersky, jeune personne spirituelle, estropiée des jambes par les humeurs froides et qui ne peut marcher qu'avec des béquilles. Ce mariage a été tout un drame; après l'avoir favorisé, les parents ne voulaient plus le laisser conclure; il y a eu un enlèvement, et enfin mariage consenti par les parents et un tableau final très-touchant, comme dans les mélodrames. Gustave de Romans vit en commun avec sa belle-mère, qui a 100,000 fr. de rentes, et il en a déjà 50,000 par sa femme; c'est donc un gros monsieur auquel il faut une situation convenable.

Romans écrivait, dans les journaux et les brochures, des conseils au président sur la situation; il était bonapartiste comme il avait été orléaniste ou légitimiste, et jusqu'à cet hiver, il recevait dans son salon les Léon de Laborde, La Rochejaquelin et *tutti-quanti*, avec lesquels il dissertait sur la fusion des branches de la maison de Bourbon et autres mièvreries du parti. Cependant, on voyait à son attitude, on jugeait d'après sa conversation qu'il ne voulait se compromettre avec personne pour se rendre possible pour tous.

Le ministre de l'Intérieur actuel a jugé que, pour passer l'année si difficile dans laquelle nous entrons, nul homme mieux que Romans ne pouvait, dans le département du Var, préparer les élections de l'année prochaine.

Le président et la France seront bien servis!!!

Romans est arrivé à cette préfecture par Mme de Danrémont, blonde, filandreuse et sentimentale personne, déjà sur le retour, mais conservant les minauderies, les airs penchés et les rêveries du jeune âge. Mme de Danrémont est veuve du général tué devant Constantine, elle est de plus belle-sœur du général Baraguay d'Hilliers, commandant l'armée de Paris, et enfin, brochant sur le tout, elle a convolé en secondes noces, avec M. Vaïsse, ministre actuel de l'Intérieur; mais elle ne porte pas son nom, parce que, si son mariage était connu, elle perdrait sa pension, votée par la Chambre et qui lui a été accordée pour la mort glorieuse de son premier époux.

Ainsi, un ministre actuel laisse sa femme ne pas prendre son nom, pour lui conserver 6000 fr. de rentes. Toujours les mêmes saletés sous tous les régimes!!!

M`<sup>me</sup>` de Danrémont est liée avec M`<sup>me</sup>` de Romans, de là, Romans préfet du Var, département très-important!!! cela est naturel.

Quelquefois, il me semble que je rêve en voyant quels administrateurs on choisit; c'est un carnaval sans gaîté, tout ce que j'ai connu de niais est en place et passe pour habile!

Je commence à croire que nous assistons aux funérailles de l'empire. Chacun se taille un habit dans le *manteau de la France. Allez ferme, poussez, mes bons amis de cour!!!*

DIMANCHE 9 MARS.

J'ai dîné chez la princesse Mathilde en petit comité, avec Ratomsky et sa femme, Nieuwerkerke, M`<sup>me</sup>` Desprès et sa fille, et le médecin de la princesse.

La conversation du soir a été exclusivement consacrée à des observations et à des narrations sur la société. Pauvre société, on lui demande de la moralité et elle se trouve constituée de manière à ne pouvoir être morale.

Qu'est-ce que le *monde?* une grande arène de coquetteries et d'intrigues, où chacun, hommes et femmes, joue son rôle.

Un homme est estimé pour ses *succès* ou pour son *savoir-faire.* Couronnes de *femmes* ou couronnes d'intrigues savamment ourdies, diplomatiquement résolues. L'empire des femmes est immense par la coquetterie, et depuis le ministre jusqu'au dernier échelon de l'échelle hiérarchique, tous sont sous la pression de la femme qui, comme Brennus plaçait son épée dans la balance romaine, met ses charmes dans la balance des affaires.

Fould, l'ex-ministre des Finances, était très-accessible aux femmes et il ne s'en cachait pas trop.

Chaque homme a dans son histoire privée, s'il a vécu dans la société, cinq ou six séductions, autrement dit, cinq ou six maîtresses; mais le jour où il se marie, il oublie, avec les lettres d'amour qu'il brûle, et les bouquets fanés, dont il jette la cendre au vent, toute son histoire amoureuse; puis, il se persuade de bonne foi que sa femme sera pour lui seul!!

Cependant, le *monde* est là qui attend cette femme, qui la presse, qui l'entraîne; le mariage lui a ôté sa robe virginale, la première fleur de son innocence; elle *sait* maintenant, et le mot d'amour qui bruit à son oreille, l'accoutume peu à peu à entendre l'étrange langage de prétendues passions toutes matérielles.

Dire à une femme : *je vous aime*, quatre-vingt-dix fois sur cent, signifie en langage vrai :

Vous me plaisez, vous parlez à mes sens, venez partager mon lit, ou me faites partager le vôtre jusqu'à ce que ma fantaisie soit éteinte!

Pauvres femmes! pauvres hommes! pauvre société! pauvres nous!

LUNDI 10 MARS.

Depuis quatre heures jusqu'à six heures, j'ai fait voir notre Louvre à Sa Grâce la duchesse de Sutherland, et à sa fille. Ces deux dames étaient venues à mon cabinet me réclamer comme *cicerone* en l'absence de Nieuwerkerke. La duchesse est fort gracieuse, très-aimable, avec le désir de le paraître; sa fille non encore mariée est belle, a l'air fort noble, en un mot, un beau type de l'aristocratie anglaise.

Notre Louvre est toujours un objet d'admiration pour les étrangers. Les magnifiques restaurations qui s'y exécutent les étonnent et les émerveillent. La galerie d'Apollon leur semble ce qu'elle est en effet, le plus bel appartement royal du monde. La salle des sept cheminées et le grand salon carré, décoré par Duban, lui feront le plus grand honneur.

Les sculptures de la salle des sept cheminées sont de Duret, celles du salon carré de Simar.

La duchesse de Sutherland a beaucoup admiré les salles de la sculpture de la Renaissance, les Michel Ange, les Germain Pilon, les Benvenuto Cellini; elle parle des arts en femme qui les aime et qui s'y connaît.

Sa fille, avec laquelle j'ai causé pendant quelques moments de notre grande promenade, m'a dit qu'elle venait pour la première fois en France; elle a regardé très-attentivement nos tableaux de Raphaël; mais la sculpture égyptienne lui déplait positivement. Elle se gendarme, ainsi que sa mère, contre l'immobilité et la raideur de toutes ces figures contemporaines de Pharaon.

En fait d'art, ces deux dames ne sont pas *archéologues*; elles aiment l'art arrivé, l'art qui séduit par son exécution complète. Je dois cependant signaler une exception.

Deux tombeaux de la fin du XV° siècle les ont vraiment impressionnées par la naïveté et la finesse accentuées de leur exécution. La duchesse m'a dit que, pour elle, le moyen-âge avait mieux senti que toute autre époque l'art tumulaire. Ces grandes figures couchées, immobiles et si bien revêtues de la majesté calme de la mort, sont tout à la fois pieuses et souriantes.

Je lui ai fait remarquer cette admirable combinaison de la vie et de la mort dans ces figures couchées. Tout le personnage dort du sommeil éternel, son enveloppe mortelle est pour toujours étendue sur la pierre du tombeau, mais l'âme vit et prie, l'âme immortelle s'élance hors de l'humanité et les deux mains du mort conservent leur action, leur vitalité, pour exprimer, par l'attitude de la prière, l'immortalité même de l'âme.

La sérénité et la quiétude sont empreintes sur toutes ces figures. La duchesse a repris : *la quiétude!* elle a répété ce mot, étonnée de le trouver dans la langue française, et elle m'a dit : j'aime ce mot, que je croyais seulement italien, sa prononciation seule est comme une douce musique qui exprime et répand ce qu'elle veut dire.

MARDI 11 MARS.

J'ai dîné chez la princesse Mathilde; il est venu quelques personnes le soir. Nieuwerkerke avait été à Vincennes avec le général Perrot, qui lui a raconté qu'en 1848, il commandait cette forteresse sous le gouvernement provisoire. La populace de Paris avait résolu de s'emparer des armes, de la poudre, ainsi que du château, et pour y parvenir, elle avait imaginé un de ces banquets *monstres* au veau froid et au vin *bleu* qui, suivant le programme, devait être donné autour des fortifications; puis, à un signal convenu, les femmes et les enfants placés en tête de la manifestation, on s'emparerait, sans coup férir, de la citadelle.

Les troupes se seraient trouvées paralysées par cette masse de femmes et d'enfants, sur laquelle la populace comptait qu'on n'oserait pas tirer.

Le général Perrot sut le projet; il fit armer toutes les batteries du fort, laissa les portes ouvertes, mais munies d'artillerie et fit savoir au *bon peuple* que la première personne qui franchirait les glacis donnerait par cela même aux troupes et aux canons l'occasion de commencer le feu. Le général Perrot ajouta ce qui suit: *Comme le peuple connaissait ma résolution, Vincennes fut parfaitement respecté.*

En 1850, le général Courtigis commandait à Vincennes, les ordres portaient qu'en cas d'insurrection du faubourg St-Antoine, il mît à l'instant sa grosse artillerie en batterie et qu'il ouvrît le feu sur le faubourg, tandis que trois régiments de cavalerie disposés dans la plaine auraient été chargés de sabrer toute troupe insurgée qui eût tenté ce moyen de sortir de son repaire.

S'il eût fallu brûler le faubourg, on l'aurait brûlé jusqu'à la dernière maison.

Dieu veuille qu'aucune guerre civile ne vienne épouvanter notre triste siècle; elle serait affreuse. Nos monuments, nos bibliothèques, nos musées seraient livrés au pillage et à l'incendie, comme jadis, dans les Gaules, lorsque les *barbares* s'emparaient de Trèves ou de Cologne.

Au mois de février 1848, le feu a été mis deux fois au Palais-Royal et il fut sérieusement question, pendant quelques instants, d'incendier les Tuileries.

D'ailleurs, le respect des monuments n'est pas dans l'esprit de la génération actuelle ; je me souviens des gardes nationaux qui mutilaient avec leurs bayonnettes, les sculptures du Palais de la Bourse, pendant leur faction de nuit, et des enfants qui, en plein jour, à St-Denis, au milieu d'une population indifférente, brisaient avec des pierres les vitraux de la basilique.

Nous vivons au milieu de nouveaux Iconoclastes, qui comme leurs pères de 93, abattent volontiers et avec des cris de joie, les statues, les monuments, les églises ; la populace n'a ni la religion du cœur, ni celle des souvenirs. L'hérédité abolie dans sa forte constitution du moyen-âge a entraîné la famille, l'amour des souvenirs du passé. La vie actuelle est un *omnibus* où, pour 6 sous, l'homme doit avoir une place, tant que la voiture roule. Il ne connaît pas ses voisins et il leur est inconnu ; le hasard les a rassemblés ; ils sont sans lien, sans affection, sans passé et sans avenir. Il y a en France 35,000,000 d'individus, il n'y a pas de société.

MERCREDI 12 MARS.

Le gouvernement a enfin fermé la porte du cours de Michelet. Ce cours, où le plus pur communisme était ouvertement enseigné, était un vrai scandale. Le professeur y tonnait contre l'Evangile, dont il déchirait les feuillets. Le *Collège de France* a besoin d'être reconstitué. Barthélemy S¹-Hilaire, Edgard Quinet, enseignent la jeunesse; comment veut-on alors qu'elle soit amie de l'ordre et des lois. Ces trois hommes sont montagnards dans le fond du cœur et dans leurs discours.

JEUDI 13 MARS.

Le Prince de Canino et le Marquis de Rocca Giovini, son gendre, ont ouvert leur maison. Ils ont acheté un joli petit hôtel, rue de Lille 107 et ils l'ont fait très joliment meubler. Ils en sont les propriétaires et les tapissiers, mais rien de plus, car ce ne sera pas pour eux qu'on ira aux jeudis de cet hôtel. Le Prince de Canino est un gros et sale révolutionnaire, instruit, ennuyeux, adonné aux oiseaux, qui a tenu à Rome la plus révoltante conduite contre le Pape, que tout lui commandait de respecter.

Il était un des premiers à faire le coup de feu contre le palais où ce chef des chrétiens, entouré de la diplomatie européenne, était défendu par quelques Suisses fidèles. A la mort de Rossi, il présidait l'assemblée et il ne s'est pas ému de cet assassinat et n'en a pas fait poursuivre les auteurs; il a consenti à accepter un pouvoir que déshonoraient les ovations faites aux assassins; plus tard, il a laissé faire les massacres des prêtres au couvent S¹-Calixte; puis enfin, ce neveu de l'empereur est demeuré jusqu'à la fin chef d'un gouvernement en guerre avec la

France! C'est un mauvais ambitieux, capable de toutes les lâchetés et de tous les crimes.

Quoiqu'en ait dit, dans son procès contre d'Arlincourt, le citoyen romain, il se pare très-bien du titre de Prince.

Le Marquis de Rocca Giovini n'est pas méchant, n'est pas sale, n'a pactisé je crois avec aucun massacreur, mais ce n'est rien. Le fils du maréchal Excelmans me disait ce soir: «c'est un *merlan*, car ce n'est pas même un coiffeur».

Quant à la Marquise de Rocca Giovini, elle ressemble à un enfant; elle en a la gentillesse et la grâce, et elle plaît généralement. Le fils du maréchal Excelmans est un de ses adorateurs.

J'ai fait mon compliment au maréchal sur sa nomination et il m'a répondu qu'il le recevait de moi avec plaisir, qu'il aurait seulement voulu le recevoir plus tôt, mais qu'il avait le chagrin de ne pas me voir aussi souvent qu'il le désirait.

Cette première soirée était peu nombreuse; le Prince de Canino aura de la peine à se faire adopter par la société. Il n'y avait même, chez lui, aucun savant.

Edouard Thayer, directeur des postes; son beau-père le duc de Padoue; le vice-président de la république, qui est venu me dire:

« Vous m'avez soufflé, il y a deux mois, le rôle du
« Misanthrope, à dire avec Brohan; mais, avant-hier, j'ai
« pris ma revanche, j'ai rempli le rôle de Britannicus avec
« Mlle........

J'avoue que Boulay de la Meurthe en Britannicus devait être bon à voir et je regrette de n'avoir pas joui du coup d'œil que devait offrir le président du conseil d'Etat dans toute la majesté de sa rondeur, donnant la réplique à une jeune comédienne. Boulay de la Meurthe est une caille engraissée et plumée; on le croirait mis au monde pour servir d'enseigne au Passage de la *Boule-Rouge*.

La princesse Mathilde est restée jusqu'à onze heures et demie; toujours bonne et gracieuse, il est impossible de ne pas éprouver d'amitié pour elle.

VENDREDI 14 MARS.

Auguiot est venu ce matin dans mon cabinet, où il m'a entretenu longuement des affaires du musée et de celles des princes de la famille d'Orléans. Suivant lui, on aurait dû payer au roi Louis-Philippe le million qui devait être versé à la liste civile à la fin de février 1848, et alors le roi aurait fait l'abandon à la galerie espagnole de deux tableaux de Géricault, etc. Auguiot est au musée l'homme de Montalivet et fouille les cartons pour établir le chiffre des réclamations de la famille d'Orléans. Cet été dernier, il a brûlé, sans ordre et sans contrôle, des papiers provenant des cartons de l'administration. Il cherche, il fouille partout; il se refait philippiste et ne parviendra jamais qu'à se maintenir plate canaille.

Mais, par ces temps d'intrigues, il peut aller loin dans les *honneurs* administratifs.

Il m'a dit que les exécuteurs testamentaires du feu roi devaient présenter une réclamation, demandant 5 millions d'indemnité pour les dégâts, pillages et incendies de 1848; c'est une *petite* affaire, arrangée avec les philippistes de l'assemblée.... Le moment est bien choisi!!

Lavalette a été nommé au poste diplomatique de Constantinople comme il avait été nommé consul à Alexandrie: par l'influence des Débats appuyée du crédit de Véron.

Lavalette a pour 200,000 fr. d'actions du journal des Débats; il en exigeait le remboursement et il sollicitait le poste de Constantinople; des officieux se sont entremis, il n'a pas retiré ses fonds, le journal des Débats a admis sa politique contre le président et il a obtenu la mission de Constantinople.

Un grand dîner chez Véron a scellé l'arrangement. Toujours mêmes turpitudes, toujours mêmes contrats immoraux, même trafic de places, de dignités et de ce qu'on nomme des honneurs. Travaillez, usez-vous, suivez les chemins ouverts, marchez loyalement sur les routes indiquées, ou jouez le jeu de votre existence honnêtement, vous trouverez à un moment quelconque un *brelandier* muni de cartes biseautées qui vous trichera votre avenir. Figaro l'a dit: «*Le savoir-faire vaut mieux que le savoir.*»

Les 200,000 fr. que Lavalette a sur le journal des Débats, ont été gagnés par lui au piquet.

Et bien, parce que cet homme, qui ne sortait des coulisses de l'Opéra que pour aller au jeu, a gagné 200,000 fr. au piquet, lui qui ne possédait pas un sou vaillant en 1830; parce qu'il a épousé la veuve d'un banquier américain, vieille coquette, maîtresse du vieux M. Roy (ancien ministre des Finances), qui avait sauvé M. Wells son mari, par un prêt considérable, cet homme a été tour à tour consul général à Alexandrie, chargé d'affaires en Allemagne, député, puis enfin le voici, à l'heure présente, ministre plénipotentiaire près la Sublime Porte. Il est décoré, plaqué de croix et de *Néchams* de toute espèce. Enfin, c'est un *grand seigneur* actuel.

Faites toute la morale que vous voudrez, enseignez l'honnêteté, la probité, la vertu; les apprentis du monde vous répondront : les jupons d'une danseuse et le lit encore chaud d'un banquier américain valent mieux comme protecteur que tous les prix Monthyon. Mᵐᵉ la princesse de Barry, Mᵐᵉ Tallien, Fany Elssler et Mᵐᵉ Wells, cotillon, cotillon, toujours cotillon. Il en sera toujours ainsi.

La soirée du Louvre a été très-brillante, la musique fort bonne. Hermann a été fort applaudi en jouant du violon, Lefort en chantant un très-bel air de Noël, et enfin Levassor s'est montré très-excellent comique avec une chansonnette d'ivrogne. La soirée à mon atelier peut passer pour la plus agréable de celles qui y ont eu lieu; nous nous y sommes trouvés vingt, entre autres M. le Comte de Béthune, M. de Bonnechose, le vicomte de la Villetreux et son fils, etc. Giraud a dessiné la caricature de Morel-Fatio, Levassor a raconté une très-jolie histoire d'un homme qui trouve ce qu'il va dire si drôle qu'il ne peut terminer sa narration, et après deux heures, passées à causer et à rire de toutes sortes de choses, la soirée s'est terminée à une heure du matin.

SAMEDI 15 MARS.

Rien de saillant aujourd'hui. Le président a visité la bibliothèque du Louvre.

DIMANCHE 16 MARS.

J'ai dîné chez la princesse Mathilde; après le dîner, nous sommes allés au théâtre de l'Opéra comique, dans la loge du président; il y avait, avec la Princesse, le Prince de Canino, le Marquis et la Marquise Rocca Giovini, la Comtesse Lechdonkoska (Mlle de Menneval), le fils du général Excelmans, Nieuwerkerke et moi.

J'oubliais Ratomsky. Le spectacle se composait de Fra Diavolo, de Bonsoir M. Pantalon et de la Dame voilée. Joli spectacle, fort bien chanté.

Excelmans fait une cour déclarée à la Marquise Rocca Giovini et cela est très-amusant. Le mari est un bon petit lycéen, qui a l'air de ne pas oser être en vacances.

La marquise est coquette comme dix diables ensemble, et Dieu sait comme elle joue de la prunelle.

Excelmans croit parfaitement être sur le chemin de la meilleure de toutes les fortunes. Son grade d'officier de marine ne lui a pas appris à voir de loin; il n'est qu'un *paratonnerre* destiné à détourner l'attention; je vois jouer tout ce jeu et je m'en amuserais si je ne craignais une vilaine fin de comédie.

Je note ceci pour plus tard; la petite marquise a grande confiance dans sa finesse, mais je sais toute sa petite intrigue.

Le soir, en sortant du spectacle, Ratomsky et moi, nous nous sommes fait conduire chez la marquise de Las-Marismas. La musique du 9me de dragons faisait les frais de la soirée; on jouait à l'écarté dans un autre salon,

Autour de la table à jeu, la princesse Murat et Bacciochi étaient les plus acharnés.

M⁽ˡˡᵉ⁾ Masson aime assez le jeu, votre même, je crois, celui de la coquetterie; cette vertu nouvellement rentrée à l'Opéra ne dédaignerait pas un petit amant, et je pense qu'il y a beaucoup d'exagération dans les rigidités prétendues de la demoiselle, à laquelle, ce soir, le prince Poniatowski paraissait faire une cour assidue, et les mœurs austères de la mère, qui me semble vouloir remplir l'emploi de mère noble de comédie.

LUNDI 17 MARS.

J'ai vu Schœlcher, le farouche républicain, qui est venu à mon cabinet. Je connais ce tribun depuis vingt ans. Il a, sur tous ses collègues de la Montagne, l'avantage d'être un *honnête homme privé*, niais, car le parti tire à boulets rouges sur sa bourse. Schœlcher a été amené peu à peu, par *ma diplomatie* pendant notre conversation d'aujourd'hui, à donner au musée pour huit ou dix mille francs de costumes, statuettes ou antiquités mexicaines ou américaines. Il m'a demandé, d'un air chagrin, s'il était vrai que Charles Blanc et Jeanron se fussent fait donner, pendant qu'ils étaient, l'un directeur des beaux-arts, l'autre directeur du musée, les grands ouvrages en quatre-vingt-dix-neuf volumes, des planches de la calchographie du Louvre.

J'ai répondu affirmativement, et l'honnêteté de Schœlcher s'en est révoltée. Il souffrait d'avoir à s'avouer que deux coreligionnaires eussent commis un acte indélicat, mais cependant il a exprimé tout haut sa pensée et très-énergiquement.

Hélas! le pauvre Schœlcher doit souvent avoir à rougir depuis 1848. Ses amis ont été mêlés à de bien sales tripotages.

Le luxe du citoyen Marrast! le luxe du citoyen Ledru-Rollin! Je sais bien qu'on répond aux niais que ces deux grands hommes ont épousé de riches Anglaises; mais comme je sais beaucoup de choses, je sais entre autres que Mme Marrast, morte aujourd'hui, était avant son mariage une de ces gouvernantes anglaises qui font des éducations de famille, et je sais même qu'elle avait fait des *éducations de jeunes gens*. Quant à Mme Ledru-Rollin, fille naturelle d'un Irlandais, belle-sœur d'un déporté irlandais Mitchielg, elle a eu 48,000 fr. de dot, et aujourd'hui sa reprise sur les biens de son époux se monte à 700,000 fr., hypothéqués sur des maisons dans Paris; tout cela n'est pas mal.

Mme de Lamartine est Anglaise aussi, elle tient fort à passer pour une *très-grande dame*; elle est fille d'un pâtissier du Strand à Londres.

MARDI 18 MARS.

Dîner chez la Marquise de Guadalcazar, mais sans diplomates. Le général d'Audenarde en faisait partie; il a beaucoup vieilli et il porte lunettes; ce n'est plus le brillant officier de cavalerie de l'empire que je voyais à la Malmaison, voire même le sévère lieutenant des gardes du corps qui, en 1816, réprimait, par sa fermeté, une émeute de sa compagnie; mais c'est encore un beau vieux militaire, grand, à la figure très-martiale, à la moustache grise; il est aimable et de fort bonne compagnie.

A l'Elysée, on se préoccupe de la composition des administrations départementales; cependant les dernières nominations ne sembleraient pas l'indiquer. La plus grande partie des choix est plus que médiocre et surtout ceux faits pour des départements importants, comme le Var et la Dordogne. Nous nous acheminons à pas de géant vers 1852. Le socialisme relève la tête, il s'agite dans les départements, et le parti de l'ordre s'amuse à des discussions oiseuses et se subdivise en coteries ambitieuses qui veulent faire triompher avant tout certains amours-propres. Le pouvoir est mal servi, les gens qui l'emploient sont tous prêts à capituler avec les pouvoirs à venir, avec l'opinion, quelle qu'elle soit, qui dominera demain. Louis Napoléon dîne chez chaque ministre tour à tour; on a l'air de vouloir s'étourdir sur l'issue de la crise que l'année prochaine nous réserve. La venue du danger ne met pas d'obstacles au *favoritisme*, qui donne des places importantes à des nullités bien recommandées.

Hier encore, pour une place non politique cependant, la faveur du prince a fait du *stupide Viellard*, membre de l'assemblée, un administrateur de la bibliothèque de l'arsenal. *Viellard* est l'ancien précepteur du président.

La révolution de 1848 avait fait d'Haureau un conservateur de la Bibliothèque Nationale, en remplacement de Champollion, destitué. Haureau était connu pour avoir publié, en 1832 ou 1833, une histoire des Montagnards de 1793, où Robespierre, Danton, Marat et consorts étaient portés aux nues. Cet ouvrage est illustré de portraits dessinés par Jeanron, ex-directeur des musées.

Haureau est encore conservateur, et il est un de ceux qui, depuis 1848, ont le plus efficacement contribué à rendre l'accès de la bibliothèque difficile aux travailleurs. La Bibliothèque Nationale aurait besoin d'une réorganisation complète; les livres, gravures, dessins, antiquités et manuscrits qu'elle possède semblent n'avoir été amassés que pour servir à messieurs les bibliothécaires.

Les travailleurs sont des voleurs qui leur dérobent leur bien.

Je sais des manuscrits qu'on ne montre guère et d'autres qu'on ne montre pas du tout. Et on appelle la Bibliothèque Nationale une bibliothèque *publique*.

MERCREDI 19 MARS.

Dîner chez Villot, conservateur des tableaux du musée, avec la Comtesse de Spare (autrefois Mlle Naldi des Italiens) et Mme la Baronne Barbier, belle-sœur de M. Villot, et femme d'un intendant militaire. Après dîner, petite soirée chez la Princesse Mathilde, où je n'avais pas accepté à dîner. La Duchesse de Crès, grosse femme, au parler quelque peu prétentieux; puis, deux préfets, dont un est son protégé. Les deux préfets assez bouffis de leur importance départementale, deux bonnes médiocrités. Un des deux se nomme Lapeyrouse et a épousé Mme de Montholon. Giraud dessinait une scène de bal masqué, avec toute la verve et l'esprit qu'il a et qu'il dépense sans épuiser le fond. A dix heures est arrivé l'éternel Canino avec sa fille et son gendre. Canino se fait remarquer par sa fille, mais il ne parviendra qu'à la démonétiser, sans se faire accepter. Cet homme est faux, méchant et par-dessus le marché sale à faire horreur. C'est une de ces mauvaises natures qui n'attendent qu'un jour d'orage pour se montrer dans toute leur hideur. Ainsi, les pluies chaudes font éclore les crapauds.

Je suis retourné vers onze heures chez Villot; il était venu beaucoup de monde pendant mon absence.

Mme de Spare chantait, et elle chante merveilleusement. Mme de Nieuwerkerke s'y trouvait aussi; elle est belle encore et charmante, pleine de douceur et d'amabilité.

Mme Villot et Mme Barbier veulent que je leur fasse un proverbe qu'elles joueraient après Pâques!..... Si je le fais, je vous mettrai en scène avec votre pruderie et votre coquetterie, Mme Barbier!!!

C'est une de ces femmes qui élèvent des crétins à la brochette pour les dominer en reines de carnaval. C'est la bourgeoisie portée à sa quatrième puissance, diraient les mathématiciens.

JEUDI 20 MARS.

Dîner chez la Princesse Mathilde, avec Ledochonsky, sa femme, Mme Després et Nieuwerkerke.

Le soir, nous sommes allés voir Manon Lescaut, au Gymnase. A table, il a été longuement parlé de Canino, qui devient de plus en plus insupportable. Le lâche coquin, qui abdique et reprend tour à tour son titre, flagorne le président, qui le méprise, et tient un silence sévère en présence de tant de platitudes.

Voici un échantillon des propos de Canino :

« J'aime mieux vivre avec des animaux qu'avec les légitimistes. »

« Je voudrais voir la mort du dernier prêtre ! » Ce propos est bien digne de l'homme qui a pactisé avec les assassins de Rossi et qui a tiré sur la demeure du Pape !

Sa fille cherche un amant; Excelmans est là, il peut arriver. C'est une petite personne qui en sait long, très-ardente je crois, et très-disposée à passer de la théorie à la pratique. Peut-être Excelmans n'est-il qu'un paratonnerre, qu'une raison sociale? Enfin nous verrons, mais je crois que cela tournera mal; la fille et le père ne prennent pas le chemin qui doit leur ouvrir la porte de a société.

VENDREDI 21 MARS.

Soirée au Louvre et dans mon atelier.

Giraud a fait la caricature de l'économe du musée, M. Jousselin; il y avait à prendre du thé, Ferdinand de Lasteyrie, de Brèves, Nieuwerkerke le père, Dauzats, les deux Giraud, la Villetreux, Riccardo, Briffaut le député, Anastasi le peintre de paysage, Marzocki, etc. Briffaut m'a dit qu'il avait conduit M⁻ la vicomtesse de Luppé à l'exposition et qu'elle n'avait pas reconnu mon portrait

Elle me trouve changé. Depuis 1832, cela n'est pas étonnant.

Mme la vicomtesse de Luppé (Marie de Menou) est l'héroïne de mon roman de Gérard de Stolberg. C'est une des femmes qui m'ont le mieux appris le monde. Dans le roman tout est vrai; complétement vraies les moindres épisodes; j'ai eu longtemps une vive et profonde affection pour cette femme, qui était tout simplement une coquette bas-bleu. Un moment, j'ai cru que notre rupture allait se rejoindre; c'était en 1838, au moment où elle quittait Paris, je lui écrivis en lui remettant une de ses lettres, dans un petit coffret.

« Si vous voulez me revoir, près de vous, Marie,
« rendez-moi ce coffret et toutes vos lettres, alors je vais
« dans six semaines vous rejoindre. »

Elle ne me répondit pas, mais elle me fit dire de lui apporter un roman de Mme Sand qui devait paraître. Alors tout fut définitivement rompu, et cependant le souvenir me trouble encore.

SAMEDI 22 MARS.

L'acquisition des tableaux achetés à la vente du feu roi des Pays-Bas, par la direction générale des musées, a été après un court débat approuvée aujourd'hui par l'assemblée nationale.

J'avais écrit, il y a quelques jours, une lettre qui fut insérée dans le journal La Patrie et qui traitait de l'insuffisance de la dotation des musées; j'avais aussi vu

Schœlcher et je l'avais endoctriné en faveur de la proposition ; il a parlé et bien parlé ; l'assemblée s'est prononcée à une majorité considérable.

Schœlcher était flatté d'être pris comme appui en cette circonstance ; c'est du reste un honnête homme *preuve* que l'amour-propre et la flagornerie des rouges ont égaré et que leur rapacité ruine.

Maintenant, nous avons à emporter une augmentation de crédit de 50,000 fr. pour les fonds d'acquisition des musées, qui seraient ainsi portés annuellement à 100,000 fr. Je dois écrire ces jours-ci une nouvelle lettre aux journaux pour en démontrer la nécessité.

Ferdinand de Lasteyrie, bien endoctriné par nous, a été l'un des soutiens de la mesure adoptée.

Lasteyrie est un de ces démocrates tout parfumé d'aristocratie, qui sont presque honteux, dans la société, de leurs alliances politiques.

Lasteyrie est jeune, bien de sa personne, bon garçon, par naturel spirituel, sans légèreté et parfois sans finesse, instruit, et il a été homme à bonnes fortunes, avant son mariage.

Sa généalogie et son blason l'occupent assidûment ; il réunit, avec un grand soin, toutes les pièces historiques qui concernent sa famille. Il ne lui est pas indifférent d'avoir eu des aïeux aux croisades, ni de pouvoir se rattacher à un certain Guy de Lasteyrie du Saillant, qui sous Charles V de France, fut tué, dans une sédition, à Montpellier, où il avait été dépêché par le duc d'Anjou pour remettre le bon ordre et rétablir l'autorité du roi.

A cette occasion, la ville fut condamnée à perdre ses privilèges, à voir ses portes enlevées, six cents de ses bourgeois furent pendus et elle eut à payer 6000 livres à la famille Lasteyrie du Saillant. Lasteyrie n'est pas de la branche aînée, qui seule a le droit de porter le nom de du *Saillant*. Mon neveu seul a titre pour prendre les armes, le nom et la couronne de marquis de cette illustre famille limousine héritière des *Comborn* et alliée à toutes les grandes races de la Province, aux anciens vicomtes de Limoges comme aux Noailles actuels. Les Marquis du Saillant étaient héréditairement avant 1789 grands sénéchaux du Haut- et Bas-Limousin. Ils avaient succédé dans cette charge aux Ventadour. Mon neveu est, par sa grand'mère la Princesse de *Berghes* St-Vinolx, grand d'Espagne de 1re classe.

Jules et Ferdinand de Lasteyrie, tous deux représentants, tous deux très-affectés dans leur libéralisme, ont pris dans leur contrat de mariage le nom de du *Saillant*, qui est le nom du fief de la branche aînée des Lasteyrie, et ils n'y ont aucun droit.

Ma femme n'a pas voulu réclamer; il paraît que cette petite usurpation plaisait à leur nouvelle famille et puis les libéraux sont très-usurpateurs.

Jules a épousé une demoiselle de Chabot; Ferdinand une bonne et gentille Américaine, un peu sauvage et qui a du sang mêlé dans les ongles.

Ferdinand enregistra, au nombre de ses conquêtes passées, Mme de Rémusat, sœur de Jules, qui a eu plus tard une longue liaison avec Tanneguy Duchâtel et qui, en ce moment, en termine une avec M. de Molènes, écrivain de la Revue des Deux Mondes.

Après Mme de Rémusat, Mme Yermoloff, fille du général Lassalles. Après Mme Yermoloff, Mme de Magnoncourt, fille de M. de Tracy, etc. etc.

Le père de Ferdinand avait été prêtre et il espérait le cacher sous une haine profonde pour tous ceux qui portaient soutane. Il fut marié au sortir de la Révolution avec une sœur de ma mère, tandis qu'une autre sœur épousait un autre prêtre, M. Sirey, qui nous a tous ruinés. Le même nonce du Pape, en vertu d'un bref du Pape, a sécularisé ces deux messieurs et les a mariés. M. Sirey est mort à 80 et quelques années, poursuivi en interdiction par sa fille, Mme Jeanron, de l'émotion que lui faisait éprouver ce procédé; il était parfaitement en plein usage de sa raison et de son esprit. Il est mort dans le cabinet du juge qui l'interrogeait.

M. le comte Charles de Lasteyrie ou le citoyen Lasteyrie est mort aussi à plus de quatre-vingts ans, il y a quinze mois, après une très-courte maladie; il a joui de toutes ses facultés jusqu'à l'heure de sa mort, qu'il annonçait devoir arriver à quatre heures après midi; ce qui eut lieu en effet.

Il est mort debout, sans une prière, sans un mot de religion sur les lèvres. Il avait apporté en France la lithographie.

Il me disait, pendant la révolution de 1830 et en se frottant les mains: «*Cela marche, cela va bien, la ligne ne veut pas tirer sur le peuple, un peu de guillotine et cela ne fera pas mal.*»

C'était un bon homme dans son intérieur, un philantrope qui n'aurait pas voulu écraser un hanneton. M. de Robespierre était ainsi.

DIMANCHE 23 MARS.

J'ai consacré ma journée à visiter l'établissement du docteur Belhomme, où sont soignés les fous dont les familles peuvent payer assez largement le traitement particulier.

Cet établissement fort beau est situé rue de Charonnes, Faubourg St-Antoine n° 161. Les jardins et bâtiments occupent à peu près six arpents de terrain, et le service, comme les soins donnés aux malades, m'ont parus bien compris et bien ordonnés.

J'ai vu des fous de toute espèce, depuis des monomanes jusqu'à des gateux. Et tout ce troupeau est effroyablement triste à contempler. Ces intelligences détruites ou égarées, ces êtres pensants ravalés au-dessous de la bête, ces machines où l'âme sommeille sont pénibles à voir.

L'ambition fait beaucoup de fous. J'ai été reçu dans l'appartement d'un marquis Italien qui se dit cousin du président et se fait appeler *Bourbon Bonaparte*. Il est fort irrité contre son cousin qui ne répond pas à ses nombreuses lettres. L'orgueil et la vanité se montrent à découvert dans les moindres paroles de cet homme; il ne pardonne pas un manque d'égards; ses manières sont distinguées, son langange choisi, entremêlé de français et d'italien. Sa figure est très-mobile, mais la partie occupée par le cerveau, dans la circonférence de son crâne, est très-restreinte; cet homme a succombé sous les atteintes d'une vanité excessive.

Un autre fou m'a longuement entretenu de la découverte qu'il prétend avoir faite de la quadrature du cercle, dont il a bien voulu me donner l'explication, entremêlée de demandes de renseignements sur une M*** *Casier*, être imaginaire auquel il porte une vive affection et qui doit toujours venir le tirer de la maison dans laquelle il se trouve. « Enfin, Monsieur, m'a-t-il dit, je ne fais aucun secret à personne de ma découverte et je vais vous l'expliquer en deux mots: Le carré est au cercle comme 40 est à 49. »

Ce fou, âgé d'une cinquantaine d'années, a l'air d'un bon bourgeois, tout semblable à ceux qui vont aux Champs Elysées voir jouer aux boules. Il se croit en prison, mais il espère toujours en être tiré par M*** Casier.

Un autre, sombre, triste et mélancolique, enclin au mysticisme, m'a parlé sans ordre, d'une voix si basse que j'avais d'abord peine à l'entendre; puis il m'a supplié de lui venir en aide contre la tyrannie de son beau-père (le marquis de Bonneval) qui, par l'intermédiaire d'un cornet à piston, le tyrannise et le retient en chartre privée. Ce fou, enveloppé dans un manteau, s'est irrité par degrés et il me serrait le bras avec force en faisant d'affreuses grimaces. Le gardien m'a dit: « Monsieur, hâtez-vous de sortir, car il va entrer dans une de ses crises de fureur. » Je me suis alors dégagé, non sans peine, de son étreinte; il m'a poursuivi jusqu'à la porte qui sépare le jardin où il se promenait de celui des *gateux*, et la porte nous a séparés.

Les gateux ne sont plus des hommes et ils n'ont pas l'honneur d'être des animaux; les uns ne parlent plus, les autres marchent à peine. Quelques-uns parlent encor par monosyllabes; enfin, on peut suivre en eux la destruction par étapes de l'intelligence et de la condition humaine. Ce sont des organisations déformées, les unes par la débauche, les autres par une paralysie du cerveau causée par quelque émotion dont leur faible nature n'a pu supporter le choc; mais tous arrivent à la mort assez promptement, par le même chemin, la paralysie du cerveau réagissant sur l'organisme.

Un de ces malheureux tournait sans cesse autour d'un arbre en riant, sans bruit; il a vingt ans à peine et une débauche contractée dès l'enfance l'a amené à l'idiotisme le plus dégradant. Un autre, par la fenêtre de sa chambre, répondait à nos questions sur sa santé, par les mots les plus sales.

Ceux qui ne parlent pas vous regardent d'un gros regard hébété et restent immobiles; ils obéissent à leurs gardiens comme des pourceaux aux porchers. Cette partie de l'établissement est la plus navrante à voir; il y règne, même en plein air, une senteur de bête fauve, qui ajoute au dégoût. Il n'y a plus, chez ces *gâteux*, aucun vestige d'intelligence, ni même de l'instinct de l'animal. C'est l'homme en décomposition. Le quartier des femmes folles est assez peuplé; les unes rient, les autres travaillent, une criait, et une vieille, d'un ton tant soit peu égrillard, dit au docteur, en lui montrant sa femme, qui nous accompagnait dans ce quartier:

« Docteur, vous êtes un *mâle heureux* (malheureux); « que pensez-vous de mon calembourg, il n'est pas mal, mon petit docteur. »

Dans une chambre, où elle travaillait à quelque ouvrage de femme, avec sa gardienne, j'ai visité une jeune femme blonde, à l'air défiant et tout à la fois doux et triste, qui a répondu à peine à nos questions. La folie de cette jeune femme s'est manifestée pour la première fois par une tentative d'assassinat sur son mari. Le soir, sa folie n'existe pas; aussi la mène-t-on par la ville et quelquefois au spectacle. Mais dans la matinée, où elle est sombre, où elle est folle, on dirait que la présence du soleil sur notre horizon exerce de l'influence sur sa maladie. Une vieille comtesse, Mme de Quelen (belle-sœur de l'ancien archevêque de Paris), occupe un appartement séparé; elle est archifolle, et elle a perdu dernièrement un fils idiot enfermé avec elle; elle ne s'aperçoit pas qu'il n'est plus dans son appartement.

Cette comtesse très-fière et pleine de vanité, tricotait fort bien une couverture d'un dessin compliqué. Elle m'a reçu comme un homme qui voudrait louer son logement, et elle m'a dit: «Je ne crois pas qu'il vous convienne, je le quitte parce que je le trouve incommode, et lorsque j'aurais retiré mes meubles, cet appartement ne vous semblera pas beau.» Elle me montrait ses meubles et ses portraits de famille qui garnissent les murailles. Il y a là des grands-pères et des grand'mères bien poudrés et enfin son défunt mari en uniforme de colonel de la garde nationale.

La visite s'est écoulée en politesses de langage excessives et j'ai visité un idiot de naissance, âgé de 20 ans, qui ne parle pas et qui toute la journée, sous la surveillance de sa bonne, joue à ployer des cartes.

Ces visites achevées, je suis revenu au salon de l'établissement. Un fou nous y a rejoint, apportant sa musique, et pendant une heure, il a joué du piano et il a chanté d'une manière merveilleuse. J'ai causé avec lui, il a parlé de musique en très-bons termes et en véritable connaisseur, mais quand je lui ai demandé qui était la femme du docteur, il m'a répondu : « c'est Mme Pradher, qui vient m'entendre chanter. »

Après une heure de musique, il s'est retiré en nous disant qu'il serait toujours à nos ordres, lorsque son jeu ou son chant pourrait nous faire plaisir. Puis, j'ai terminé ma visite par la lecture de quelques-unes des lettres de ces malheureux fous; les unes sont des tissus de divagations, les autres sont des aberrations raisonnées et suivies; les dernières enfin sont bien écrites, parfaitement raisonnables, et proviennent de fous qui reçoivent de la directrice, qui possède sur eux un certain empire, l'ordre d'écrire sagement à leurs parents.

En sortant de cette triste maison, je ne sais quelle disposition d'esprit m'a conduit chez la Marquise du Vallon pour dîner à sa table d'hôte. Je voulais savoir ce que la gangrène de cette maison avait déjà rongé de la virginale pensée de ses deux dernières filles; j'ai demandé à la plus jeune, qui est très-bonne musicienne, spirituelle, intéressante, agréable, et qui a le langage et l'accent le plus doux du monde : « *Que devenez-vous, depuis que je ne vous ai vue?* » Elle m'a répondu avec sa voix musicale et son accent de jeune fille timide :

« *Je deviens coquette.* »

Cela m'a profondément affecté; la gangrène la gagne, l'entourage plus ou moins vicié agit sur elle; elle boit le poison; elle s'enivrera bientôt! Pauvre et chère enfant, elle aurait pu être si bien; c'est une nature fine, délicate, impressionnable, livrée aux habitués d'une table d'hôte, comme jadis, à Rome, on livrait les chrétiens aux bêtes du cirque.

Alors, pour finir dignement ma journée, ainsi que je l'avais commencée, je me suis rendu, à huit heures, chez le dompteur d'animaux féroces, boulevard Beaumarchais.

L'homme est courageux et merveilleux à voir, jouant avec les tigres, les lions et les hyènes, se roulant avec eux, prenant part à leurs ébats, leur disputant les lambeaux de chair saignante qu'il leur distribue; mais les animaux, malgré leur vigueur, leur beauté, font peine à voir par la dégradation dans laquelle ils sont vis-à-vis de l'homme qui les traite, comme des malheureux chiens, à coups de cravache. Ma journée était complète : dégradation partout!

Pauvres fous! Pauvre fille! Pauvres animaux!

LUNDI 24, MARDI 25 ET MERCREDI 26 MARS.

Je n'ai rien eu d'intéressant à enregistrer pendant ces trois jours. La politique est stagnante, tous les partis sont dans l'attente de ce que leur égoïsme individuel prépare à la France. Personne ne fait et ne veut faire de concession à la paix publique. Je connais même des légitimistes qui disent : « *Laissons venir les barbares, la ruine et les échafauds, la réaction n'en sera que plus forte!!* » Cet hiver, la société s'étourdissait avec des violons; jadis, on montait ainsi à l'assaut des places de guerre; il semblerait aujourd'hui que ce soient les assiégés qui veuillent se laisser forcer au milieu de leurs violons.

En France, on trouvera toujours des hommes pour marcher sur une batterie de canons tirant à mitraille, et il n'y a personne qui risque sa responsabilité pour sauver la société.

La société a peur de condamner ses ennemis, elle les ménage pour le jour où elle sera vaincue, pour pouvoir alors venir implorer le souvenir de sa clémence. Lâches et fous, ils vous donneront la potence par atténuation de la guillotine.

Le pouvoir lui-même est composé d'hommes qui cherchent à se rendre possibles sous tous les régimes. Diplomatie, administration, tout est aux mains d'hommes qui n'ont que la conviction de leur propre importance. Le président est ou aveugle ou aveuglé; tous les turcs qui forment son cortège sont des turcs de mardi-gras.

JEUDI 27 MARS.

Les bals costumés ont été plus nombreux cette année qu'à aucune autre époque. Le carnaval en a vu un bon nombre et toute la folle joie parisienne n'étant pas épuisée pendant le carnaval, la mi-carême a eu sa part de saturnales. Le commerce va mal, les esprits sont inquiets et divisés; n'importe, il faut s'amuser. La démagogie triomphera peut-être demain, par votre faute; la populace aura peut-être un hideux triomphe; en attendant, réjouissons nous. Le prince de Wagram et Roger, le ténor de l'Opéra, donnaient chacun un bal costumé.

Je connais les bals costumés de la bonne compagnie, où personne n'ose ou ne sait avoir de l'esprit, de peur de passer pour un artiste; aussi suis-je allé chez Roger.

La fête était turque, espagnole et italienne; ces trois sortes de costumes étaient seuls admis. Les appartements, outre un grand nombre de bougies, recevaient leur lumière d'une infinité de petites lampes de couleur, qui faisaient assez bon effet. Il y avait, loin du bal, une fumerie turque, tapissée de nattes orientales et meublée de divans très-bas et très-chargés de coussins; une salle de spectacle joignait la salle du bal et une troupe de singes savants y a déployé ses grâces sur un petit théâtre très-joli. Roger et Levassor (du théâtre du Palais National) ont débité une charade fort spirituelle avant le lever du rideau. C'était un déluge, une averse, une grêle de calembours, de jeux de mots, frappant les choses et quelquefois les gens très-gaîment et très-justement. Un mot contre Thiers a été applaudi.

Les costumes étaient beaux, presque tous exacts et de toutes les parties de l'empire ottoman, voire même de toutes les contrées de l'Orient. Il y avait des femmes de Smyrne, d'Alger, de Bénarès et de Bagdad, enfin de quoi reconstituer les *Mille et une Nuits*. Quelques-unes avaient porté le scrupule de l'exactitude tellement loin que leurs vêtements étaient plus nus que la nudité absolue. Les femmes sentaient le sérail, non qu'elles eussent l'air de vouloir y entrer, mais certainement elles en sortaient.

Parmi les hommes, Roger en costume d'Orosmane du temps de Lekain; Levassor en Turc de carnaval de 1812,

Sainte-Marie, officier d'état-major, en véritable costume de *Touarek*; un splendide Chinois, des *majo* de Séville, attiraient surtout l'attention. Les rafraîchissements, les glaces, les fruits confits étaient servis sur de grands plateaux d'argent, par des négrillons vêtus à la turque, conduits par un Turc à longue robe, portant comme signe de commandement une baguette d'argent à la main.

Le souper a été bon et abondant, et vers trois heures du matin, il a été tiré un charmant feu d'artifice dans le jardin de l'hôtel (situé rue Rochechouart). On s'est amusé, on a été gai, entrain, léger parfois, mais sans licence; c'était une coquetterie des sens, mais non une orgie.

Chez le prince de Wagram, le bal a été des plus tristes, les gens guindés dans leurs costumes. Somme toute, on s'est ennuyé.

La bonne compagnie n'a plus pour elle que la solennité de ses ennuis, l'esprit y est rare, très-peu de bon aloi; enfin, ils sont réduits, les pauvres gens, à recueillir les plus lourds d'entre les savants pour transformer leur science en esprit.

VENDREDI 28 MARS.

Soirée au Louvre. Bonne musique. Lefort a très-bien chanté, Goya a joué ses études sur le piano.

Excelmans, le fils, a été très-bon pour un protégé de ma façon : Rousseau, ancien officier de la garde impériale; il va le faire placer dans une administration de chemins de fer.

Les termes dont s'est servi Excelmans en me donnant cette nouvelle sont très-aimables et très-amicaux pour moi ; le maréchal, son père, et lui sont remplis de bienveillance à mon égard et je leur en sais bon gré.

A la soirée dans mon atelier, il y avait beaucoup de monde. Giraud a fait la caricature d'Emmanuel de Rougé. Villot, Reiset, Longperrier, mon frère Victor, Laurent Jean, Bonnechose, Jules André, Muller, Montéglon, etc., etc., ont pris le thé avec nous.

SAMEDI 29 MARS.

J'ai su aujourd'hui un très-grand scandale, qu'on se raconte sous le manteau ; c'est de la plus mauvaise Régence. Cela nous reporte en pleine Parabère, moins l'élégance et le parfum Rocaille.

Mme de Nesselrode était venue de Russie à Paris vers le commencement de l'hiver ; elle y fut bientôt rejointe par un jeune Russe qui, dit-on, a été son amant avant qu'elle eût épousé Nesselrode, à qui elle a apporté trois ou quatre cent mille livres de rentes. Jusque là, rien d'extraordinaire, c'est le train habituel de ce monde. Une catin riche est une quasi-honnête femme, et trois cent mille roubles de rentes valent mieux à trouver qu'un pucelage souvent problématique. Donc, la Nesselrode et son amant recommençaient je ne sais laquelle de leurs lunes de miel, lorsqu'une liaison s'établit entre la susdite grande dame et deux autres femmes de l'aristocratie russe, Mme Zénaïde et la princesse Kalerdji.

Ces trois bonnes commères, joyeuses, peu chargées de scrupules, mais très-désireuses de festoyer largement leurs dernières années de jeunesse, conçurent le projet d'une société de débauche en participation. Elles divisèrent chaque semaine en deux parts : l'une sacrifiée aux exigences de la société, l'autre employée en représentations à leur bénéfice, et pour le bénéfice de ces représentations, elles choisirent une troupe de jeunes premiers pris parmi les littérateurs décolletés. La Nesselrode se mit sous la tutelle de Dumas fils, la Kalerdjy sous le patronage d'Alfred de Musset, la Zéba me semble taillée d'une étoffe à avoir besoin de tout un conseil de famille. Entre ces trois femelles et leurs conseillers, la débauche prit de grandes proportions, ce fut à qui de ces roués rendrait sa pupille plus savante en l'art *hipanarique*. On interrogea les auteurs, on approfondit leurs différents systèmes et enfin le très-ignoble marquis de Sade dut tressaillir d'aise dans sa fange au bruit des turpitudes dont il était l'inspirateur. Alex. Dumas fils, ce nègre mal blanchi par trois générations de descendance adultérine, cet arrière petit-fils d'un marquis de la Pailleterie et d'une négresse de St-Domingue, trouva dans la Nesselrode l'écolière la plus complètement docile; de Sade à la main, il lui prouva tout le charme de la prostitution, les grandeurs de Messaline quittant la couche de Claude, pour aller raccrocher au forum ou satisfaire les appétits sensuels des habitués des cabarets. La leçon porta ses fruits; la Nesselrode vint sur les boulevards s'offrir aux passants. Hekeren (le député) l'y rencontra deux fois et la ramena en lui faisant honte de ses débordements; mais rien ne put la corriger, et la fin de tout cela, c'est qu'un ordre de Pétersbourg fit rentrer la comtesse en Russie; à l'heure actuelle, le mari est en route pour Pétersbourg et la femme pour Moscou ?!!

On ne sait pas assez tout le mal produit par les œuvres monstrueuses du marquis de Sade (Justine et Juliette). Je ne parle pas seulement des tristes résultats produits par la lecture de ces ignobles romans, mais de l'influence qu'ils ont eue sur toute la littérature du XIX° siècle. Hugo dans *Notre Dame de Paris*, Jules Janin dans l'*Ane mort*, Théophile Gauthier dans *Mme de Maupin*, Mme Sand, E. Sue, de Musset. etc., etc., Dumas dans son *Théâtre*, tous sont parents de Sade, tous jettent un morceau de sa débauche dans leurs productions.

Ils n'invoquent pas l'amour gracieux, jeune, entraînant, voluptueux comme une brise du printemps; mais l'amour ivre et débauché, l'amour blasé, et se retrempant, comme Tibère sur son rocher de Caprée, dans des caprices désordonnés. Tous ces auteurs veulent faire violer la pudeur de leurs héroïnes par le lecteur lui-même, qu'ils grisent, qu'ils étourdissent, qu'ils enflamment et qu'ils font pour ainsi dire entrer dans son lit, gorgé de luxure et prêt à toutes les turpitudes des anciens mystères des fêtes de Bacchus; que dis-je, prêt !..... désireux de se vautrer dans les profanations de l'amour !!!

Evohé !.....

DIMANCHE 30 MARS.

J'ai dîné chez la Princesse Mathilde; j'y avais déjà dîné vendredi dernier. La porte était close pour tout le monde. Les convives étaient Nieuwerkerke, Ratomsky et sa femme, Mme Desprès, sa fille et son fils, les deux Giraud et moi.

Après dîner, la petite Marguerite Desprès a été habillée en costume de femme algérienne; elle était charmante ainsi et offrait un spectacle assez voluptueux; on a dessiné, causé, pris du thé et fumé; enfin, la soirée s'est écoulée gaîment et doucement. J'ai lu deux ou trois des poésies de ce pauvre Labatut, le Limousin aveugle; elles ont fait grand plaisir.

L'histoire de Mme de Nesselrode a une suite : Alex. Dumas suit en poste les époux voyageurs; ils ne sont encore qu'en Allemagne, et le Nesselrode tremble que le romancier n'enlève sa femme, ainsi que les trois cent mille roubles de rentes dont elle est pourvue. S'il parvient à gagner la Russie sans encombre, la Nesselrode et son amant n'ont plus de chances; c'est une course désespérée à la *dot*. Qui sera vainqueur? Les paris sont ouverts.

Autre scandale!!

Le consul général de la Nouvelle-Grenade a été surpris trichant au lansquenet chez M. Rouzet, qui reçoit beaucoup et laisse jouer chez lui un jeu d'enfer. Le dit consul a avoué sa turpitude et a restitué quelques milliers de francs gagnés illicitement, et il s'est embarqué le lendemain pour l'Angleterre.

Les journaux d'hier racontaient cette sale affaire, mais seulement avec des initiales.

Il y avait également hier, dans les journaux, une lettre adressée par Félix Piat au duc de Bordeaux; cette épître est un tissu de sales injures, de grossièretés et d'insolences dont rien ne saurait donner l'idée:

« *Fils posthume et postiche du duc de Berry, souviens-toi de Louvel.* »

Allons, ferme, poussez, messieurs les rouges, éclairez de plus en plus l'opinion sur votre compte, montrez-vous nus, laissez-nous lire dans vos plus secrètes pensées!!!

Malgré tout cela, des aveugles ou des sourds nombreux ne verront rien, n'entendront rien, et un jour, nous nous trouverons sous la coupe de tous ces tigres qui rugissent aujourd'hui en attendant la chair fraîche. Félix Piat, mauvais écrivain, qui n'a jamais su qu'insulter aux noms glorieux de la France; c'est lui qui, il y a quelques années, publiait des feuilletons dans lesquels il osait dire que : « Bûcheron laborieux, il tenait à accomplir sa tâche en abattant quelques baliveaux restés seuls debout dans la forêt des préjugés. » Les baliveaux avaient pour noms :

    Saint-Louis

    François Ier

    Henri IV

    Louis XIV!!!

L'un, Saint-Louis, était un jésuite!!!

L'autre, François Ier, ainsi que Henri IV, des poltrons et Henri IV un voleur.

Louis XIV, lâche et couard!!!!!!

Et les Félix Piat prétendent honorer la France; c'est de la boue faite homme : fidèle à sa mission première, elle ne sait que salir!!

LUNDI 31 MARS.

J'ai su aujourd'hui par *Didier* (le frère du sous-préfet de St-Denis), avec lequel je m'entretenais de l'affaire de Mme de Nesselrode, une autre histoire de cette dernière, fort édifiante pour elle et pour Alex. Dumas, le fils, son amant.

Voici le fait. Cet hiver, Didier assistait au bal de l'Opéra, comme c'est assez son habitude; il y rencontra Alex. Dumas, donnant le bras à un *domino* féminin.

« Toi qui aimes les *duchesses*, dit ce jeune littérateur en s'adressant à Didier, prends celle-ci pour une demi-heure et uses-en à ta fantaisie. »

Puis, il lui abandonna le bras de ce domino et lui souhaita bonne chance; ce domino n'était autre que Mme de Nesselrode.

Didier n'a jamais eu affaire qu'à des filles et est très-versé dans les rendez-vous de théâtre et de femmes entretenues, fort libertin, très-blasé, quoique jeune, et professe cette croyance que les femmes sont une espèce d'animaux intermédiaires entre l'homme et la bête, et destinées seulement aux plaisirs de l'humanité.

Il conduisit Mme de Nesselrode dans une loge d'avant-scène, et là, comme la maîtresse de Dumas s'y prêtait de bonne grâce, il la traita comme une fille à laquelle on n'oserait se fier. La Nesselrode, sans plaisir pour elle-même, fut employée à procurer à son amant d'une demi-heure les excitations les plus lubriques.

La demi-heure écoulée, Alex. Dumas fils reparaît, réclame la *chose* prêtée, tout le monde se salue et les deux amants regagnent leur logis.

Aujourd'hui, Alex. Dumas poursuit la Nesselrode, *objet de son amour!!!* Je crois plutôt qu'il poursuit la cassette!!

Les journaux prétendent ce matin que le tricheur surpris chez M. Rouzet, prenait faussement le titre de consul général de la Nouvelle-Grenade, et qu'il n'a jamais appartenu à la diplomatie d'aucun pays.

Je le veux bien... pour l'honneur de la diplomatie... elle ne compte donc pas un *Bourbelle* de plus.

MARDI 1ᵉʳ AVRIL.

Edmond Adam, qui a été secrétaire général de la préfecture de la Seine sous le gouvernement provisoire, cause volontiers, entre amis, des faits qui sont venus à sa connaissance pendant son temps de pouvoir. Je suis bien aise de rapporter ici une anecdote qui m'a été redite aujourd'hui, par de Vaine, qui la tient directement de cet ancien *fonctionnaire rouge*.

Lorsque déjà le parti bonapartiste s'agitait pour amener la présidence du prince Louis Napoléon, des rapports journaliers de la police particulière de l'Hôtel de ville annonçaient que, dans un club cramoisi du faubourg St-Antoine, un jeune orateur entretenait tous les soirs les frères et amis des projets de la famille impériale, et les agents, par les propos qu'ils rapportaient, prouvaient suffisamment que ce jeune orateur était bien informé.

L'Hôtel de ville voulut savoir quel était cet homme ; il fut suivi, espionné et voici ce qui fut découvert :

L'orateur occupait l'emploi de commis dans la maison *Gallois Gignoux*, marchand de nouveautés, rue Duphot, au coin du boulevard ; de plus, il était un des amants de Mᵐᵉ Kalerdji, qui d'autre part ouvrait ses bras aux tendresses d'un des princes Bonaparte.

Le prince, moins apprécié sans doute que le commis, livrait, dans ses causeries, les secrets politiques de son parti et la Kalerdji les recueillait pour les abandonner au commis, dont ils relevaient singulièrement l'éloquence. La Kalerdji, comme on le voit, a poussé très-loin ses études sur les différentes classes de la société.

Autre anecdote.

Edmond Adam et les rouges sont convaincus qu'au 13 juin Ledru Rollin a été entraîné, malgré lui, au Conservatoire, d'où il est sorti par une fenêtre, pour aller vivre en exil.

Ils expliquent ainsi cet entraînement.

Ledru Rollin était alors l'amant de Judith (l'actrice) et se prononçait encore le 12 juin contre toute manifestation; le soir de ce jour, il voit sa maîtresse; elle l'enflamme, elle le pousse et enfin le précipite vers la rue St-Martin. Il va sans dire que cette Judith, à la solde de la police, s'était engagée à holopherniser ainsi le grand révolutionnaire.

Tout cela est assez joli.

MERCREDI 2 AVRIL.

Véron racontait à un de ses amis son voyage en Allemagne et sa visite à M. le duc de Bordeaux; il se louait beaucoup du prince, qui l'avait parfaitement accueilli et il terminait son discours en disant :

« *J'ai été touché.* »

« Alors, tu es guéri », répondit son interlocuteur.

Tout le monde sait que Véron est couturé d'écrouelles et que le privilège des rois de France est de guérir les écrouelles en les touchant.

M......, nommé, il y a quelques jours, consul général à Cagliari, s'était introduit dans le Louvre en 1830, pendant les journées de juillet, pour sauver, à son profit, quelques-uns des bijoux qui y sont conservés; il était accompagné d'un serrurier, sans doute pour ouvrir les armoires; mais le futur consul général rencontra des gardiens qui le jetèrent par la fenêtre. Cet homme, très-souple, très-adroit, se *pelotonna* comme Figaro et ne se fit aucun mal. Cette histoire occupe en ce moment les salons.

Quelques-uns prétendent que cette histoire est une invention légitimiste; je n'en ai pas trouvé de souvenir au Louvre.

JEUDI 3 AVRIL.

Soirée chez le Prince de Canino. Toujours même étrange société. Le Prince se montre de mieux en mieux révolutionnaire. C'est un hideux personnage.

Sa fille est très-coquette; Excelmans paraît en bonnes relations avec elle.

J'ai fait deux robbers de whist avec la Marquise de Contades, le maréchal Excelmans et le Prince Achille Murat; puis, nous sommes restés à causer jusqu'à une heure, la Princesse Mathilde, Canino, sa fille, son gendre, M. et Mme Tarral, Excelmans le fils, et moi.

VENDREDI 4 AVRIL.

Dîner chez la Princesse Mathilde avec le vieux général Armandi, qui est âgé aujourd'hui de soixante-douze ans; ce brave militaire servait en 1799 et 1800 sous les ordres de Masséna, au siége de Gênes; à cinquante ans de distance, il a tiré son dernier coup de canon, contre les Autrichiens, au siége de Venise. Il commandait l'artillerie de cette ville insurgée pour recouvrer la liberté. Ce n'est point un démagogue, car la révolution de Venise n'était point démagogique et ne ressemblait en rien à celle du reste de l'Italie. Venise ne s'est rendue qu'après dix-sept mois de lutte et après avoir épuisé ses vivres et ses munitions. Le général Armandi, avec la loyauté d'un brave militaire, a rendu justice aux Autrichiens, il a loué leur humanité et les égards qu'ils ont montrés aux vaincus, et il a déploré la funeste influence exercée sur les affaires de Venise par les révolutions du reste de l'Italie, conduites par Mazzini, Garibaldi et autres. La tentative de révolte de Naples a fait rappeler, par le roi de Naples, sa flotte qui, avec celle de Charles-Albert, nous rendait maîtres, a-t-il dit, des arrivages par mer. La bataille de Novare a forcé le roi à retirer également la sienne, et Venise alors a été bloquée. D'ailleurs, l'aristocratie vénitienne a sacrifié la moitié de sa fortune pour soutenir la cause nationale. »

Le soir, musique au Louvre; puis, soirée dans mon atelier. Giraud a fait la caricature de Chennevières, employé au musée des dessins. Le Marquis d'Hertford, le Comte de la Villetreux, le Comte de Baillon, Baudin, premier secrétaire à Naples, Tarral, Sandeau le romancier, M. de Nieuwerkerke le père, et plusieurs artistes ont pris le thé avec nous. Ces soirées seront closes au mois de mai; elles sont charmantes et très-recherchées; on y cause intimement et jamais de politique.

VENDREDI 11 AVRIL.

Voilà toute une semaine que je n'ai écrit et cependant j'ai vu et j'ai su bien des choses différentes. Mais nous avons été si agités, si préoccupés des affaires socialistes, de la formation d'un ministère, enfin éclos depuis hier soir, et du travail que nous avons eu au Louvre, que je n'ai pas ouvert mon livre noir.

J'ai, pendant cette absence de mon répertoire, vu entre autres M. Martinet, inspecteur des beaux-arts, qui, en 1848, officier de la garde nationale, sauva la duchesse d'Orléans, en la conduisant de la Chambre aux Invalides, où, m'a-t-il dit, « le maréchal Molitor hésitait à la recevoir; ce fut le général Petit qui lui ouvrit les portes de l'hôtel!! » Martinet m'a dit encore qu'au moment où la duchesse avait quitté le Palais Bourbon, Crémieux s'était approché d'elle et lui avait énergiquement protesté de son dévouement. « Je vais travailler pour la Régence, avait-il ajouté, *soyez sans inquiétudes, Madame, et comptez sur moi.* »

Judas! Judas!!; il y a toujours des juifs, pour ne pas laisser perdre la race des Judas.

Le matin même, sur le boulevard, Longperrier voyait Odillon Barrot à cheval, Fiorentino tenait le cheval par la bride et conduisait son triste cavalier qui, haranguant la foule, lui criait : « *La Régence est chose convenue, nous avons la Régence!* »; puis, comme un homme en blouse fait entendre le cri de : *Vive la république*, Odillon Barrot, se retournant vers lui avec une légère variante dans la phrase :

« Oui! mon ami. *Vive la république! Nous aurons la république!* »

Villot, le conservateur des tableaux du Louvre, était à la même heure dans les bureaux du National, où tous les chefs se réjouissaient de la Régence!!

L'intrigue Orléans-Montpensier, qui arrachait au roi son abdication, allait à merveille à tous les *Marrast*, ils n'osaient pas concevoir une plus grande perturbation.

Dans cette affreuse journée du 24 février, Martinet a été confondu de la lâcheté de beaucoup de gens et de l'inertie de presque tous. Il a vu, sur la place Louis XV, le général Bedeau, que rien ne pourra laver dans son esprit d'avoir laissé massacrer les gardes municipaux.

Le colonel de la garde républicaine, avec lequel j'ai dîné mercredi, et qui se trouvait également sur la place Louis XV, accuse aussi Bedeau.

Mardi dernier, j'ai dîné chez la Princesse Mathilde avec le général Rébillot, le colonel Saint-Mars et cet intrigant de Ladvocat, ancien directeur des Gobelins, que Ferdinand de Lasteyrie accuse d'être un voleur. Il prétend que, chargé par le pouvoir législatif d'une enquête sur la gestion de Ladvocat, il a eu la preuve des filouteries commises par cet homme sur les prix des laines.

La princesse et Nieuwerkerke n'en veulent rien croire, car le Ladvocat joue son rôle de dévouement au président avec une grande ardeur.

Les intrigants ont toujours beau jeu ; leur comédie fait son effet.

James, de Lyon, auteur de la souscription pour la statue de Lyon, Ladvocat et quelques autres trouvent le moyen de persuader qu'il n'y a emploi si bien rétribué et si honorable qui soit trop bon pour eux.

Comme je hais le métier de solliciteur, on trouve tout simple de me laisser, même sans titre officiel, secrétaire des musées, avec des appointements très-minimes ; une seule fois, j'ai voulu être membre d'une commission artiste à instituer auprès du ministère de l'Intérieur. Nieuwerkerke voulait bien m'y faire admettre, mais comme scribe, *secrétaire-rédacteur*, sans voix délibérative ; enfin, comme un commis.

Quand je suis seul, je ris de ces prétentions et de ces supériorités dont on veut m'accabler.

Laborde entre autres, membre de l'Institut, qui s'occupe des inscriptions grecques, sans savoir le grec, et qui fait des fautes grossières dans un mot qu'il imprime en grec ; Laborde, qui tente de voler le ministère de l'Intérieur, en divisant en six, trois livraisons d'un ouvrage publié par lui ; Laborde, que M. de Montalivet nommait *par ordre* conservateur-adjoint, mais qu'il ne voulait pas admettre au Louvre ; Laborde, ignorant en toutes choses, mais très-charlatan, frère de Mme Odier, maîtresse de Thiers, frère de Mme Delessert, maîtresse de Mérimée, se faufile partout, est de toutes les commissions et boit dans tous les verres :

Membre de l'Institut ;

Conservateur du Louvre ;

Membre de la Commission des monuments historiques ;

Membre du Jury pour l'exposition du Louvre ;
Délégué à cette même exposition ;
etc., etc., etc.

Ces gens-là accaparent tout !!

Et sous tous les régimes, c'est la même chose.

Laborde veut arriver à la direction des musées et il y arrivera, non-seulement par ses amis qui le soutiennent, mais par ses ennemis et les gens qui devraient le briser et qui le ménagent.

Laborde me demandait un jour de quel siècle pouvait être un manuscrit grec écrit par ordre d'Alexis Comnène, pour l'abbaye de St-Denis !!!!!

Je ne me regarderai jamais comme inférieur à cet homme. Depuis quinze mois, je puis bien être employé à écrire de stupides lettres et de stupides rapports administratifs ; depuis quinze mois, je ne puis m'occuper ni de mes travaux historiques, ni de mes travaux sur l'histoire des arts, mais je méprise la *science* et la personne de tous les *Laborde*.

Ces gens-là se partagent toutes les places, tous les emplois ; il n'y a qu'eux, aussi les affaires marchent. Travaillez toute votre vie et sachez bien ce dont vous vous êtes occupé, si vous n'êtes pas un Laborde, on vous fera cirer des souliers.

Nieuwerkerke a fini par trouver cela tout simple, à force de le voir trouver simple aux autres.

Chez le Prince de Canino, hier, il y avait un peu plus de monde qu'à l'ordinaire. Morny y est venu pour la première fois ; les Napoléoniens de bon aloi et de faux aloi commencent à s'y montrer, le vice-président s'y trouvait. J'aime la bonne foi avec laquelle ils veulent bien discuter vos hommes et vos actes; mais ils se gendarment si vous avez la prétention d'user de représailles. Leur opinion est élevée à l'état de *fétichisme*. M. de Crouseilhes est nommé ministre de l'Instruction; il y a encore, comme appendice moral de son intérieur, à en détailler la composition et à parler un peu de cet homme qui appartient à la classe des intrigants. Je l'ai connu chef du cabinet de M. de Peyronnet; il avait épousé Mme de Belmont (Mlle de Choiseul), plus âgée que lui, mais merveilleusement apparentée; aussi le duc de Fitzjames, son beau-frère, le poussait-il fort. Adopté par la société légitimiste, et cependant bien avec tous les pouvoirs, il est devenu conseiller à la cour de cassation, puis député, puis ministre! Après son ministère, il aura quelque présidence dans sa cour.

E sempre bene.

Sa maison est tenue, sa femme étant morte, par son beau-fils et sa belle-fille, le Marquis et la Marquise de Belmont (le père de ce Belmont, jeune et joli garçon, s'est fait tuer à Reims, en 1814, à la tête d'un régiment de gardes d'honneur que l'empereur lui avait donné après une maladie de désespoir, causée par un pet qu'il avait lâché à la Malmaison, devant toutes les jeunes femmes qui s'y trouvaient).

Alfred de Belmont, le marquis actuel, a été fort bien de sa personne; il est très-gros aujourd'hui; il a perdu son frère aîné Florestan en 1832.

Florestan était une copie des Lauzun, Richelieu, etc., etc. Quant à Alfred, joueur effréné, coureur de filles, il a passé sa jeunesse dans le tripot de Frascati, ou chez lui à guérir sa v....., et il se guérissait bien souvent.

Ignorant comme une carpe, le monde n'avait pour lui aucun attrait; une seule fois, je l'ai vu à un bal chez sa tante, la comtesse Moreton de Chabrillant, et comme je lui disais : « Les femmes que vous voyez ici ne vous plaisent-elles pas mieux que les filles du b..... », il me montra une femme de trente-cinq ans, assez rebondie, et me répondit : « Ma foi, je coucherais bien avec celle-là, qui ressemble à une putain de ma connaissance ». Quand Alfred s'est un peu réformé, il s'est fait entretenir par la grosse marquise de Lauriston ; on prétendait dans le monde que cela lui faisait tort.

Cependant, il a voulu se marier ; il a demandé Mlle de Vernaut. J'étais à la campagne, chez Mme la baronne d'Ivry, sœur de Mlle de Vernaut; elle me demanda si je conseillerais à une jeune personne d'épouser Belmont, et elle ne me nommait pas la jeune personne.

Je répondis que « si j'avais quelque pouvoir, je m'y opposerais de toutes mes forces. »

Le mariage était arrêté ; je suis, dès lors, brouillé avec Mme d'Ivry. Mlle de Vernaut (Mme Bignon) est fille de cette jolie baronne de Vernaut que Hope entretenait depuis de longues années. Les Vernaut ont vingt mille livres de rentes et ils dotent chacune de leurs filles de quatre cent mille francs. Tout cela passe, Hope a donné de belles fêtes et peut en donner encore. Vernaut est bien reçu et bien accueilli partout.

M. de Crouseilhes, ministre de l'Instruction publique et des Cultes, a son intérieur ainsi composé :

Un beau-fils, ancien débauché honteux, une belle-fille, aimable, dit-on, mais dont la famille ne peut être donnée en exemple par un *ministre de l'Instruction et des Cultes*. Lui-même est un heureux intrigant.

Plaudite cives!

SAMEDI 12 AVRIL.

J'ai dîné chez la Princesse Mathilde; puis, il y a eu soirée au Louvre; deux cents personnes y assistaient. Bonne musique. Lecieux a fait grand plaisir avec son violon; Lefort, baryton, en chantant la romance de *La Favorite*. La soirée dans mon atelier a été très-gaie; Levassor a chanté deux chansonnettes un peu légères, mais charmantes. Giraud n'est pas venu. Beaucoup de gens du *monde* et une bonne conversation.

Nieuwerkerke m'a promis encore une fois la secrétairerie générale des musées.

Il s'agit, cette année, si Guizard est nommé conseiller d'Etat, d'adjoindre à la direction des musées la commande des objets d'art et les monuments historiques. Si Nieuwerkerke peut tenir sa parole, ma position deviendra plus convenable; mais cet intrigant d'Auguiot la rendra difficile; il sait que je le connais, et puis il voudra toujours s'affranchir de la secrétairerie générale. C'est un mauvais homme; il est ennuyeux de lutter contre cette canaille.

Aujourd'hui, je suis allé à l'Opéra comique entendre le Caïd; c'est pour moi de la petite musique, enfin, un pauvre spectacle.

DIMANCHE 13 AVRIL.

J'ai dîné à la table d'hôte de Mme la marquise du Vallon. Il y avait là M. de Tourdonnet, l'écrivain de la race bovine; le marquis de Papon, l'officier croate; puis une foule de Limousins. J'ai causé avec la marquise du Vallon de l'avenir de sa fille Théodorine, coquette sans cœur et très-manégée, qui n'en est pas, je crois, à ses débuts dans la carrière amoureuse. Fould, ministre des Finances, a passé par là.

La marquise m'a dit qu'elle laissait sa fille libre de faire un choix, qu'il lui fallait un homme bien placé, sérieux et alors, s'il lui convient, elle pourra le prendre pour amant; à elle ensuite de faire durer la liaison et d'en tirer le meilleur parti.

Le favori de la demoiselle Théodorine est en ce moment A. de la Gueronnière, rédacteur en chef du journal *Le Pays*. Cet homme a de l'esprit beaucoup, de bonnes manières, il est aimable et très-épris. A quel point en est-il arrivé avec Théodorine? Je ne le sais pas trop, mais je pense les affaires très-avancées. Il vient tous les soirs et pendant le lansquenet à dix sous, il se tient derrière sa chaise et lui parle bas en faisant le moins de bruit possible. Tourdonnet, petit, maigre et laid, est jaloux, il épie La Gueronnière et rapporte à madame de La Gueronnière les faits et gestes de son mari. La marquise du Vallon prétend que cette dame se soucie fort peu des infidélités du publiciste et qu'elle se dédommage dans l'amour du frère, des mécomptes matrimoniaux. Toute cette maison du Vallon est un imbroglio unique. Les deux plus jeunes filles ne sont encore que des amorces. Le jour où leur sœur aînée aura placé son *cœur*, elles commenceront leur rôle sérieux.

La dernière m'inspire toujours une profonde pitié; je suis avec intérêt les progrès que le mal peut faire en son cœur; hélas! elle arrivera, comme sa sœur aînée, malgré les talents et les qualités dont elle est douée, à n'être qu'une femme *légère*. On a trop la volonté de tirer parti d'elle pour qu'elle puisse échapper. Ces pauvres filles perdent leur virginité morale avant d'avoir perdu l'autre, et lorsqu'elles se livrent, elles n'ont plus rien qu'elles puissent apprendre, plus rien dont elles puissent rougir.

Mieux vaudrait faire franchement un harem des trois sœurs et les vendre au plus offrant!

LUNDI 14 AVRIL.

Rien de bien particulier; on ne parle que de 1852 et chacun cherche à se faire peur. Les *rouges* sont les ogres dont les grands niais du jour se font de magnifiques terreurs. A l'Elysée, on affecte un grand calme...... Enfin, qui vivra verra.

MARDI 15 AVRIL.

J'étais ce soir au Théâtre Français, où Rachel jouait Valéria; il est inconcevable qu'un théâtre soit subventionné par l'Etat pour représenter de pareilles ordures : la réhabilitation de Messaline. Les conservateurs se plaignent de la démoralisation de la société et ils instituent des théâtres à la tête desquels ils placent des A. Houssaye ou des Roqueplan, des théâtres où l'on joue des Valéria. A. Houssaye est, comme Roqueplan, un produit de Véron; cet homme implante partout ses pustules.

MERCREDI 16 AVRIL.

Dîner chez la Princesse Mathilde, avec lord Hertford, Mérimée, Nieuwerkerke, son oncle William, Ratomsky et sa femme, et Giraud, qui a fait après dîner la caricature du marquis, de M°° et M¹¹° Desprès.

Le dîner a été gai, animé, plein de causeries.

Lord Hertford a été très-apprécié. La Princesse a raconté qu'Augustine Brohant avait écrit au président pour se plaindre du frère de la comtesse Jules de Castellane, qui a juré de l'empêcher d'avoir un amant et qui la force à fuir en Belgique pour éviter ses emportements. La susdite Augustine Brohant, dont le jeune Villoutray interrompt ainsi le service au Théâtre Français, demande à ce que sa fuite soit considérée comme nécessitée par force majeure et ne lui porte aucun préjudice pécuniaire. Le plus joli de l'affaire, c'est que la comtesse Jules de Castellane, plus oie qu'il n'est permis de l'être, se mêle à toute cette intrigue, et demande une audience au président pour la régler. Villoutray est le fils de ce déserteur de Waterloo qu'on rebaptisait *Vil ou traître*.

Le mot est joli et sanglant!

Mérimée est comme Nieuwerkerke, il faut qu'il soit de tout. Il me disait : « Je suis membre de neuf commissions!!» Il y a des accapareurs de places non rétribuées qui ne laissent rien à quelques travailleurs, qui ont moins de savoir-faire. Être d'un grand nombre de commissions, c'est une perpétuelle réclame. Les *Laborde* arrivent ainsi et ils sont de l'Institut! et pas une commission dont ils ne doivent être membres.

Dans ce siècle, il manque un *satirique* avec un fouet.... Allons, à la besogne, fouettez, fouettez!!!

JEUDI 17 AVRIL.

Mirabeau m'a écrit ce matin que, *malgré mes prédictions*, Mme de Persan avait gagné son procès contre son mari; je lui ai répondu que mes prédictions étaient des craintes, justifiées par la perte d'un premier procès.

Mirabeau oubliait les confidences qu'il m'a faites, il y a quelques années; j'ai su par lui la liaison de Mme de Persan avec Dudon, qui passe pour son père, avec le prince de Bauffremont, le dernier amant de sa mère, etc. Mme de Persan est une petite catin fieffée, dont le plus grand plaisir est de débaucher les amants de sa mère. La duchesse d'Esclignac racontait comme quoi Mirabeau couchait avec cette petite commère; enfin c'est une femme sans cœur, rompue à la débauche et qui ne recule pas devant un ou deux amants de plus. La correspondance de la duchesse avec sa fille, publiée par la Gazette des tribunaux, est une chose honteuse. Cependant, Mme de Persan gagne son procès; mais son mari est une canaille et toute la famille Talleyrand a fait des visites aux juges.

Mirabeau et elle vont désormais vivre ensemble; tout cela est joli.

VENDREDI 18 AVRIL.

Dîner chez la Princesse Mathilde avec Nieuwerkerke, M. et Mme Ratomsky, Mme et Mlle Desprès.

Mme Desprès devient de plus en plus aigre et prend la parole en toute occasion avec une assurance imperturbable. Elle fronde la société et se loue elle-même sans mesure. Suivant elle, il faut moins se défier des pauvres que des gens du monde, qui sont des voleurs, etc. etc. Paris est peuplé de niais ou d'aigrefins, mais Château-Thierry, où elle a été élevée, est un *Eldorado*, un paradis terrestre, qu'habite la meilleure et la plus spirituelle compagnie de France. Elle soutenait, il y a trois jours, que c'était Limoges et que, dans cette capitale du Limousin, les femmes étaient charmantes, spirituelles et savaient tenir des salons de causerie. Mme Desprès fait sans doute son tour de France. Je ne désespère pas de voir arriver la réhabilitation de Carpentras.

Je crains beaucoup pour la Princesse l'installation chez elle de cette dame de compagnie, si différente sous tous les rapports de la pauvre baronne de Reding. Personne ne connaît la vie de Mme Desprès, veuve d'un vieillard, mort depuis dix-sept ans, et qui élève près d'elle deux enfants qu'elle dit orphelins et légués à sa charité par une amie inconnue; l'un a treize ans et l'autre quatorze, je crois, et c'est une fille. Mme Desprès a été fort liée avec le duc de Praslin (l'assassin). Ce soir, elle a trouvé le moyen de dire du mal de la famille de Mme de Praslin. Mme de Coigny, sa grand-mère, était une méchante pécore;

mère (la jeune fille d'André Chénier) était laide et un de leurs cousins était aux galères.

Ou je me trompe fort, ou Mᵐᵉ Després et sa fille Margot sont deux mauvaises créatures. La fille est aussi apprêtée et aussi maniérée que la mère. Je remarque, depuis son introduction dans la maison de la Princesse, combien elle a su refroidir pour Mᵐᵉ Ratomsky.

Je n'aime pas cette nature de femme fausse comme un jeton, Margot a toute la fausseté de sa mère, et elle est encore plus dissimulée; elle affecte des indifférences ou des dédains, des accès de vertu ou des naïvetés, qui sont de la plus haute comédie.

Mᵐᵉ Després se soulève d'indignation lorsqu'il est question d'une femme légère. Elle exècre le faubourg St-Germain, n'aime pas les prêtres, mais elle est très-croyante, dit-elle. Enfin, cette femme s'impatronise chez la Princesse et c'est un malheur, l'avenir le montrera. Ce n'est pas une amie, c'est une californienne qui cherche à laver des sables aurifères.

Le maréchal Narvaëz est venu le soir, nous avons causé du mouvement insurrectionnel qui s'est déclaré en Portugal, sous la direction de Saldanha. Narvaëz croit le ministre des Affaires étrangères espagnol complice de ce mouvement. Lorsqu'il était envoyé d'Espagne en Portugal, Narvaëz, alors premier ministre à Madrid, lui écrivit d'appuyer Thomas, le ministre portugais, cause actuelle de l'insurrection; mais l'envoyé espagnol répondit que cela lui était impossible, car il avait des engagements avec ses ennemis; l'envoyé fut rappelé et exilé; aujourd'hui, il est ministre des Affaires étrangères du ministère qui a succédé à Narvaëz!!

La reine du Portugal, a dit le maréchal Narvaëz, est une femme d'énergie et d'intelligence; elle soutient, *au moins*, le ministre qui a sa confiance et c'est elle qui a ordonné au roi, son époux, de se mettre à la tête des troupes.

Dans la manière dont Narvaëz a prononcé cet *au moins*, il y avait tout un long reproche pour la reine d'Espagne, et il était mérité. Ce tripotage de reines avec leur mari de la main gauche ou leurs amants de toutes mains, est la cause de la chute de Narvaëz; il tenait l'Espagne et cette cour honteuse d'une main ferme.

Qu'arrivera-t-il de son absence? Déjà la révolte en Portugal, le parti anglais peut en profiter pour ressaisir son influence; l'Espagne et la France s'en mordront les doigts.

SAMEDI 19 AVRIL.

L'assemblée est en vacances, les esprits sont un peu moins agités dans la ville, et cependant le commerce souffre de l'incertitude où chacun est de l'avenir. Avec notre belle constitution, il faudrait tous les quatre ans retomber dans la même situation, souffrir les mêmes maux, risquer les mêmes révolutions.

J'ai publié dans le journal *La Patrie* une longue lettre sur l'insuffisance du budget des musées. Cette lettre est destinée surtout aux représentants, qui généralement connaissent peu les beaux-arts et les traitent fort mal.

DIMANCHE 20 AVRIL.

Les églises sont pleines, Pâques attire à ses cérémonies un grand nombre de chrétiens; il y a un retour marqué vers l'église; à Notre-Dame, les communiants de toutes les classes de la société ont reçu l'hostie consacrée des mains de l'archevêque.

L'incertitude des jours à venir remplit les esprits d'un trouble profond. Chacun scrute sa conscience, chacun cherche une force contre les maux à venir dans la croyance qu'il avait négligée. On veut bien *recroire* un peu en Dieu, parce qu'on ne sait plus croire à rien des choses d'ici-bas.

LUNDI 21 AVRIL.

Le National et la République sont les deux seuls journaux qui aient paru. Ils rendent compte des troubles de St-Gaudens d'une manière *charmante*. Le préfet, le sous-préfet, la gendarmerie en un mot, a fait tout le mal au milieu d'une population paisible; elle a jeté le trouble parmi de placides émeutiers qui chantaient d'innocentes chansons.

Voilà comment il est permis de nos jours et de par notre belle forme de gouvernement de vilipender le pouvoir, de mentir, de *colérer* les patriotes comme au bon temps de 1793 en dénaturant les faits. Pour les journaux de la nuance du National, tout fonctionnaire est un ennemi, tout émeutier est un ami qui ne peut avoir tort.

MARDI 22 AVRIL.

Dîner insignifiant chez la Marquise de Guadalcazar. Soirée chez la Princesse Mathilde, où il y avait beaucoup de monde. Le président devait y venir, mais il a eu un accès de goutte et il est resté à l'Elysée.

Le nombre des femmes russes était considérable, il s'en trouvait beaucoup de très-laides, difformes, rachitiques; j'ai causé avec un bas-bleu de Pétersbourg, dont j'oublie le nom et qui m'engage régulièrement tous les huit jours à venir la voir; je n'y ai pas mis le pied encore. Elle demeure actuellement aux Champs Elysées, avenue Lord Byron 14.

Mme Zéba était plus *buffle* que jamais; j'ai causé avec la jolie Mme Manara et la princesse Samoïloff, qui depuis un an est séparée de son troisième mari, le comte de Mornay, le diplomate. J'ai causé aussi avec Denpey, le député, et je l'ai fort engagé à s'opposer à l'achat des 27 tableaux Gudin, qui doit être proposé à l'assemblée. C'est tout simplement une preuve de savoir-faire de Gudin, qui ne désire pas que ces tableaux, faits par ses élèves et retouchés par lui, soient exposés à la chance des enchères. J'ai remué ciel et terre pour empêcher cet achat et pour engager au contraire à l'acquisition des deux tableaux de Géricault et du portrait de Cinq-Mars, par Lenaire, provenant de la galerie du Palais-Royal; mais l'assemblée ne comprendra pas.

MERCREDI 23 AVRIL.

Dîner chez la Princesse Mathilde, avec le maréchal Excelmans. Après dîner aux Italiens avec la Princesse, le maréchal et son fils, Mᵐᵉ Després et sa fille, et E. de Nieuwerkerke. On donnait Hernani, opéra de Verdi ; nous avions la loge du président.

Persigny est venu faire l'aimable et affecter ce qu'il croit être des façons de grand seigneur ; je trouve qu'il ressemble à un homme de bonne compagnie, comme la chicorée ressemble au café.

Dans une loge du milieu, il y avait le maréchal Jérôme, en compagnie de ses deux *du Cayla*, Mᵐᵉ de Planay et Mᵐᵉ de Monyon ; cette vieille débauchée, qui s'affiche, est hideuse. Le maréchal Jérôme passait pour un polisson sous l'empire ; maintenant c'est un vieux drôle. Toute cette famille du président, à peu d'exceptions près, est ignoble et lui fait le plus grand tort.

Gilbert des Voisins était dans une loge d'avant-scène, avec une affreuse grosse femme qui sans doute est sa maîtresse.

Des Voisins est encore une créature de Véron et il en est digne. Il a été successivement entretenu par Mᵐᵉ de Nicolaï, Mᵐᵉ Manuel, femme de l'agent de change tué en duel par Beaumont, prédécesseur de des Voisins, Mᵐᵉ la duchesse de Raguse, puis époux de Taglioni, la danseuse, qu'il ruinait et qui s'est séparée de lui. Conspué, honni, ruiné, il a eu recours à Véron, qui l'a trouvé digne de sa protection.

Des Voisins est commissaire du gouvernement auprès du Théâtre Italien. Il est remplumé, il a sa loge et habite un très-joli appartement, rue Caumartin. Dans ce monde, la vertu a toujours sa récompense.

LUNDI 28 AVRIL.

Depuis plusieurs jours, j'ai eu tant de choses à écrire pour le musée, soit dans les journaux, soit administrativement, qu'il m'a été impossible de songer à mon livre et pourtant j'avais bien des choses à enregistrer; je les écrirai sans ordre et comme elles se présentent à mon souvenir.

Gudin (Théod.), peintre de marine, l'homme le plus vaniteux et le plus personnel du monde, a épousé la fille de Lord Wellington. Gudin est bardé de croix, comme tous les *croisés* de notre époque; il dépense en luxe et en fêtes tout l'argent qu'il gagne, il joue au grand seigneur et reçoit les deux nobles faubourgs de Paris. C'est un ladre lorsqu'il ose l'être et l'histoire de ses ladreries est vivante dans la mémoire de ses élèves. Il était parvenu, sous le règne de Louis-Philippe, à se faire adopter par la cour; c'était le peintre bien-aimé, chéri, choyé, enfin on en fit un peintre de la marine française, avec uniforme; on lui donna 200,000 fr. de commandes et un atelier au Louvre.

Après la révolution de février, le gaillard qui se plaçait au niveau des Van Dick, des Rubens, crut qu'il arriverait sans peine à être nommé ambassadeur de France à Londres; on s'est moqué de lui, et la velléité lui en a passé.

Ce n'est plus qu'un grand peintre *grand seigneur*. Il est fils d'un M. Béraud et d'une petite ouvrière; mais comme M. Béraud n'a jamais épousé l'ouvrière, Gudin est tout simplement un *bâtard*. Sa mère, bonne femme, très-commune, vit encore et, pour se distraire, elle aide la cuisinière!....

Ce sont là des chagrins domestiques qui font pousser des cheveux blancs au peintre grand seigneur.

Gudin a eu beaucoup de femmes; les deux dernières, Mme la baronne de Montaran, peintre, poëte et musicienne, qui a été fort jolie, il a rompu avec elle, pour se marier; l'autre est l'affreuse Mme Koreff, femme du médecin, vraie fille qui s'est donnée à tout le monde et même aux gardes mobiles, qui n'en voulaient plus.

Mme Koreff arrangeait, en cachette de la famille Hay, le mariage de Gudin, et Gudin la payait en *monnaie de singe*.

Gudin avait 27 tableaux parmi ceux que la succession du feu roi fait vendre aujourd'hui; il avait peur que ces tableaux *bâclés* par ses élèves ne fussent mal vendus et il a cherché à monter toute une affaire pour les faire acheter par l'Etat; mais comme il a échoué dans cette entreprise, j'apprends qu'il les rachète lui-même. Hier, en dînant chez la Princesse Mathilde, nous avons causé de cette vente et de Gudin; puis on a parlé des affaires politiques, de la prorogation des fonctionnaires, etc. etc. D'après ce qui m'a été dit, on commence à être moins sûr de Carlier, on le sait trop attaché à Changarnier.

Quant au président, toujours le même sang-froid et la même impassibilité; il a dit à la Princesse, qui change de logement:

« Vous faites bien, ma chère, de prendre un hôtel plus
« grand, car en 1852 celui que vous occupez aujourd'hui
« serait trop petit; la prorogation accomplie, il faut que
« vous soyez établie convenablement. »

Cet homme ne doute pas de sa fortune et c'est déjà une raison de succès. L'année dernière, il disait à la Princesse : « Soyez sans crainte, ma chère cousine, je ne sortirai pas vivant de la France. »

Il paraît certain du succès; l'avenir seul peut prouver s'il se trompe, car personne ne peut en ce moment prédire ce qui adviendra.

JEUDI 1ᵉʳ MAI.

Je suis malade depuis quelques jours, et je sors peu; par conséquent, je sais peu de chose. Les affaires vont en intrigues, chacun veut jouer au plus fin et presque tous sont bêtes comme des oies.

On me remet à l'instant une chanson, saisie à Belleville, dans un cabaret, sur des démocrates socialistes qui la chantaient avec effusion; je la transcris: elle donnera une idée des sales instincts, des abominables passions qu'on est parvenu à surexciter.

Mangeons, mes chers amis, les nez de ces *Réacs*.
Qui, depuis très-longtemps, nous traitent en *Fellahs*.
Mettons le *riffle*¹)!! amis, dans toutes leurs maisons,
Et faisons-les griller comme un cent de marrons.
    Sur l'air du tra la la, etc. etc.

Robespierre et St-Just étaient de bons enfants,
Ils ont coupé le cou aux riches, aux *faignants*,
Il faut en faire autant à tous les *Aristos*
Et nous leur *grincherons*²) après leurs *monacos*.³)
    Sur l'air du tra la la, etc.

On n'aura plus besoin d'acheter des chevaux,
Les *Réacs* traineront fiacres et chariots,
Et lorsque l'un d'entre eux tombera de douleur,
Avec un gros gourdin on relèvera le farceur.
    Sur l'air du tra la la, etc.

Tous les *Démocs* et *Socs* auront à l'avenir
Des poulets, des chapons, du mouton à plaisir,
Le *Picton*⁴) le meilleur sera pour nos boyaux,
La *Lance*⁵) restera pour les vils *Aristos*.
    Sur l'air du tra la la, etc. etc.

Voilà quels sont aujourd'hui les chants de nos cabarets du faubourg. Les faiseurs s'adressent aux plus mauvaises passions; ils promettent à la populace la satisfaction de ses appétits sensuels; dans d'autres chansons, la canaille se réjouit en se félicitant de l'espoir de violer les femmes et les filles des *Aristos*!!

C'est hideux!

---

¹) *Riffle* (en argot) — feu.
²) *Grincher* — prendre.
³) *Monacos* — dans de la Principauté de Monaco, argent.
⁴) *Picton* — vin.
⁵) *Lance* — mauvais vin.

DIMANCHE 4 MAI.

Aujourd'hui, grand anniversaire de la proclamation de la république; il fait un temps affreux, les fêtes s'en ressentiront; d'ailleurs, personne n'est disposé à la joie. Le commerce va mal, les esprits sont inquiets et, en présence de la gravité des circonstances, les amis de l'ordre et de la paix sont plus divisés que jamais. Nous vivons dans une époque et dans un pays de fous!

On a saisi avant-hier l'imprimerie du fameux 10ᵉ bulletin du *comité de résistance*. Deux montagnards députés, MM. Miot et Greppo, se sont dit-on sauvés à l'arrivée de la police.

Hier, Joly et Schœlcher ont interpellé le ministère à l'occasion de cette nouvelle, donnée par le Moniteur. Ils l'ont traitée de calomnie. Ils ont fait à froid de l'indignation qui n'a convaincu personne. La justice informe.

Des gens qui acceptent l'héritage de Robespierre et de Marat et qui louent et déifient les Montagnards de 93 ne peuvent être calomniés.

Hier, distribution des récompenses aux artistes. J'y assistais, à une place réservée, parmi les membres de l'Institut, sur l'estrade où se trouvait le ministre.

On a été un peu prodigue de croix. M. Decamps a été nommé officier de la légion d'honneur; cet artiste n'a pas jugé convenable de se rendre à la séance. Ceci est un manque de respect et une sorte de grossièreté, dont je voudrais que l'inconvenance fût vivement et sévèrement relevée.

MM. les artistes désirent et sollicitent ardemment la décoration; puis ils se donnent des airs de mépris pour cette distinction, qui ne sauraient être tolérés.

M. Diaz a été nommé chevalier, c'est une faute. M. Diaz, peintre à la mode, posticheur assez habile du coloris du Corrège et de Prud'hon, n'a jamais produit que des ébauches; il ne sait pas dessiner et aucune de ses toiles ne peut être considérée comme un tableau. L'encouragement donné à ce genre facile égarera beaucoup de jeunes gens et créera une école qui érigera l'imperfection en génie.

Notre mission n'est pas de rendre l'art accessible à tous, il n'y a que trop d'artistes défrayés par le budget; supprimez la science du dessin, l'étude de la forme, vous aurez l'école des *barbouilleurs*.

Autre faute: le président de la république recevait, il y a quelques jours, à sa table, M. et Mme Cavé. M. Cavé, ancien directeur des beaux-arts sous Louis-Philippe, est un intrigant assez véreux, qui n'a emporté, dans sa retraite, l'estime de personne. Sa femme, mariée d'abord au peintre Clément Boulanger, a fabriqué pendant longtemps d'assez piètres aquarelles, sous les auspices de Camille Roqueplan, qui était son amant; puis elle s'est liée avec Cavé, qui a donné à Boulanger je ne sais plus quelle mission artistique en Grèce; Boulanger est mort en voyage Cavé a épousé la veuve.

Mme Cavé est le type de la femme entretenue; intrigante, bavarde sans retenue, elle a passé par bien des mains avant d'enrichir la couche de Cavé; Léopold le voleur, marchand de tableaux, condamné pour escroqueries a été un de ses amants, et puis bien d'autres qu'il serait trop long d'énumérer ici.

Mme Cavé a publié cette année une nouvelle méthode de dessin et d'aquarelle, *sans maître*, dont le calque est le principe: c'est l'art réduit à la matière; c'est le charlatanisme le plus évident.

Le dîner à l'Elysée est une prime accordée à ce charlatanisme en jupons, et voilà pourquoi je suis honteux pour le président de la faute qu'on lui a fait commettre.

Le prince de Canino est venu pour me voir; je n'y étais pas, et ce révolutionnaire qui déclare devant un tribunal que depuis longtemps il a renoncé au titre de prince, me laisse une carte ainsi conçue : « le Prince Charles Bonaparte. »

Toujours mêmes comédies!!

Nieuwerkerke m'a encore promis le poste de Secrétaire des Musées. Quand cette promesse se réalisera-t-elle?

Le conservatoire des musées est bien composé; l'administration est stupide et demande une large réforme. Le chef des bureaux, M. Dumont, est un crétin sans instruction; le sous-chef est un failli non réhabilité, M. Auguiot, de plus agent comptable, sans instruction, mais rusé, intrigant, prêt à tout, capable des plus mauvaises actions, souple, plat, conspirant toujours contre son chef, du moment où il en a obtenu ce qu'il en pouvait attendre.

Nieuwerkerke le garde, croyant faire un habile jeu de bascule, en l'opposant au reste du musée, qui le méprise. Nieuwerkerke a tort, on n'oppose pas une canaille à des honnêtes gens. On ne laisse pas un ver dans la racine d'un arbre pour engager l'arbre à fleurir plus abondamment.

Auguiot joue le directeur et marche à son but; il est l'allié de *de Laborde*, avec lequel il a fait une alliance étroite.

Intrigue et ignorance des deux côtés!!!

VENDREDI 9 MAI.

Les jours se traînent avec une monotonie affreuse. Chacun attend; le premier qui voudra faire a de grandes chances de réussir. On n'est occupé qu'à récriminer sur le passé; le 24 février revient sans cesse sur le tapis. Les légitimistes et les orléanistes jouent avec une fatuité superbe les destinées de la France. Quelques-uns des leurs pactisent avec les rouges, pour créer de nouveaux embarras et se rendre nécessaires.

Si par malheur la société vient à être bouleversée, il n'y aura pas assez d'un *Dante* pour stigmatiser aux yeux de la postérité tous ces traîtres, qui seront engloutis dans une fange sanglante.

Mardi, j'ai dîné chez la Princesse Mathilde avec Kisseleff, le ministre de Russie, la Princesse Troubetskoï, Mme Manara et deux Russes visant à la légèreté et à l'esprit français. Le dîner a été gai avec une conversation sur des pointes d'aiguilles.

Romieu (le spectre rouge) était l'amant de Mme Liadière; il a été supplanté par Molènes (l'écrivain de la

Revue des Deux Mondes); mais, — comme ces dames du faubourg St-Honoré et du faubourg St-Germain, — en congédiant le Romieu, la Liadière lui a écrit: « en quittant vos bras, je me réfugie dans ceux de Dieu » et le pauvre Romieu, par naïveté ou par amour-propre, dit à qui veut l'entendre: « Mme Liadière s'est jetée dans la haute dévotion. »

Laborde a fait imprimer in-quarto les articles de journaux favorables à ses publications; cet homme rivalise avec la pâte Regnault et Boyveau l'affecteur,

LUNDI 12 MAI.

Encore Auguiot, encore toutes ces saletés d'intérieur qui froissent profondément ceux qui aiment l'honnêteté, ceux qui ont quelque affection pour Nieuwerkerke et pour le musée. Nieuwerkerke n'est pas fait à ces rouéries de bas étage; il est trahi par Auguiot, l'agent, l'ami, l'associé de Laborde; qui se ressemble s'assemble, a dit avec raison le vieux proverbe.

Depuis qu'Auguiot a obtenu ce qu'il voulait de Nieuwerkerke, c'est-à-dire le titre de sous-chef et 3500 fr. d'appointements, sachant ou craignant de ne pouvoir franchir cette limite, il est devenu son ennemi et l'allié de Laborde.

Il s'est faufilé chez Montalivet, pour se poser dans le cas d'une restauration de la branche cadette.

Montalivet l'a accepté, trompé sur son compte, et voici comment les rôles sont distribués, le cas échéant:

De Laborde, directeur général des musées.

Auguiot, secrétaire général.

LUNDI 12 MAI.

Pour arriver où il est parvenu, cet homme a déployé l'astuce d'un Mazarin d'antichambre. Il a fait renvoyer l'ancien chef de bureau, a fait nommer une bête, M. Dumont, à sa place, et lui sous-chef. Puis, pour se débarrasser de Dumont, il l'occupe depuis un an, comme simple employé, à faire un inventaire qui sera un modèle de stupidité, tandis que lui, Auguiot, l'ancien marchand de vin failli non réhabilité, remplit les fonctions de chef et d'un autre côté, comme agent comptable, fait adopter de prétendues mesures économiques, nuisibles au musée.

Pour se mettre bien avec Montalivet, il a fouillé pour lui les archives de la direction; il lui a communiqué, sans ordres, toutes les pièces dont il avait besoin pour sa brochure sur l'emploi de l'ancienne liste civile. Il a fait plus encore: pendant trois jours, sans autorisation, à lui seul, il a brûlé des papiers de l'administration; il a fait plus, il est venu en chercher dans les armoires qui sont dans l'antichambre de Nieuwerkerke et il les a brûlés!

Il a fait vendre des miniatures inscrites sur les inventaires, et il a conseillé et il protège la mesure adoptée par les héritiers de Louis-Philippe de réclamer tout ce qui a été acquis par l'ancienne liste civile, le musée de Versailles entre autres choses. Nieuwerkerke croit que les d'Orléans lui sauront gré de tout ce qu'il fait de bonne grâce pour eux; il ignore que tout cela profite à Auguiot.

Je suis bien aise d'enregistrer cela aujourd'hui pour le retrouver en temps et lieu.

VENDREDI 16 MAI.

J'ai dîné mardi dernier chez la Princesse Mathilde,

avec le maréchal Excelmans, le Comte de Flahaut, Morny, Guitaud, Mme Bresson, Nieuwerkerke, Mme et Mlle Desprès.

Le maréchal commence à radoter, et Flahaut se momifie.

J'ai voulu savoir de Guitaud des détails sur les amours de la reine d'Espagne, et voici ceux que j'ai recueillis.

A peine au sortir des mains et de la tutelle de sa mère la reine Christine, *l'innocente* Isabelle a eu le désir de s'instruire des choses amoureuses; un libraire français, établi à Madrid, lui a procuré les ouvrages de M. de Sade, le Portier des Chartreux, l'Éducation de Laure et autres livres de même farine.

Isabelle avait 14 ans et demi.

Comme elle avait acquis toute l'instruction théorique désirable, un matin, le gendre de Miraflores, officier du palais, a l'occasion de passer par ses appartements; il la rencontre seule, en déshabillé, lui trouve le regard provocant et, malgré le respect dû à sa souveraine, il la pousse, la culbute sur un lit de repos et prend ainsi le rang de son premier amant.

L'instruction d'Isabelle fut alors mise en pratique; elle voulut éprouver toutes les jouissances dont elle avait lu les descriptions.

Le secret de cette aventure fut gardé jusqu'à son mariage; six mois se passèrent et la reine, trouvant son époux ennuyeux, se sentit quelque fantaisie pour le beau et jeune général Serrano. Il fallait le prévenir; elle écrivit au prince-infant, François de Paul, son beau-père, et lorsqu'il fut arrivé, elle lui avoua que, lasse de son royal époux, elle voulait coucher avec Serrano. Don François ne fut point étourdi, ni abasourdi que sa belle-fille lui fit une telle confidence et il comprit que nul autre que lui ne devait amener dans la couche royale le remplaçant de son fils, mais il demanda de l'argent.

Isabelle lui donna 60,000 fr. et Serrano coucha le soir au Palais; le roi fut exilé 8 jours plus tard et les nouveaux amants furent heureux.

Cependant, la France inquiète de la façon dont les affaires étaient conduites en Espagne, se servit de Serrano pour faire rappeler le général Narvaëz, qui à peine de retour exila Serrano et fit rentrer le roi dans Madrid.

Depuis cette époque, la reine a eu bon nombre d'amants, dont quelques-uns, enlevés nuitamment, au sortir du Palais, par ordre de Narvaëz, se sont réveillés aux Philippines, de l'ivresse des faveurs royales. Isabelle est très-lubrique avec raffinement; elle n'ignore aucune des voluptés et les met toutes en pratique. De Sade et Mirabeau ont été ses maîtres.

Narvaëz est maintenant en France avec 300,000 fr. de rentes, gagnés en demandant une fortune à la reine qui, n'ayant rien dans sa bourse, lui a donné une créance sur l'Espagne, que les divers ministères refusaient toujours de payer. Narvaëz s'est payé la créance, et il est devenu très-riche. C'est un homme sans instruction, mais très-spirituel, orateur facile et improvisateur, d'un caractère rude et maussade, d'une bravoure éprouvée. Tout le monde le redoute et lui obéit en Espagne. Lorsque les affaires de ce pays deviendront mauvaises, la reine le suppliera de reprendre le pouvoir.

Le roi d'Espagne a des maîtresses, quoiqu'en disent

les faiseurs de cancans. La marquise de Campo Alanqué a eu l'honneur de partager son lit.

J'ai connu cette marquise, j'assistais à son mariage, c'est la plus franche et la plus hardie p... que l'on puisse rencontrer.

Ferrière, le diplomate, a été son amant, lorsqu'il était secrétaire d'ambassade à Madrid, et elle recevait une de ses amies, avec le beau Théophile couché à ses côtés.

J'ai appris le sujet de la brouille de Véron avec Léon Faucher; voici ce dont il s'agit.

Véron arrive chez Faucher; nos deux cuistres en présence, le gros cuistre, le cuistre journaliste, dit au cuistre ministre :

« Rachel ne peut exécuter à la lettre l'engagement « qu'elle a avec le Théâtre Français; elle se fatigue à jouer « trois fois par semaine, je viens vous dire qu'il faut qu'elle « ne joue plus que deux fois. »

Le cuistre ministre blêmit de fureur dans son enveloppe de chafouin, il se retourne et répond : « Je sais ce que j'ai à faire, je maintiendrai les droits du Théâtre, d'ailleurs, je n'ai pas besoin de conseils. »

Véron, le grand Véron, ainsi congédié, partit en lançant comme un Parthe, cette dernière flèche : « Monsieur le ministre, vous entendrez parler de moi. » Il a tenu parole, le drôle; son journal s'évertue à tout brouiller depuis quinze jours; il demande le retour du suffrage universel; il se fait louer par les rouges!

C'est ainsi que se jouent les destinées de la France; parce que le ministre n'a pas voulu laisser à une actrice plus de loisirs que n'en accorde son engagement, Véron se fâche, le Constitutionnel fait opposition et, si quelque *matassin* de Véron a envie d'une préfecture et qu'on la lui refuse, peut-être aurons-nous une révolution.

La France est pleine de badauds qui croient aux journaux. On fait sonner bien haut la liberté de la presse, qu'est-ce après tout? L'Etat abandonné à des marchands d'orviétan, des faiseurs de parades, qui colèrent ou réjouissent la foule suivant leurs caprices.

SAMEDI 17 MAI.

Le médecin Koreff est mort. C'était un homme très-spirituel, très-causeur, un peu espion, sans foi, ni loi, débauché prêt à tout, qui faisait des avortements, lorsqu'il s'en présentait. Toujours à court d'argent et qui a tenu la plus infâme des conduites envers Lady Lincoln qu'il soignait en compagnie du médecin Wolonsky. Ces deux gredins se sont livrés sur elle à toute sorte d'ordures.

Enfin, Koreff est mort, Dieu fasse paix à son âme.

Pendant un temps, il était membre d'une réunion qui dînait tous les mois, pour se trouver en causerie, dans quelque cabaret de Paris. La réunion était ainsi composée:

    Mérimée
    Musset, Alfred
    Lacroix, Eug.
    Koreff
    Stendhall
    Mareste
    Viel Castel (Horace).

On s'amusait fort, on causait bien et beaucoup, et on ne se grisait pas.

MARDI 20 MAI.

La Princesse Mathilde me racontait aujourd'hui qu'elle assistait dimanche dernier avec Lady Douglas, sa cousine (fille de la grande-duchesse Stéphanie de Baden), aux courses de Chantilly.

Le président avait mis à la disposition de ces dames la tribune qu'il devait occuper. Cette tribune est celle de M. le duc d'Aumale.

La Princesse y fut donc introduite; mais, au bout d'un quart d'heure, les agents du duc d'Aumale vinrent signifier aux deux cousines qu'elles eussent à déguerpir, parce que M. le duc avait offert sa loge au chef *quelconque* de l'Etat et non au prince Louis Bonaparte.

Il est impossible d'être plus grossier.

DIMANCHE 1er JUIN.

Les travaux nécessités pour la réouverture du Louvre, qui aura lieu jeudi prochain 5 juin, m'ont fait négliger mon livre noir; j'y reviens aujourd'hui avec plaisir; il est ma causerie intime, mon compagnon de solitude.

Dimanche dernier, chez la Princesse Mathilde, les danseuses espagnoles et toutes leurs charmantes sauteries si gracieuses et si voluptueuses à la fois; nous n'étions que cinquante invités; aussi tout le monde a pu jouir du spectacle fort à son aise.

Le jardin était illuminé en lanternes de couleur, l'effet en était délicieux; la musique des dragons, cachée dans un bosquet, jouait de quart d'heure en quart d'heure.

Le président de la république assistait à cette fête; il a été gai et fort causeur. Baroche et ce criquet de Léon Faucher s'y trouvaient également. Le marquis d'Hertfort prenait un vrai plaisir à contempler la souplesse de la *Petra Camara*, la première danseuse et la gentillesse des deux autres danseuses, âgées de dix ans. Le marquis adore les femmes de cet âge. Kisseleff, le ministre de Russie, n'était ni moins adorateur, ni moins admirateur.

La Princesse Mathilde, avec laquelle Nieuwerkerke, Mme Desprès, sa fille et moi, avions dîné au Café de la Madeleine, a fait avec beaucoup de grâces les honneurs de son salon. Flamarens, que je nommerai le *Dauphin* de feu le vieux marquis de Laigle (Espérance), était étourdissant de jeunesse surannée et de douce fatuité; il parlait beaucoup de femmes et à des femmes.

Honoré de Sussy représentait le bourgeois gentilhomme au XIXe siècle, qui attend encore son Molière.

Parmi les femmes, la jolie Mme Manara, l'ex-pupille de Mme Samoïloff (ex-Mme Péry, comtesse de Mornay), avait toute l'allure délicieuse d'une odalisque imparfaitement réveillée de ses songes voluptueux. C'est quelque Léda qui tient toujours son divin cygne pressé sur son cœur.

Jeudi dernier, j'ai dîné chez la Princesse Mathilde avec le prince Paul de Wurtemberg, le maréchal Excelmans, le marquis et la marquise Rocca Giovini, Nieuwerkerke, etc.; la soirée a été fort intime et très-gaie.

La veille, j'avais dîné chez la Comtesse d'Audigné,

dont le mari âgé de 87 ans, beau vieillard à longue chevelure argentée, fut un des derniers généraux de la Vendée. Il est fort et honorablement question de lui dans les mémoires de Crétineau Joly sur la Vendée militaire. Il a eu l'honneur d'être député à Paris pour traiter au nom des Vendéens avec le premier consul Bonaparte, lors de la pacification de la Vendée et il est demeuré un bon et franc royaliste, loyal depuis la pointe des cheveux jusqu'à la pointe des pieds. En 1830, il abandonna la pairie pour ne pas prêter serment.

Mardi dernier, Genralddine Pacha, général de division, membre du conseil de l'amirauté turque, beau-frère du Sultan, est venu me demander de lui faire visiter le Louvre; il était accompagné de Riza Bey, premier secrétaire de la légation de la Sublime-Porte et du docteur Jancovriez Bey; ces trois turcs ont fort bonne façon et ces deux derniers, qui seuls parlent français, le parlent très-bien. Ils ont fort admiré le Louvre et tout ce qu'il contient. Le lendemain, ils sont venus me mettre des cartes.

Nous sommes en pleine agitation révisionniste; les pétitions arrivent de tous côtés et les partis se préparent, invoquant tous la constitution, dont aucun ne veut cependant.

Le président est plus calme que jamais, personne ne sait au juste ce qu'il pense et il paraît très-résolu..... mais à quoi?

Nous saurons seulement quelle est son étoffe en 1852. La Gueronnière, directeur du journal *Le Pays*, m'a fait mardi dernier beaucoup d'avances et de politesses; enfin il m'a demandé si je consentirais à me charger dans son journal de la partie des beaux-arts. J'ai accueilli ses avances et nous devons reparler de cette affaire ces jours-ci. La Gueronnière est un garçon d'esprit et de bonnes manières. Gentilhomme Limousin, fort épris en ce moment de Théodorine du Vallon, qui le mène à la baguette.

J'ai une assez grande envie de reprendre mon rang parmi les combattants de la presse; il y a beaucoup et d'utiles vérités à imprimer, par le temps qui court, sur l'art, les artistes et la manière de servir tout cela et de s'en servir. Je me déciderai.

SAMEDI 7 JUIN.

L'ouverture du Louvre restauré a eu lieu au milieu d'une assistance nombreuse; M. le président a été reçu par tous les corps de l'Etat. Léon Faucher a prononcé un discours, auquel le Prince a répondu en très-bons termes. Nieuwerkerke et Duban ont été nommés officiers de la légion d'honneur; le peintre Guichart, chevalier.

Léon Faucher déteste Nieuwerkerke, et en ce moment il veut lui enlever le titre de directeur *général* pour en faire un simple directeur. C'est un jaloux de tout; puis je vois cheminer l'intrigue montée contre Nieuwerkerke. Auguiot commence à blâmer tout haut, il se moque même du titre de princesses, donné aux parentes de Louis Napoléon, lui qui était à genoux devant elles, il y a six mois. Le drôle marche.

Hier, vendredi, le prince de Canino dînait avec le vice-président au café d'Orsay; un jeune homme, qui refuse

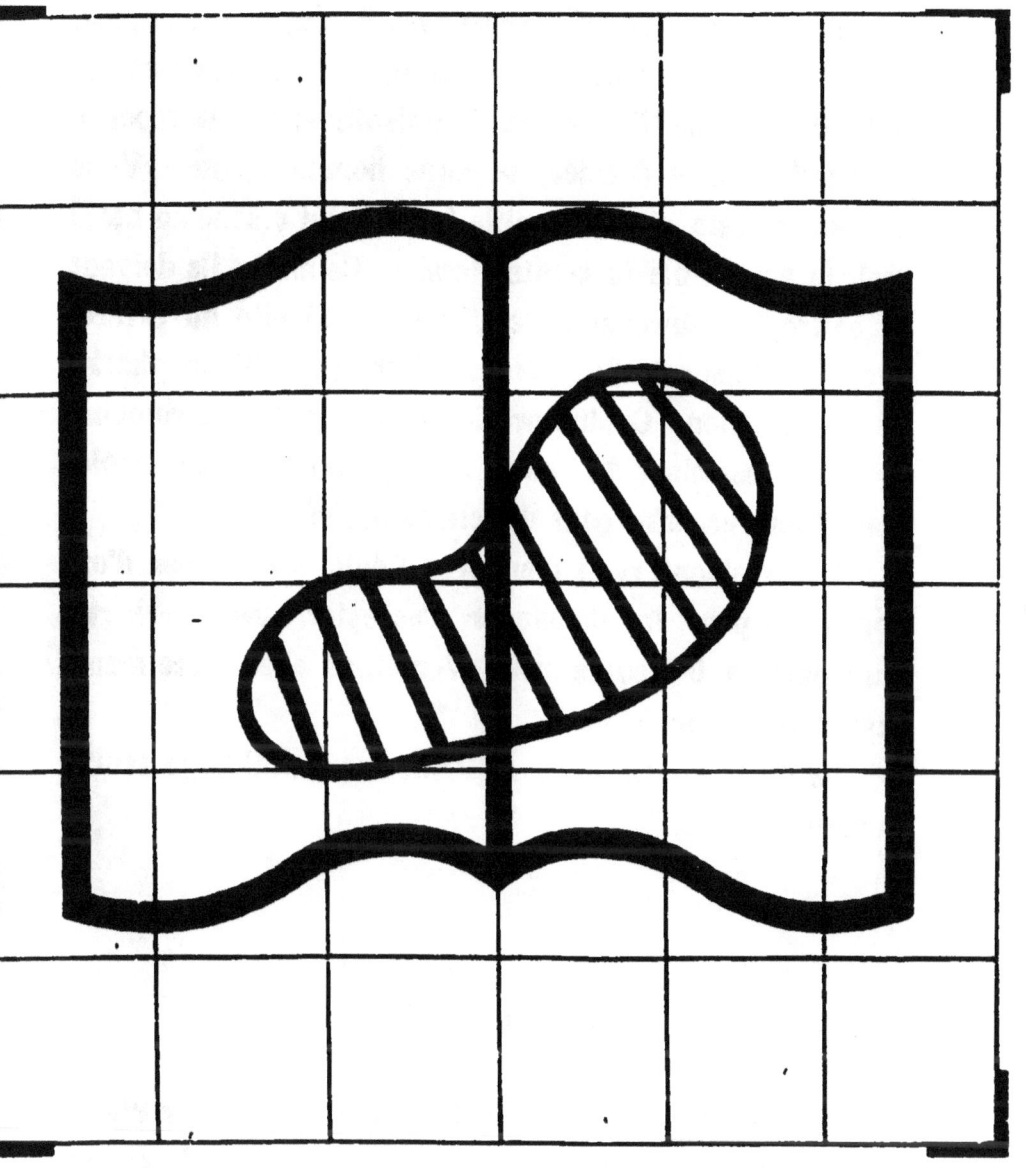

de dire son nom, demande à lui parler; le prince répond alors qu'il ne se dérange pas pour les gens qui refusent de se nommer.

Le dîner fini, le prince sort avec Boulay de la Meurthe, le même jeune homme les aborde et, s'adressant à Canino, il lui dit: «Vous êtes le prince de Canino»; sur la réponse affirmative de ce dernier, le jeune homme ajoute: «Vous êtes un assassin et une canaille (puis il lui crache au nez); moi, je suis le fils du comte Rossi.» Ce matin ils doivent se battre. Nieuwerkerke est, je crois, témoin du prince, avec Excelmans le fils. Je suis fâché pour Nieuwerkerke de cette mission. Canino présidait la constituante romaine lors de l'assassinat du comte Rossi; c'est un lâche drôle, mais Nieuwerkerke peut difficilement refuser.

Le président vient d'envoyer Lépic, son officier d'ordonnance, pour lui demander d'accepter. Nieuwerkerke était parti à 9 heures pour Versailles avec Excelmans, sans doute pour ce duel.

Je dîne ce soir chez la Princesse Mathilde, je saurai quelque chose.

JEUDI 12 JUIN.

Nieuwerkerke a eu un duel, lundi dernier, avec Pierre Bonaparte et il a reçu un léger coup d'épée à la cuisse. Pierre avait cherché ce duel, parce que Nieuwerkerke avait refusé de servir de témoin au prince de Canino, dans son duel avec le comte Rossi, fils de celui qui fut assassiné à Rome en 1848.

Tous ces fils de Lucien sont de vrais brigands, sur le compte desquels on peut tout croire. Pierre et Antoine, son frère, ont assassiné, en Italie, un garde qui dressait contre eux un procès-verbal pour délit de chasse, et ils furent contraints de fuir l'Italie.

Canino passe, en Italie, pour le promoteur de l'assassinat du comte Rossi. Leur mère, qui était la plus mauvaise femme du monde, leur disait, lorsqu'ils avaient besoin d'argent : « *Vous êtes déterminés et vigoureux, les grandes routes vous sont ouvertes, procurez-vous de l'argent.* »

A l'exception du président et de sa cousine, la Princesse Mathilde, toute cette famille est tombée et misérable. Le prince de Canino est un mauvais et sale personnage qui, reçu en France par la grâce du président, s'occupe maintenant de conspirer. Il parle de se mettre à la tête de manifestations contre son cousin; enfin, c'est la plus plate canaille qu'il soit possible de rencontrer.

Un de ces jours, il se fera chasser. Son gendre, le marquis Rocca Giovini et sa fille, ont été forcés, après toutes ces belles affaires de duels, de quitter la maison qu'ils habitaient avec lui, car il voulait les brouiller avec tous les gens honnêtes. Canino va à l'Élysée, quoiqu'il conspire contre le Prince Louis; mais il ne salue plus la Princesse Mathilde.

Lundi soir, il avait prié la duchesse de Crès de l'y conduire; en chemin, il se mit à déblatérer contre le gouvernement présidentiel et il se dévoila à ce point qu'il annonça des manifestations contre la prorogation et finit par dire qu'il se placerait à la tête de ces manifestations qui descendront dans la rue. La duchesse de Crès fit arrêter sa voiture et lui répondit qu'elle ne pouvait entendre un pareil langage et qu'elle aimait mieux se priver de l'*honneur* de le voir que d'être la confidente de pareils projets. Canino descendit, serra la main de la duchesse avec colère et, d'une voix enragée, le gros et dégoûtant gredin annonça que c'était pour la dernière fois qu'il lui adressait la parole.

La duchesse a demandé une audience au président pour lui faire part des projets de l'ex-constituant romain.

Dernièrement, dans le salon de la Princesse Mathilde, Canino causait des affaires de l'Italie, toujours injuriant le Pape, les Français, toujours avec la même aménité de langage mazzinien.

Le général Baraguay d'Hilliers, impatienté, l'interrompit et lui dit : « *Si je vous avais trouvé à Rome, Prince, je vous aurais fait fusiller comme un chien.* »

Je crois Canino parfaitement capable d'avoir prêté la main au meurtre du comte Rossi; cet homme me fait beaucoup l'effet de Marat; il a toutes les sales et lâches passions, celle de l'envie par-dessus toutes.

Ses frères sont des sauvages, des brigands des Marais-Pontins. Qui nous délivrera de ces chiens enragés.

Depuis lundi, plus de cinq cents personnes se sont fait inscrire chez Nieuwerkerke, qui n'est point alité et qui est sorti à pied, à cheval, en voiture, tous les jours, et ceux qui causent du duel disent : « Quel malheur qu'il n'ait point tué cette bête puante, féroce, de Pierre Bonaparte. »

Tout le monde est persuadé que la prorogation aura lieu malgré les menées des partis; aussi les niais continuent de marcher, chacun de son côté; le parti de l'*ordre* devient celui du désordre, et puisque la prorogation arrivera malgré tout, on veut se donner le plaisir de faire de l'agitation.

Nos prétendus hommes politiques jouent la tranquillité de la France sur le tapis de leur ambition.

Thiers, Guizot, etc., etc. se croient nécessaires.

Plût à Dieu qu'une bonne maladie les enlève, et alors on pourra crier :

Dieu protège la France!

Ces messieurs voudraient recommencer ce beau jeu avec lequel ils ont mis vingt ans à perdre la royauté de juillet; ce sont des aveugles qui ne cesseront de crier aux passants, jusqu'à leur dernière heure :

« Confiez-nous la France, s'il vous plaît!... une petite France à perdre, mes bonnes âmes charitables!.... »

Le siècle des cuistres, le règne des professeurs aura été fatal à l'humanité..... Qu'ils retournent fesser leurs collégiens.

LUNDI 23 JUIN.

La Princesse Mathilde a loué, près Enghien, à St-Gratien, le château du marquis de Custine et elle a bien voulu m'y donner une chambre; aussi y vais-je deux fois par semaine. La propriété est charmante : la proximité du lac, les jolies maisons qui le bordent, les promeneurs qui s'entourent, en font un séjour très-agréable.

Cette année, on jouit du plaisir de la campagne avec acharnement; chacun se dit : « Qui sait où nous serons l'année prochaine. » D'un bout de la France à l'autre, les populations attendent 1852, comme à l'approche du XI° siècle les peuples attendaient l'an 1000, qui devait amener la fin du monde. Alors, on se confessait, on se réconciliait avec ses ennemis, on prodiguait son bien aux pauvres et aux établissements pieux ; aujourd'hui, on ne se réconcilie avec personne et on attend le moment fatal, sans rien faire pour détourner les maux que l'on craint. On ne sait plus à qui se fier, et dans le gouvernement je connais peu de gens qui m'inspirent de la confiance. Tous les hommes parvenus sont plus ou moins des Figaro, sans foi, sans retenue, adorateurs de tout soleil levant, qui n'élèvent d'autel qu'au succès. Cela fait mal au cœur.

Tous les ministres ont dîné, il y a trois jours, chez Véron!! Ce cuistre dit à ses *matassins* (on nomme ainsi ses familiers) : « C'est une obligation pour moi de les recevoir, mais ils sont ennuyeux. » Véron, c'est le siècle présent : cynique, scrofuleux et sans vergogne, bouffi et important. Véron communique ses écrouelles à tout le monde.

On m'a montré une lettre de la mère de Canino ; elle est écrite après le meurtre du comte Rossi. « *Il ne me manquait plus que d'avoir un fils assassin!!* »

Cela ne manquait pas à la bonne dame, qui a des fils comme Pierre et Antoine, mais l'aveu est bon à enregistrer.

Canino n'a pas tenu le couteau, non ; mais il savait le complot!!

La lettre de la mère de Canino est écrite d'Italie à Mme de Drisen, son amie.

MERCREDI 25 JUIN.

Il existe ici, à Paris, entre des mains sûres, une lettre adressée par Mazzini à M. de Lesseps, qui était chargé des intérêts de la France à Rome pendant la guerre, et dont voici la teneur :

Mon cher Monsieur,

Les Français ont occupé les positions de ……., ils ont ainsi intercepté toutes nos communications et nous sommes bloqués ; c'est à vous maintenant de remédier à cet état de choses en arrêtant les opérations du général en chef, etc., etc.

Lesseps trahissait son pays au profit de Mazzini!!

LUNDI 30 JUIN.

Le président doit refaire, pour l'inauguration du chemin de fer de Poitiers, son discours de Dijon et dire :

« *Je suis bien aise de cette occasion qui me permet de répéter les paroles prononcées à Dijon et qui ne seront plus, cette fois, je l'espère, supprimées au Moniteur.* »

Quel effet cela produira-t-il, je l'ignore, mais la position de la Chambre et celle du président se dessineront un peu plus. Le ministère devra tomber.

La Princesse Mathilde habite le château de St-Gratien. J'y vais très-souvent, car on m'y a donné un petit appartement; c'est un charmant séjour, dont la Princesse fait les honneurs avec une grâce parfaite et beaucoup de bienveillance.

Véron!!, le grand Véron, occupe à Auteuil le château de la Tuilerie; il y tient table ouverte, il y joue au grand seigneur comme les enfants jouent à la petite chapelle le jour de la *Fête-Dieu*. C'est une morgue, une bouffissure, une exagération d'importance qui font soulever le cœur. Les ministres ne croient pas pouvoir se dispenser d'aller dîner chez le *Constitutionnel* incarné. Guisard mange aussi à sa table; c'est le bourgeois gentilhomme devenu homme politique. Véron a quatre gentilshommes chargés de faire les honneurs de sa résidence, car le grand homme ne va point au-devant de ses hôtes et ne les reconduit point à leur départ.

Ces quatre gentilshommes sont : Romieu, l'ancien préfet, Malitourne le journaliste, Gilbert des Voisins, le mari de Taglioni, et Millot, le chef de bureau aux Finances. Véron daigne de temps en temps promener ses hôtes, deux à la fois, dans un *Poney-chaise*, conduit à la Daumont; on fait le tour du parc et alors on s'enorgueillit, car c'est un signe de faveur.

Après dîner, on joue au creps, la société s'augmente. Roqueplan de l'Opéra arrive avec sa maîtresse, Mlle Marquet du Français, Valdès avec le souvenir de ses anciennes bonnes fortunes, et tous prennent part ou assistent au jeu de ce *Véron Louis XIV*, qui règne de par le *Constitutionnel*.

Véron s'impose aux ministres!; il pousse ses créatures, il les place très-bien, aussi a-t-il une cour.

Rachel écrit souvent, car elle est en voyage, et la lecture de ses lettres est une des distractions de la soirée.

JEUDI 10 JUILLET.

Hier, une indemnité a été accordée aux employés des musées pour les travaux extraordinaires faits à l'occasion de la réouverture des galeries. Dumont, chef de bureau; Auguiot, sous-chef; Morand, commis d'ordre et son fils, expéditionnaire, ont été portés sur la liste pour avoir, dit l'ordonnance:

« Consacré leur temps, en dehors de celui qu'ils doivent à l'administration, aux travaux urgents de réorganisation. »

J'avoue que, malgré ma connaissance assez profonde des choses de ce monde, cette ordonnance m'a surpris; ces quatre employés n'ont rien fait, jamais ils n'ont donné une heure de leur temps au delà des heures voulues par le service; ils travaillent à peine, tandis que toute la besogne administrative est faite par moi et par Moissenet, mon secrétaire. Nieuwerkerke les récompense de mon travail, mais il est vrai de dire que je suis oublié. Auguiot a l'impudence de faire ordonnancer à son profit et à celui de ses créatures, une indemnité acquise par le travail de Moissenet et moi. Ce qui m'étonne, c'est que Nieuwerkerke trouve cela simple et laisse ainsi commettre un faux!

D'un autre côté, Tuboeuf, le chef des gardiens, qui a fait exécuter le travail matériel, ne touche pas plus que

Ottin, autre chef des gardiens, qui n'a rien fait. Ottin est l'homme d'Auguiot!!! —

Tout ceci fait mauvais effet dans l'administration, montre l'influence d'Auguiot, sous-chef et agent comptable, malgré mille raisons qui devraient le faire renvoyer.

C'est d'abord un failli non réhabilité, c'est encore un ennemi déclaré, un homme grapillant sur tout, exploitant artistes, fournisseurs, etc. et qui, dix fois dénoncé, voit disparaître pour lui les pénalités qui frapperaient tout autre coupable.

C'est le train ordinaire des choses d'ici-bas; le royaume du monde est aux intrigants.

Auguiot a fait prendre à Nieuwerkerke une mesure détestable pour la calchographie du musée, qui est déjà en dettes, depuis 6 mois, de 6000 fr., envers Chardon, l'imprimeur.

Nieuwerkerke n'a voulu écouter personne qu'Auguiot. La propriété de l'Etat s'engage et, avant peu d'années, on devra 60,000 fr. à Chardon. Alors commenceront les difficultés: ou il faudra le payer en épreuves, ce qui amoindrira la chalchographie, ou le payer sur le produit des ventes, ce qui, pour un grand nombre d'années, annulera la propriété des 4000 planches de la calchographie entre les mains du gouvernement; ceci est grave; malheureusement, Nieuwerkerke n'en juge point ainsi.

J'avoue que tout cela m'attriste et m'ôte le goût qui me prenait de travailler pour le musée, et puis je me lasse de voir que, de plus en plus, on s'habitue à me vouloir considérer comme impropre à prendre part aux affaires; tant de gens tiennent le haut du pavé, que je regarde comme mes inférieurs. Un jour, je serai tout à fait las et je leur demanderai:

« Pourquoi donc êtes-vous quelque chose, mes braves nullités ? »

Après tout, cela en vaut-il la peine ? —

MARDI 15 JUILLET.

Nieuwerkerke m'a encore dit samedi dernier : « Je compte supprimer le chef de bureau et vous nommer secrétaire général des musées. » Mais, depuis plus d'un an, cette promesse est toujours placée au futur!!

Je vais toujours, le mercredi et le samedi, chez la Princesse Mathilde à St-Gratien. J'y vois des personnes de toutes sortes; j'y entends des conversations souvent non pas étranges, car quelles choses sont étranges aujourd'hui?, mais curieuses.

La Princesse nie l'aristocratie, nie l'influence de la naissance, l'importance des souvenirs de famille; excepté pour les Bonaparte, tout doit être oublié, excepté ce grand homme, cette grande gloire, dont il n'est pas permis de discuter les actes, chez lequel nul n'a le droit de découvrir une tache. C'est le fétichisme le plus complet qui se puisse imaginer. La France est peu de chose sans les Bonaparte; la royauté passée mérite à peine un souvenir et c'est presque un crime de comparer Bonaparte à Charlemagne!

Cependant Napoléon, qui se connaissait un peu mieux en grands hommes que ses successeurs, recherchait l'assimilation, il imitait le grand homme du VIII° siècle, il aimait à être nommé le second Charlemagne de notre histoire. C'est décoré de ses insignes royaux et son épée à la main qu'il voulut être sacré!!

Mais aujourd'hui, Charlemagne monte à peine au genou de Napoléon. Dans vingt ans, Jésus-Christ devra s'effacer devant le vainqueur d'Austerlitz.

Hélas! chaque parti s'incarne en un homme ou en une famille, à la condition cependant que cet homme ou cette famille sacrifiera tout au parti qui le porte au pouvoir.

La *révision* se discute depuis hier et M. de Mornay est venu plaider pour les d'Orléans, le général Cavaignac pour ses amis du National; demain un autre député plaidera pour Louis Napoléon, après-demain ce sera le tour d'Henri V; des intérêts réels de la France, personne ne s'en occupera.

Le président était vendredi dernier à S¹-Gratien; il y a été gai et s'y est beaucoup amusé, il a joué comme un enfant; il ne paraissait pas préoccupé. Que veut-il? Que rêve-t-il? Nul ne le sait précisément.

La position actuelle est plus critique qu'elle ne l'a encore été depuis 1848, tout est remis en question par des gens qui ne peuvent ni s'entendre sur ce qu'ils veulent, ni s'allier entre eux contre des ennemis. Partout hypocrisie, faux respect pour une constitution que nul ne veut, et pas un homme d'action.

Le président n'aime ni son ministère, ni la Chambre; il dirait volontiers comme Louis XIV : « L'État, c'est moi! »

et il ne connaît pas le pays. Les hommes qui sont près de lui sont sans valeur personnelle. Persigny est un ancien *criquet* qui ne manque pas d'esprit, mais qui n'a rien de ce qui constitue un homme politique. Mocquard, ancien avocat, ancien beau de 1822, est instruit, mais voilà tout. Morny, le plus influent de ses *amis* et son demi-frère, est un très-bon garçon, mais ce n'est pas une valeur politique. Le président est un de ces *Numa Pompilius* qui ont une *Egérie*; seulement, son Egérie, c'est son étoile; il a toujours été fataliste. *Che sara, sara.*

Ce que le président ignore le plus et ce qu'on lui laisse le plus ignorer, c'est le personnel des hommes qu'il emploie. La moitié au moins lui est hostile, et sur l'autre moitié, un quart laisse faire et cherche à sauvegarder sa position contre toutes les éventualités possibles. Beaucoup d'*espèces* sont employées, elles font du dévouement et on y croit. Les grands d'un jour, comme les grands de dix siècles, aiment à être trompés et aveuglés, c'est pour cela que la couronne est nommée *bandeau royal*.

Je reçois à l'instant une lettre de Léon de Laborde, conservateur du Musée de la Renaissance, datée de Londres. Il veut faire de l'esprit léger et se poser en Lovelace; cela lui va bien!

MERCREDI 16 JUILLET.

Hier, il y avait un grand dîner chez Baroche, ministre des Affaires étrangères. Baraguay d'Hilliers, Oudinot, Mouchy, le Prince de Hohenzollern, etc., etc., s'y trouvaient, puis *Véron!!* Oudinot ne pouvait s'empêcher de laisser percer son regret de n'avoir pas été nommé au commandement de l'armée de Paris, qui est donné au général Magnan.

J'ignore pourquoi on a choisi un général gascon, qui jouit de peu de considération; c'est un faiseur de dettes; mais il est vrai que c'est un homme énergique.

Véron ne sera plus caricaturé par le *Charivari*. Il donne à ce journal une direction de théâtre et on le laisse dormir en paix.

Les journaux peuvent attaquer le président, l'Assemblée Nationale, les ministres, le clergé; mais toucher à cette arche sainte de Véron, quel crime! aussi l'État paye son repos.

Un homme de ma connaissance, le baron de Chamerolle, gendre de la duchesse d'Esclignac, possède une terre près de Montargis; il y faisait creuser un puits; il y a huit jours, deux ouvriers ne prennent pas les précautions convenables pour assurer la sécurité de leur travail, un éboulement a lieu, ils sont engloutis. Après de longues recherches, un de ces ouvriers est retrouvé mort, l'autre grièvement blessé. Aussitôt Chamerolle fait transporter chez lui l'ouvrier blessé, lui donne un logement, ainsi qu'à sa famille, et des secours de toutes sortes; il donne également un logement et des secours à la famille du mort, et veut conduire lui-même son corps au cimetière. Mais entre la mort et l'enterrement, une feuille *rouge* (la feuille du village) avait imprimé que l'*Aristo* faisait tuer à plaisirs de malheureux ouvriers en les forçant à des travaux dangereux; puis, qu'il leur refusait tout secours quand un malheur était arrivé. La populace, bête et féroce comme toutes les populaces, se précipite sur Chamerolle avant d'arriver au cimetière, décide qu'il faut le noyer, et en conséquence, elle le traîne vers la rivière; heureusement, un gendarme se trouve sur le chemin et parvient à retarder cette condamnation, dictée par des brutes; l'enterrement a lieu, Chamerolle s'échappe. Mais, le lendemain, il est assiégé dans son château, sous le prétexte qu'il doit prendre soin des familles des deux ouvriers. Ces deux familles elles-mêmes s'interposent et disent à cette foule stupide :

« Mais il prend soin de nous, il nous loge, il nous nourrit. »

Le danger est de nouveau détourné. — Combien de temps durera cet état de paix?

Chamerolle est allé prévenir le sous-préfet; mais cet administrateur est mou et craint de se compromettre. Il s'est contenté de répondre : « Prenez garde, votre pays est mauvais!! »

Alors, Chamerolle est venu à Paris. Il poursuit la feuille du village. Léon Duval portera la parole pour lui

Toutes ces choses arrangées, Chamerolle est parti hier soir pour chez lui, en disant : *J'ignore maintenant quel va être mon sort!!*

Voilà le temps dans lequel nous vivons; tels sont ces hommes de populace qu'on voudrait seuls qualifier du titre de peuple. Lâchez les tigres et les lions du Jardin des Plantes! j'aime mieux cela que de voir la populace en joie ou en fureur! L'une et l'autre sont ignobles.

Ce qu'il faudrait pouvoir refaire, c'est le respect de l'autorité, que chacun de nous a contribué à détruire. Je prévois toujours le moment où, comme les Arabes, nous irons vivre sous la tente. Le rêve des citoyens communistes est de raser tout le passé : histoire, monuments, arts, etc.

La belle chose que la philosophie, et comme le XVIII° siècle a bien travaillé! Si tous les Voltaire, Diderot et d'Holbach, etc., qui sont les pères des gredins d'aujourd'hui, revenaient à la vie, comme ils devraient se réjouir.

Les rouges sont des scélérats.

Les blancs, à quelque parti qu'ils appartiennent, sont des imbéciles. Il y a aussi des niais profonds.

Faites donc une grande nation avec tout cela.

VENDREDI 18 JUILLET.

Mercredi dernier, le président est venu visiter le Louvre; il est arrivé à pied, avec Menneval, un de ses officiers d'ordonnance. Je l'ai reçu en l'absence de Nieuwerkerke et promené dans toutes nos galeries.

Il a été très-affable et fort gai, calme comme à son habitude; on ne se serait pas douté, en l'entendant parler des travaux à entreprendre pour l'achèvement du Louvre et de ses projets d'avenir, que l'assemblée discutait au moment même la révision de la constitution et la prolongation de ses pouvoirs; il croit fermement à sa fortune et ne doute pas de sa réélection.

L'arrangement de la grande cour du Louvre, tel que Duban l'exécute, ne lui plaît pas.

« Je n'aime pas, m'a-t-il dit, ces sinuosités, ces tor-
« tillements et ces découpures; une cour est faite pour
« contenir le plus de monde possible; celle-ci, au contraire,
« semble être organisée pour exclure la foule.

« Les gazons me crèvent les yeux, papillotent à mes
« regards et m'empêchent de bien voir la magnifique archi-
« tecture, dont ils ne devraient être cependant que l'ac-
« cessoire. »

Il m'a entretenu du projet discuté par le conseil des ministres pour achever l'aile du Louvre qui doit rejoindre les Tuileries.

« Je suis impatient d'y voir enfin loger convenable-
« ment les expositions annuelles, abritées jusqu'à présent
« comme par hasard, et pour lesquelles on gâche trop de
« plâtre, sans rien édifier de raisonnable; je désire sur-
« tout qu'on ne soit plus dans l'obligation de masquer
« et de salir des palais par des baraques provisoires. »
(Faisant ainsi allusion aux constructions élevées dans la cour du Palais National.)

Le président est resté une heure et demie; il a regardé quelques-uns de nos beaux dessins, l'armure de Henri II, et il a voulu que je lui montre l'emplacement de l'ancienne chambre dans laquelle Henri IV a été rapporté mourant.

A quatre heures et demie, il est reparti à pied, la canne sous le bras, avec Menneval.

L'assemblée commence à se colérer dans la discussion de la révision. Victor Hugo a prononcé hier le plus lâche et le plus abominable discours qu'il fût possible d'entendre. Les interpellations les plus vives lui ont été adressées. Cet homme est le plus misérable des drôles, l'orgueil de

Satan et le cœur d'un chiffonnier. Poltron et colère, il en veut surtout à la magistrature, qu'il foulera un jour sous ses pieds, a-t-il dit, à son beau-frère, V. Foucher. Victor Hugo a longtemps mendié la pairie et il l'a obtenue par l'entremise de la duchesse d'Orléans, à laquelle il avait eu le talent de persuader que c'était la pensée de son mari qu'elle accomplissait en lui couvrant les épaules du manteau d'hermine. Victor Hugo était alors, non l'insulteur des princes, mais leur courtisan. Il est actuellement le chef d'une troupe de jeunes démagogues, rédacteurs de l'*Evénement*, parmi lesquels nous citerons ses fils et Vacquerie, l'auteur d'un drame informe, qui a nom *Tragaldabas*. Ces jeunes séides traitent Victor Hugo en dieu, et le malheureux hume l'encens à plein nez.

Ces gens-là prêchent l'égalité!! mais leur égalité n'est que l'abaissement des supériorités qui dominent leur fétiche, car ils ne voudraient pas l'élévation de ce qui est au-dessous d'eux.

V. Hugo a été surpris en flagrant délit avec Mme Biard et s'il n'y a pas eu de procès, c'est grâce aux prières de Mme V. Hugo et à l'influence de Mme la duchesse d'Orléans. Mme Biard seule a été condamnée à un an de prison en expiation de l'amour du poète. Lorsque Mme Biard est sortie de prison, elle a été recueillie dans l'hôtel même de M. V. Hugo!!

Voilà pour la partie morale du poète réformateur. V. Hugo, si quatre-vingt treize revenait, serait quelque Joseph Lebon, féroce par la lâcheté et qui, entraîné sur la pente du crime, joignait par tempérament la luxure à la férocité.

Joseph Lebon était, avant la révolution, un très-bon prêtre dans une des terres appartenant, en Artois, à la princesse de Berghes, la grand'mère de ma femme ; il partit même pour l'émigration, mais il tomba malade, avant d'avoir franchi la frontière, et son compagnon d'exil, un prêtre comme lui, écrivit alors à la princesse de Berghes :

« Notre pauvre Lebon n'a pu franchir la frontière, je
« suis effrayé pour lui de ce qui peut arriver de ce re-
« tard, vous savez comme il est d'un caractère faible ? Si
« les révolutionnaires s'en emparent, Lebon, par peur, de-
« viendra un scélérat. »

Lebon est devenu un monstre.

J'ai répondu à Laborde sous ce titre : le vicomte de Valmont au chevalier de Faublas ; il se souviendra d'avoir voulu faire le jeune étourdi de la Régence, en m'écrivant. Je garde sa lettre et ma réponse.

Le général Magnan, nommé commandant de l'armée de Paris, a eu ses meubles saisis et vendus, mardi dernier, à Paris et à Strasbourg. Il demeurait à Paris, 6 rue de Matignon ; il a beaucoup de dettes et il est coutumier du fait.

On me raconte à l'instant même une terrible histoire. Mme la marquise de Caraman, jeune et jolie femme, habite avec son mari le château d'Anet ; elle s'y trouvait seule ces jours derniers avec sa femme de chambre, qui loge loin d'elle. La marquise a l'habitude de laisser sa clé sur la serrure de sa porte ; dans la nuit, son cocher s'est introduit chez elle, et elle a été bien dûment violée de plus d'une manière ; le matin elle a été trouvée sans connaissance. Il faudra étouffer cette affaire ; donc l'impunité est acquise au cocher, mais il n'y a pas moyen de faire autrement. Mᵐᵉ de Caraman est en son nom Mˡˡᵉ de Panize ; son père était pair de France.

Mᵐᵉ de Ganay, jeune, mariée depuis peu de mois, se sépare de son mari, qui est impuissant ; on dit qu'il l'ignorait....

Voyez où l'ignorance va se nicher !!

Dans les environs d'Amiens et dans un village pourtant fort calme et dont les habitants ne sont pas *rouges*, la princesse Aldobrandini possède un château qu'elle a laissé, pour aller veiller à ses affaires en Italie, sous la garde de son frère, M. de La Rochefoucault. Le dit frère est bête comme une oie ; il a voulu interdire aux paysans la jouissance d'une place où la princesse leur permet de danser, ou du moins il voulait que chaque dimanche le maire vînt lui demander cette permission. Les paysans le tiennent bloqué dans le château et ils ont écrit à la princesse :

« Princesse,

« Nous vous aimons et nous vous vénérons beaucoup,
« nous vous défendrions contre vos ennemis, mais si vous
« ne retirez pas les pouvoirs donnés à M. votre frère, nous
« raserons votre château sans que ni troupes, ni magistrats
« puissent l'empêcher, car nous sommes plus de vingt
« communes coalisées. »

L'affaire en est là, comment se terminera-t-elle ? La Rochefoucault a bien choisi son moment pour faire son important. Que de maladroits !!

SAMEDI 19 JUILLET.

Je vais partir pour la campagne, où je dois passer deux jours chez la princesse Mathilde. La discussion continue sur la révision. Baroche a, hier, écrasé pendant une heure, aux applaudissements de la majorité, V. Hugo. Ce renégat de poète, après avoir longtemps mendié la pairie sous Louis-Philippe, fut enfin nommé, en s'engageant vis-à-vis de la reine à ne plus laisser jouer ses drames immoraux, à ne plus laisser faire de nouvelles éditions de Notre-Dame de Paris et à ne plus écrire de romans!! Trois mois après, il était pris, avec Mme Biard, en flagrant délit d'adultère, passait deux jours à la préfecture de police, et n'en sortait que sur les instances et les démarches de la cour, qui commandait à Biard de nouveaux tableaux.

V. Hugo est au plus bas, au plus sale du ruisseau, à l'heure présente, et c'est justice. Il a vécu avec les femmes de théâtre, escorté par un cortége de poëtes crottés qui l'encensaient comme un dieu; la tête lui a tourné.

MARDI 29 JUILLET.

Boulay (de la Meurthe), autrement dit le vice-président de la république, se marie avec une jeune personne. Boulay ressemble parfaitement à un boulet de chair humaine; c'est un gros et court important. Laid comme une bouche de fontaine, bourgeonné comme une mûre, prétentieux, amoureux de toutes les femmes et se mettant volontiers en évidence.

Ce gros homme fait depuis quelque temps l'ultralibéral et, ces jours derniers, il est venu trouver le président pour lui démontrer qu'il y allait de son honneur de gracier le jeune Ch. Hugo, condamné récemment à six mois de prison pour délit de presse. Il faut savoir que le jeune Ch. Hugo est à la tête de *l'Evénement*, journal infâme, qui s'attaque à tout ce qui est respectable pour louer tout ce qui est misérable.

V. Hugo, disait le vice-président, est un des premiers qui, à la Chambre des pairs, ait demandé le rappel des Bonaparte. Mais, répondit le président, je ne puis pas faire exception pour un monsieur qui, tout Hugo qu'il soit, a insulté la justice en cherchant à lui faire un crime d'avoir condamné et fait exécuter un infâme assassin comme Montcharmon !

Tout ce qu'il m'est possible de faire, je le tenterai; je proposerai au conseil une amnistie pour tous les délits de la presse.

L'amnistie a en effet été proposée, mais Léon Faucher a déclaré qu'il donnerait sa démission si elle était acceptée, et l'affaire, Dieu merci, en est restée là.

Toute cette couvée des Hugo est une famille de serpents boueux qui ne cherchent qu'à mordre; pourvu qu'on parle des Hugo, il leur est indifférent de jouer leur rôle de scélérats de la première révolution; ces malandrins-là crèvent d'orgueil dans leur peau; la peau de leur père est depuis longtemps crevée et son orgueil sort et déborde par toutes les fissures. Ce poëte ampoulé, dont l'avenir fera justice, croit l'univers attentif à sa seule personnalité. C'est un homme qui commettrait une méchante action, comme il commet de méchants vers, pour attirer l'attention publique. Le désir de paraître est le plus mauvais de tous les désirs, dirait *d'Aubigné*.

Les fêtes dont j'avais donné le programme au président, s'exécutent et mon programme est suivi à la lettre; mais le préfet de Paris, le gros Berger, en aura les honneurs, ainsi que le pouvoir exécutif.

J'ignore si l'on songera même à m'inviter. Ainsi va le train de ce monde.

Chez Véron, à Auteuil, toujours même joie, même fêtes, même affluence de visiteurs, Véron règne et gouverne. Dimanche dernier, il y a eu comédie jouée par les intimes, Romieu, Gilbert des Voisins, Roqueplan, Achille Boucher. Là se trouvaient réunies les principales *Laïs* du moment. Après la comédie, jeux de trente-et-quarante!

Carlier, le préfet de police, était du nombre des joueurs! Si un jeu pareil s'établissait dans un coin quelconque de la capitale, Carlier le ferait saisir par ses agents, les journaux flétriraient les banquiers et les pontes, et les tribunaux condamneraient sévèrement les misérables spéculateurs qui auraient ouvert la maison de jeu.

Ainsi va la justice de ce monde!

J'ai dîné dimanche dernier à S¹-Gratien chez la Princesse Mathilde avec M. et Mᵐᵉ Drouin de l'Huys; la femme est aimable et le mari spirituel; la causerie a été bonne et intime. La veille, l'abbé Coquereau était venu dîner; il est furieux contre le président, qui n'a pas voulu faire de lui un évêque.

LUNDI 11 AOUT.

J'arrive de St-Gratien, où j'ai passé, comme chaque semaine je le fais, deux jours chez la Princesse Mathilde.

Il y est venu quelques personnes, entr'autres Drouin de l'Huys et sa femme, le maréchal Excelmans, etc. etc.

J'ai appris que dimanche, 27 juillet dernier, M. Giraud de Langlade se trouvant chez M. de la Riboissière, avait raconté qu'il sortait de chez Odillon Barrot, où se trouvait également l'archevêque de Paris.

Mᵐᵉ O. Barrot (Agathe) s'est approchée du prélat et lui a demandé d'adresser des prières à Dieu pour obtenir l'éloignement du pouvoir de ce *crétin* de président! Elle ajouta: « *Il est d'ailleurs gardé à vue par une escouade de généraux.* » (Les généraux d'Afrique sans doute.)

La candidature de Carnot à la présidence sera présentée par une partie des gens de la gauche.

C'est le gâchis le plus complet qui se puisse imaginer. La bourgeoisie, toujours envieuse et frondeuse, n'est pas guérie par trois révolutions.

J'ai encore appris une autre histoire qui se rattache à la chute de l'empire en 1814. La voici, telle que la raconte M. de Sémalé, lui-même.

M. de Sémalé était alors commissaire des Bourbons et il se trouvait à Fontainebleau, où l'empereur venait de signer son abdication. Deux officiers des mameluks de la garde impériale, véritables turcs, proposèrent au commissaire royaliste de lui apporter la tête de Napoléon; M. de Sémalé refusa et, après les Cent-Jours, un de ces deux officiers lui dit : « *Vous auriez bien fait d'accepter notre proposition; en êtes-vous convaincu ?* »

Le prince Napoléon, fils du maréchal Jérôme, a été expulsé de l'hôtel des Invalides, par ordre du ministre de la Guerre. Sa conduite y causait beaucoup de scandale; il attirait chez lui toutes les filles de Paris, et lorsqu'il ne songeait pas à la débauche, il ouvrait les portes de l'hôtel à un club de *montagnards*.

Ce prince est une affreuse canaille, qui joue auprès du président le rôle que Philippe-Egalité jouait près de Louis XVI. Il est vantard et poltron, ambitieux, important, brouillon, libertin; enfin, il a toutes les mauvaises qualités; son père n'est qu'un polisson; lui, est un drôle.

MARDI 12 AOUT.

Vraiment, les légitimistes *purs* entrent dans la période de la folie stupide. Voici ce qui s'est passé dans un des bureaux de l'assemblée, où s'étaient réunis les sept députés qui sont les organes du parti : MM. de La Rochejaquelin, Léon de Laborde, Chauvin, etc. etc.

Ces profonds politiques prièrent un de leurs confrères, qu'ils supposaient aussi fou qu'eux-mêmes, de les présider. Ce député, nommé de Bernardi, accepta pour se donner la joie d'une bonne bouffonnerie et se désopiler la rate; l'histoire que je raconte, a été racontée par lui, comme étant le procès-verbal de la séance, et il riait en la racontant à s'en tenir les côtes.

Réunis au nombre de sept, les purs légitimistes ont établi qu'il était urgent pour eux et pour la France de procéder au sauvetage du pays, et qu'eux seuls en étaient capables.

En conséquence, il fallut choisir pour les fonctions de président en 1852, une illustration populaire à opposer à Louis Napoléon. Alors il a été question du général Changarnier, mais La Rochejaquelin a objecté que personne ne pouvait compter sur lui; enfin, le St Esprit a daigné descendre sur les sept apôtres du sauvetage et la candidature de Henri de La Rochejaquelin!! a été proclamée. La chose ainsi convenue, les sept sont rentrés dans la salle des séances, bouffis d'importance, mystérieux, radieux et convaincus, chacun, de s'être élevé sur un piédestal, répétant comme le poëte latin:

Exegi monumentum, œre perennius.

Satisfaction qui durerait même encore, si *Bernardi*, leur président, n'eût tout révélé pour gaudir ses collègues. Depuis lors, nul ne peut regarder un des sept sans rire.

Pauvre France, comment es-tu à ce point déchue qu'on ose proposer de te livrer aux baisers de La Rochejaquelin, de cet homme qui, sous les fausses apparences de la loyauté, cache l'ambition la plus effrénée, qui s'est offert à tous, et dont personne n'a voulu, qui le premier s'est vautré dans les antichambres de l'Hôtel de ville, qui lui, fils de Vendéen, s'est fait courtisan des Lamartine, Ledru Rollin, Crémieux et consorts!.... Ces parades-là sont tristes, profondément tristes et le dégoût vient au cœur en voyant comment se passent certaines choses dans un certain monde.

Véron.

Cet homme mérite plus d'une page, cette physionomie restera comme une des plus caractérisées de notre époque, comme un des monuments les plus extraordinaires qui puissent être élevés avec de la boue (j'entends cette boue fétide de l'intrigue et du journalisme).

Véron joue un rôle et il le joue bien; c'est l'insolence élevée à la plus haute puissance et qui a su tirer parti des éléments impurs qui composent le fond de notre marais social. Il a le génie et l'audace de sa position; beaucoup de nos tripotailleurs envient son influence, sa fortune; beaucoup le blâment qui voudraient l'imiter; mais ils demeurent impuissants. Ne profite pas qui veut du fumier des écuries d'Augias.

On compte avec Véron, on l'adule, on lui passe ses insolences, on le laisse s'épanouir au soleil, se vautrer dans sa fange dorée, et on prend au sérieux la comédie qu'il joue. Il a l'audace de ces vieux libertins qui, devant un groupe de jeunes débauchés, troussent sans vergogne une jeune et pudique femme. Les débauchés le jalousent, sans se trouver munis de ce génie de l'impudeur qui leur serait nécessaire pour l'imiter.

Véron ne croit à rien, pas même à lui, et c'est peut-être le secret de sa force; il affecte la vulgarité de l'homme supérieur qui érige en lois ses fantaisies.

Dans son palais d'Auteuil, il règne en satrape sous le nom de *docteur* ou sous celui de *capitaine*, que lui donnent ses intimes. Molière avait sa servante qui se nommait Laforet, Véron a inventé la sienne qui se nomme *Sophie*. Vieille femme de charge, cuisinière ou factotum, coiffée d'un bonnet de linon, semblable au bonnet des gardes-malades du *Marais*, tyran domestique, grognon et important, sorte d'avant-propos de Véron.

Sophie se tient au salon, parle de tout, elle est la sonde de l'impertinence de son maître, dont elle annonce les boutades politiques, les mécontentements et souvent elle le venge de la bassesse de ses matassins, en la leur faisant sentir. Les prévenances de Sophie indiquent le degré d'importance que Véron attache à telles ou telles liaisons, la considération dans laquelle il tient certaines personnes; on étudie Sophie comme un thermomètre.

Sophie dit : *Nous ne sommes pas contents du gouvernement, et dans quelques jours, nous le lui prouverons bel et bien dans un fameux article.*

Enfin, Sophie est la bonhomie bourgeoise de Véron, sans enseigne de *sans façon*, son originalité à domicile.

Véron connaît à merveille le personnel de sa *cour*, de ses instruments; il les méprise par Sophie qu'il leur accouple, par Sophie, sa domestique, qui est sa délégation intime auprès d'eux.

Un empereur romain avait élevé son cheval à la dignité de consul, par mépris des Romains; Véron a fait de Sophie une Maintenon moins le mariage secret, par mépris pour ses *matassins*. Cet homme est habile, cet homme connaît son époque, il l'a pesée et il la traite comme il faut la traiter pour la conduire. Son métier est sale, mais à qui la faute?

Vous avez voulu, gens d'aujourd'hui, bourgeois de nos bonnes villes, qu'il fût puissant, sachant qu'il ne pouvait être honoré; il est puissant et vous méprise. Vraiment, vous ne méritez pas mieux.

Vous avez détruit toutes les royautés, renversé toutes les divinités, pour édifier enfin celle de Véron; subissez-la sans vous plaindre, vous pourriez tomber plus mal.

Une nation qui compte parmi ses souverains Charlemagne, François Ier, Louis XIV et Napoléon, porte aujourd'hui sur le pavois ... qui? ... Véron! ...

J'ai vu ce *grand homme* dans sa villa d'Auteuil, il y remplace les Montmorency qui la lui louent. J'ai vu Sophie, maigre, commune, hardie et finaude. J'ai vu les matassins et les intimes attablés autour d'un *trente-et-quarante*, passer la soirée à s'y disputer quelques louis.

Carlier, le préfet de police, les regardait faire.

Le gros Véron présidait avec un sans-façon ravissant, cet habile politique daignait se mêler aux jeux de sa cour. Romieu, Saint-Ange, Gilbert des Voisins, Millot étaient de service. Véron a certainement de l'esprit et de l'intelligence, il est vaniteux et connaît les hommes, il sait comment les employer et trouve qu'il y a plus à faire d'un gredin qui peut tout oser que d'un honnête homme qui a des scrupules; cela n'est pas moral, mais il y a du vrai. Enfin, si Véron est parvenu; c'est, il faut le dire, qu'il est doué d'une certaine dose de capacité. C'est un doge de bourgeoisie, mais un doge *turcaret*. Il est tour à tour brouillé ou en coquetteries avec Rachel, et il la loue ou la déchire suivant l'occasion. Un jour de brouille, la tragédienne se présenta à sa porte au moment où il se mettait à table. Sophie courut prévenir Véron de la venue de Phèdre. Véron revêt sa superbe et, accompagnant ses paroles d'un geste à la Louis XIV, il répond : « *Congédiez-là! je ne reçois que les honnêtes gens!* »

Roqueplan, l'un des convives, se penche vers son voisin et murmure à son oreille :

« *C'est donc un dîner d'adieu qu'il nous donne.* »

Voilà l'homme et voilà les hommes qui l'entourent. D'ailleurs, ministres, ambassadeurs, amis du président, généraux, tous lui font la cour, et quoiqu'il soit bien fat, il faut lui savoir gré de ne pas l'être davantage.

Après la séance dans laquelle Léon Faucher, répétant le mot de M. Guizot, avait dit aux Montagnards qui l'injuriaient : « *Vos insultes n'arrivent pas à la hauteur de mon mépris* », le ministre, gonflé de sa belle phrase, vint voir Véron et se plaignit du rendu-compte de cette séance dans le *Constitutionnel*.

« Je croyais, Monsieur le ministre, répondit Véron, avoir été narrateur très-bienveillant. »

« C'est possible.., c'est possible, reprit Léon Faucher, mais votre rédacteur n'a pas compris le héros de la séance. »

Alphonse Karr prétend qu'il est fort heureux qu'on ait interrompu le ministre, car il allait se livrer à la reproduction de tous les mots illustres. Déjà il se drapait dans les basques de son habit pour s'écrier :

« *La garde meurt et ne se rend pas.* »

« *La cour rend des arrêts et ne rend pas de services.* »

« *Plus de hallebardes !* »

« *Il n'y a rien de changé en France, il n'y a qu'un homme de plus.* »

etc., etc., etc.

Si Véron était né grand seigneur, ce serait un homme remarquable, mais la comédie qu'il joue pour être un grand seigneur en fait une caricature impertinente. Dans ses dîners, il s'adresse à Gilbert des Voisins, et avec le ton qu'aurait pu prendre le *Régent* parlant à *Nocé* ou à quelqu'autre de ses *roués*, c'est-à-dire en parlant du haut de sa tête et de sa cravate :

« *Monsieur le comte*, faites-moi le plaisir de me dire quel est le menu ! »

Ce *Monsieur le comte* sonne bien, dit par Véron !... Véron dit toujours *Monsieur le comte* en s'adressant à des Voisins. C'est beau pour le fils d'un papetier de compter un comte parmi ses officiers !...

Véron donnerait des Voisins, Romieu, Valdès, Millot, Saint-Ange et même Sophie pour être un vrai duc de la vieille noblesse, pour avoir les alérions des Montmorency sur sa voiture, pour compter parmi les notabilités légitimistes, et c'est dommage pour ce parti-là que M. de Montmorency ne soit pas Véron et que Véron ne soit pas M. de Montmorency.

Le *Constitutionnel* qu'il dirige, est bien fait, les articles qu'il signe sont remarquables ; mais je les crois faits par Malitourne ou Granier de Cassagnac ; ce qui est bien à lui, c'est la direction imprimée au *Constitutionnel* et qui est habile.

En dernière analyse, Véron est un homme utile, malgré ses ridicules ; c'est un homme d'esprit, malgré ses amis ; un rusé compère, malgré Sophie, et un radeau que les révolutions auront de la peine à submerger, malgré son apparente audace.

JEUDI 14 AOUT.

La presse a ses bas-fonds, dans lesquels s'agitent des troupes de bohémiens littéraires, à l'existence honteuse, et peut-être doutera-t-on plus tard de la bassesse de ces misérables. Il faut donc en parler quand leurs turpitudes sont encore chaudes, quand les témoins et les victimes de leurs méfaits sont encore vivants.

Les détails suivants m'ont été donnés par Privat Danglemont, *bohème* journaliste, spirituel, et qui les connaît à servir de témoin contre eux au jugement dernier.

Villemessant,

Ch. Maurice,

Fiorentino,

ont été ou sont au moment présent les types les plus complets de ces diffamateurs qui spéculent sur le scandale ou sur la terreur qu'inspire la publicité de leurs critiques.

Ch. Maurice exploitait, il y a quelques années, les acteurs et les actrices de nos théâtres; pour n'être pas déchiré par lui, il fallait le payer en espèces sonnantes, et même un malheureux acteur qui n'avait pas d'argent fut dépouillé par lui d'une épingle assez belle, qui eut le *bonheur* de fixer l'attention du journaliste *indépendant*.

Roqueplan, en prenant la direction de l'Opéra, ne voulut pas lui donner de l'argent de la main à la main; il lui tendit un billet de 1000 fr. au bout d'une pincette.

Duprès, lors de ses débuts à l'Opéra, lui apporta 500 fr. Ch. Maurice voulait plusieurs billets de 1000 fr.

ils ne purent s'entendre et Duprez fut conspué par le *Courrier des Théâtres*, propriété de Ch. Maurice.

Villemessant, bâtard d'un commis de boutique d'Orléans et d'une jeune personne appartenant à une bonne famille des environs de Blois, ne prit le nom de sa mère qu'en se faisant journaliste. La *Chronique de Paris*, journal légitimiste, est sa propriété; il y insulte régulièrement tous ceux qu'il veut faire chanter, tous ceux qu'il n'aime pas. Le comte de Chambord traite ce drôle avec distinction, les légitimistes le choyent, il les amuse!!

Un parti honnête peut descendre jusque là!

Villemessant a eu l'audace de reprocher à Girardin (Emile) sa bâtardise!!

Florentino, le plus mauvais et le plus spirituel de ces brigands, est également soldé par les peureux qui redoutent ses diatribes. La Société des Gens de Lettres a retenti du bruit de ses exploits en ce genre.

Lirieux, autre journaliste, peut être ajouté à cette liste des principaux brigands qui vivent de calomnies et de scandales.

Ces journalistes sont la honte de la presse et malheureusement ils ont beaucoup d'imitateurs en sous-ordre.

Roqueplan, comme directeur des Variétés, exerçait le même métier; la plupart de ses actrices étaient engagées pour une modique somme et pour un an; elles reconnaissaient avoir reçu la première année de leurs appointements en signant leur engagement, et en réalité, elles ne touchaient rien.

Puis, comme ces pauvres filles étaient sans garderobe et sans mobilier, on les habillait, on les logeait, moyennant la reconnaissance d'une somme triple de celle qui avait été déboursée, ou plutôt qui était due pour frais de mobilier et d'équipement, et lorsque, par une habile diplomatie, ces demoiselles se trouvaient pourvues d'un entreteneur riche (bien entendu), directeur et fournisseurs se partageaient le *produit du lit de l'élève placée*.

Ces saletés-là soulèvent le cœur; mais les hommes qui les commettent parviennent et vont par nos rues tête levée.

Le siècle présent est un véritable lupanar, dont les maquereaux seuls font fortune.

Passons à une autre infamie. Léon Faucher a demandé et l'assemblée nationale a accordé une somme pour une exploration scientifique et archéologique dans l'ancienne *Médie*, sur le rapport de M. Moll, de l'académie des inscriptions.

Léon Faucher a mandé au ministère Saulcy, également de l'académie des inscriptions et conservateur du musée d'artillerie.

Après une heure et demie d'attente dans l'antichambre, et comme Saulcy, impatienté, se retirait, le ministre a donné ordre qu'on l'introduisit.

Le ministre était seul; la longue attente qu'il avait fait subir à Saulcy, n'avait d'autre but que celui de faire de l'importance!!

« Monsieur, dit L. Faucher, un crédit m'est accordé pour une mission dans l'ancienne *Médie* et j'ai pensé à vous pour vous en charger. »

Saulcy, honnête et loyal garçon, très-savant et très-brave officier, répondit aussitôt en ces termes:

« Je refuse, Monsieur le ministre; l'année dernière, j'ai été chargé d'une mission en Syrie, elle m'a coûté

22,000 fr. de mon argent, plus la privation de mon traitement qu'on a jugé à propos de me supprimer pendant mon absence. Je ne suis pas assez riche pour passer au gouvernement et à moi de telles fantaisies.

« Je refuse encore, parce que le bienveillant académicien qui vous a conseillé de songer à moi pour une mission en *Médie*, ne vous a probablement pas dit le nom moderne de cette contrée. Eh bien! Monsieur le ministre, cette *Médie* se nomme aujourd'hui le *Turkestan*, pays de voleurs et d'*assassins*, où les Turcs eux-mêmes ne se basardent jamais, car s'ils y entraient, ils n'en sortiraient pas. Je ne pense pas d'ailleurs que les traces laissées par l'antiquité y soient abondantes. Je vous remercie donc, Monsieur le ministre, de votre bonne volonté, et je remercie le collègue académicien qui vous a fait songer à moi pour cette mission. »

M. Mohl est un savant *frélon*, qui vit des découvertes faites par les autres; il s'en empare, butine leurs rapports, les signe dans les journaux, les rassemble en corps d'ouvrage, qu'il signe encore, et se substitue ainsi au véritable travailleur.

Saulcy le gênait, parce qu'il n'est pas homme à se laisser butiner, *inde iræ* et *inde* le besoin de l'envoyer dans la *Médie*.

J'aime mieux *Bocollé* et sa nicotine. L'affaire Mohl est l'assassinat avec préméditation, mais sans répression légale. *Mohl* restera un savant honoré, influent; à sa mort, les académiciens couvriront sa mémoire de fleurs de rhétorique.

Le monde, chère Agnès, est une étrange chose!

LUNDI 18 AOUT.

Nieuwerkerke est parti ce matin pour visiter l'exposition; son voyage sera de trois semaines; Giraud l'accompagne.

Avant-hier, je dînais chez Véron à Auteuil; les convives étaient les deux Didier, mon frère Victor, Gilbert des Voisins, Saint-Ange, Romieu et deux ou trois personnes, Millot entre autres.

Le dîner a été gai et fort animé de causerie; au dessert, on a traité de la littérature ancienne et nouvelle, mais surtout de l'ancienne et des poëtes du XVI° et XVII° siècles. Chacun a débité quelques vers de son poëte favori; Didier, de Marot; Romieu, de Corneille; je ne sais plus qui, de Mathurin Regnier, et enfin Véron, près de qui je me trouvais placé, est convenu avec moi que, de tous nos poëtes actuels, le plus poëte par les idées, par la façon dont il les exprime, et par la fantaisie, est Alfred de Musset.

Ce dîner était curieux, il a été fort peu question de politique en conversation générale; seulement, on s'amusait beaucoup de l'outrecuidant Fould, ministre des Finances, qu'on avait fort blagué, lorsqu'il était venu prendre congé de Véron, il y a quelques jours. Les ministres ne dédaignent pas, après avoir visité Véron, de porter leurs hommages à Sophie, tout à la fois intendante et seul valet de chambre de l'hospodar du *Constitutionnel*. Ils descendent à sa cuisine pour lui dire quelques mots.

Véron est toujours un peu irrité contre le président, qui n'a pas assez d'égards et de politesse dans ses relations avec lui. Il m'a raconté sa visite au comte de Chambord, en 1849. Il se loue beaucoup de ce prétendant, qui l'a accueilli avec une grande distinction et a tenu à parler de la politique de l'avenir.

« J'apporte cependant, a dit le prince, de grandes garanties avec moi, car mon avènement serait la paix générale, le rétablissement des bonnes relations européennes et la liberté d'action rendue à la France dans les questions générales et particulières. »

Véron n'a pas nié ces avantages, mais il a ajouté à ce que disait le prince :

« Croyez-moi, Monseigneur; mettez dans votre programme le gouvernement à bon marché, la diminution des impôts indirects, si ce n'est leur effacement complet, la réduction des emplois, et vous n'en serez que mieux goûté. »

Le comte de Chambord, dit Véron, est sympathique, il a la figure ouverte, et il s'exprime bien; peut-être cependant se sert-il trop souvent, dans la conversation, de thèmes tout faits.

Gilbert des Voisins et Lautour Mézeray accompagnaient Véron dans ce voyage, comme aides de camp. Lautour, qui n'était pas encore alors préfet d'Alger, a cru convenable d'encenser Henri V de quelques grosses phrases bien légitimistes sur les regrets qu'éprouvait la France de ne pas jouir de sa présence. Et le descendant de Louis XIV choyait ces hommes, cherchait à capter leurs suffrages! Il faisait de la coquetterie pour Véron, de l'amabilité pour Gilbert et pour Lautour; il croyait sans doute que tout cela représentait la France.

Au retour de ce voyage, le président fit de doux reproches à Véron à propos de sa visite au prétendant, et l'accusa d'inconstance, etc., etc.

Véron répliqua en parlant de ses services passés qui ne pouvaient laisser aucun doute sur son dévouement, et finit en déclarant qu'il croyait mériter un peu de reconnaissance.

« Sans doute, répondit le président, ma reconnaissance vous est acquise, et vous me verrez toujours charmé de pouvoir vous en donner des preuves. »

Véron saisit la balle au bond; il se souvint du désir manifesté par son ami Lautour de trôner comme préfet à Alger; la place était vacante, il la demanda comme témoignage de la reconnaissance dont le Prince Napoléon venait de l'assurer, et il l'obtint.

C'est ainsi que Lautour Mézeray, au retour de son voyage à Ems, et la bouche non refroidie de ses grosses phrases légitimistes, fut nommé préfet d'Alger.

Le diner de samedi avait cela de curieux que presque tous les convives pouvaient passer pour des sacripans ou des mauvais sujets, sauf trois ou quatre exceptions. Ainsi personne ne se gêne pour vous confier que Saint-Ange a aidé sa mère à sortir de ce monde, et que maintenant il triche au jeu.

Gilbert des Voisins a passé toute sa vie à être entretenu par des femmes; il a mené, comme on dit, une *vie de bâton de chaise*, etc., etc. Véron sait tout cela, et il s'entoure de ces hommes qui, sans scrupules d'aucun genre, sont plus aptes à mille choses que les honnêtes gens.

Clot-Bey, qui meurt d'envie d'être nommé commandeur de la légion d'honneur, est venu faire sa cour le soir.

Hier, dimanche, la Princesse Mathilde m'a conduit chez Mme de Courbonne, qui occupe, à St-Gratien, une habitation très-rapprochée du pavillon. Mme de Courbonne lit mes romans et elle a demandé que je lui fusse présenté.

En arrivant, elle m'a tendu la main de fort bonne grâce et elle m'a dit :

« Monsieur, je ne vous ai jamais vu jusqu'à ce jour, mais j'ai lu deux de vos romans, et je vous aime. »

Enfin, cette vieille dame a été charmante d'intention aimable, et son salon de Paris m'est ouvert.

L'hiver prochain, je visiterai souvent ce salon, et mon petit livre y gagnera quelques bonnes pages. Ce salon est le dernier refuge des causeurs, des hommes et des femmes d'esprit ou de ceux et de celles qui prétendent en avoir ou qui passent pour en avoir. Nous verrons. Mme de Courbonne avait lu Gérard de Stolberg et Cécile de Vazeil; ces deux romans lui ont beaucoup plu. Elle ne les connaissait pas, parce que la vieille Mme de Nansouty lui avait dit : « Ne lisez pas cela, ma chère, c'est mauvais. »

Je suis réhabilité aujourd'hui.

J'ai été bien attaqué pour mes romans, hélas! Ils étaient, ils sont vrais, et ils m'ont fait souffrir avant de les écrire.

Allez, mes *bonnes gens* du monde, je vous ai ménagés et je n'ai jamais eu de fiel contre vous; si j'en avais eu!.....

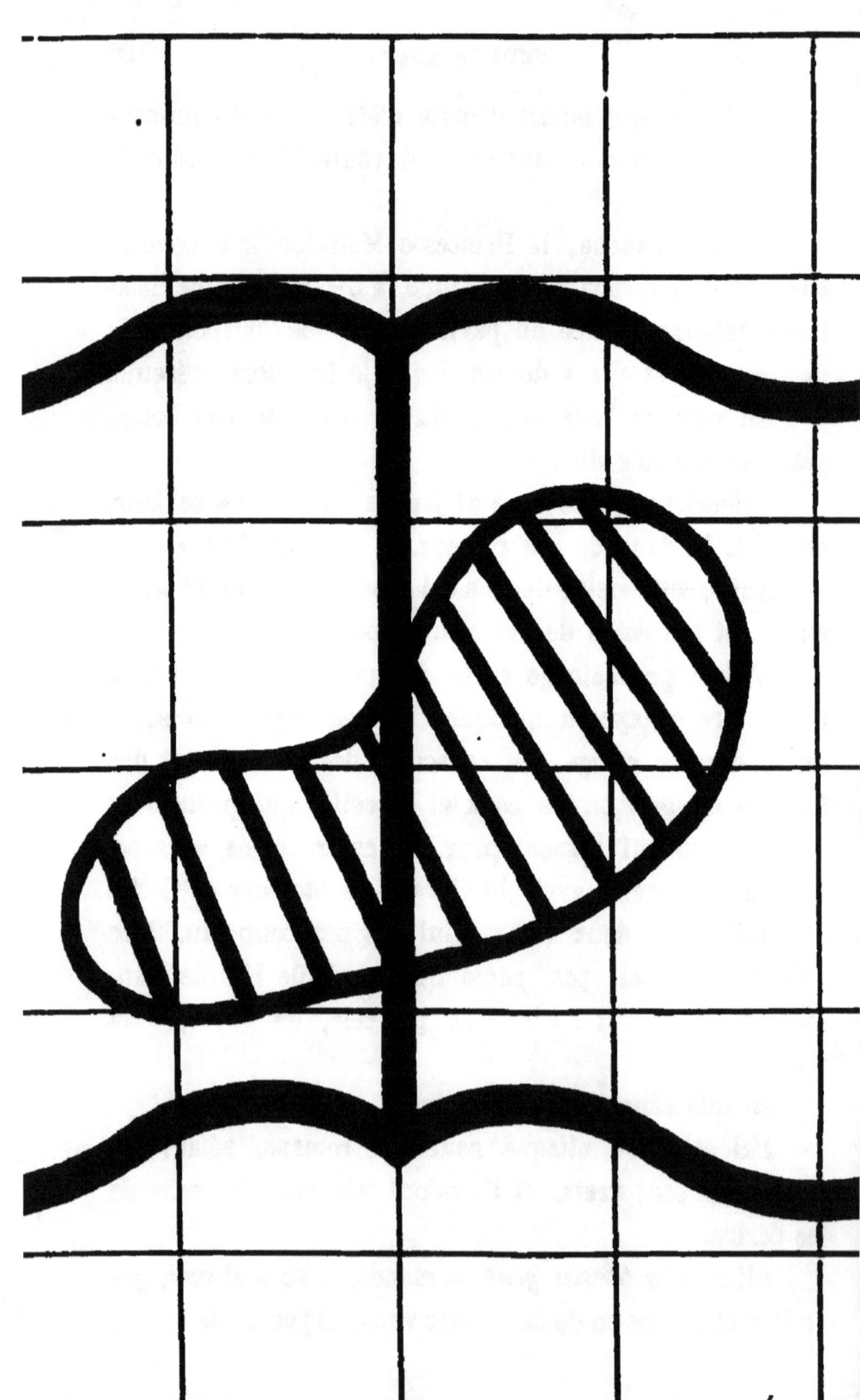

MERCREDI 20 AOUT.

Trois des chefs montagnards à l'assemblée nationale sont payés par la police; je sais que Colfarne est un des trois. Ses entrevues avec Carlier n'ont lieu que le soir par les temps les plus obscurs ou les plus mauvais. Carlier a un petit coupé à lanternes bleues qui, dans ces occasions, se promène sur le quai des Orfèvres et de la Vallée. Colfarne se trouve sur le chemin, la voiture s'arrête et il y monte. Alors, Carlier reçoit son rapport.

JEUDI 21 AOUT.

Le président est venu hier, j'étais seul au Louvre; il m'a demandé à voir le rez-de-chaussée qui s'étend sous la grande galerie; il cherche à loger les soldats dont la grande caserne (anciennes écuries de la cour) va être démolie. Il a hâte, m'a-t-il dit, de voir marcher avec plus de promptitude les travaux de déblaiement du Carrousel et la construction de l'aile du Louvre qui doit rejoindre les Tuileries. Mais pour ce qui regarde Berger, rien ne marche, le préfet de la Seine est un lambin.

Toujours même calme, même certitude de son avenir, le Prince Napoléon ne doute pas de sa fortune. Il m'a encore parlé de choses qui ne pourront être faites que dans deux ans, comme devant y présider.

Tout ce qui peut faire connaître la presse est bon à enregistrer. Il est curieux de savoir de quels éléments impurs se compose ce pouvoir impur qui nous régit pour notre malheur.

Lorsque Perrelet, ayant perdu une partie de sa fortune, rentra au théâtre pour subvenir aux besoins de sa famille, J. Janin fit, dans les *Débats*, un article très-vif contre lui. Un ami commun, Henriquel Dupont, s'entremit et représenta à Janin quel tort il causait à un honnête garçon, bon acteur et qui avait besoin de gagner sa vie.

J. Janin répondit : « Je sais tout cela, mais qu'est-ce que cela me fait; je le *démolis* parce que j'y trouve mon compte, c'est-à-dire un thème à feuilletons. Cela m'amuse d'ailleurs de démolir cette vieille réputation et je me moque de ce qui peut en advenir pour Perrelet. »

H. Dupont insistait; alors, J. Janin reprit : « Perrelet a un neveu, artiste de beaucoup de talent, qui a fait un tableau qui me plaît..... dis à Perrelet de l'acheter!..... »

Henriquel Dupont démontra que Perrelet n'était pas assez riche pour entrer dans cette voie. J. Janin tint bon; le tableau ne vint pas chez Janin; mais Perrelet, *démoli*, dut renoncer au théâtre.

Stupide peuple qui croit aux journalistes!....

J. Janin avait un secrétaire qui traitait pour lui et recevait les redevances de ceux qui craignaient les articles du journaliste.

Lorsque Dupaty entra à l'académie, Janin fit contre lui un article plus violent que ne le permet le droit du critique. Le lendemain matin, le nouvel académicien introduit dans le cabinet du journaliste, le trouva déjeunant avec la marquise de Lacarte (fille de Bosio), sa maîtresse.

« M. Janin, lui dit-il, hier, vous avez abusé contre moi de vos fonctions de critique et vous l'avez fait non-seulement sans ménagements, mais sans justice. Ainsi, non content de flageller les mauvais vers dont volontiers j'accepte la paternité, vous me prêtez des vers qui ne sont pas de moi et vous me tournez en ridicule. Vous employez votre esprit, et vous en avez beaucoup, à vouloir faire douter du peu que l'on veut bien m'en accorder; libre à vous et, pour moi, je n'aurais jamais songé à me préoccuper la cervelle de cette fantaisie.

« Malheureusement, dans cette circonstance, je dois vous dire, puisque je viens pour vous rendre un service, que je ne suis pas seul; j'ai un fils, capitaine de cuirassiers, très-bon et très-brave garçon, mais aussi très-peu endurant, surtout pour tout ce qui touche à son père, qu'il a le bon esprit d'aimer.

« Donc, M. Janin, mon capitaine, qui est à Chartres, lira votre article, car tout le monde vous lit, il se fâchera et viendra à Paris vous en demander raison, ce que je voudrais empêcher, je vous le jure; tenez-vous donc sur vos gardes, je vous ai prévenu et c'est un bon service que je vous rends. »

Janin, fort mal à son aise, cherchait mille excuses et finit par dire : « *Mais, enfin, cet article n'est pas de moi, quoiqu'il porte ma signature.* »

« J'en suis désolé, reprit Dupaty, mais mon capitaine ne voudra avoir affaire qu'au signataire de l'article. »

Alors, Mme la marquise de Lacarte, désolée de voir la tournure que prenaient les choses et craignant pour les jours de son amant, s'écria : « Je te le disais bien, que tu ne devais pas signer cet article qu'avait fait Victor Hugo ! »

JEUDI 21 AOUT.

J. Janin, pour parer le capitaine, fit insérer le lendemain dans les *Débats* un article rectificatif du premier.

Il avait été trompé par de fausses indications sur le mérite du nouvel académicien, auquel, mieux informé, il rendait pleine et éclatante justice.

Le capitaine était en effet venu à Paris. Il ne parlait que de couper les oreilles au feuilletonniste; il lut l'article rectificatif et ne coupa point les susdites oreilles; tout au contraire, il alla le remercier d'avoir rendu justice à son père.

Voilà le prince du feuilleton qui lève des impôts sur les auteurs et les acteurs. Telle première représentation lui rapporte 6000 à 8000 fr., arrachés par la peur à des auteurs craintifs, à de pauvres diables d'acteurs, qui subissent la loi du forban.

De jeunes et jolies actrices, pour éviter les critiques trop amères, sont obligées de venir prodiguer leurs charmes et leurs baisers à ce drôle.

Voilà le journalisme qui nous mène..... hélas!!

MERCREDI 27 AOUT.

Léon de Laborde est nommé chevalier de IIe classe de l'ordre du mérite civil en Prusse!!

On se demande pourquoi et à quel propos. Est-ce pour avoir publié des ouvrages sans texte ou pour n'avoir jamais imprimé que des pièces justificatives de son histoire des ducs de Bourgogne, etc., etc.? Léon de Laborde est un intrigant, et c'est pour cela qu'il parvient, voilà tout.

Un autre intrigant qu'il faut nommer et stigmatiser, c'est Raoul Rochette, fort véreux à l'endroit de la probité.

Lorsque le gaillard eut terminé son ouvrage sur les peintures des vases grecs, il le porta au roi de Prusse, qui accueillit assez froidement l'académicien, ainsi que son présent, qu'il accepta toutefois.

Raoul Rochette n'entendant parler ni de tabatière avec chiffre en diamants, ni de décoration, court chez M. de Humboldt et lui explique sa déconvenue.

L'illustre Prussien rendait compte le soir même au roi de la visite du savant français.

Le roi réfléchit un moment; puis, il dit à M. de Humboldt : « Je prends quatre exemplaires de son ouvrage. On donne de l'argent à cet homme; mais on ne lui donne pas de décoration ».

JEUDI 28 AOUT.

Pour terminer mon premier carnet par une de ces folles joyeusetés qui font naître un rire homérique chez tous ceux qui les entendent, je vais transcrire la lettre de faire-part de la mort de M. le comte du Cayla. Cette lettre est envoyée par le prince de Craon (Beauvau), son gendre.

M⁻ᵉ du Cayla (qu'on ne l'oublie pas) amusa Louis XVIII jusqu'à sa mort et Louis XVIII était le plus libertin des hommes.

La lettre dont il s'agit porte en tête les armes de Beauvau, frappées au moyen d'un timbre sec.

JEUDI 28 AOUT.

Madame la Princesse de Craon,
Monsieur le Prince de Craon,
Monsieur le Prince Louis de Beauvau,
Mademoiselle la Princesse Isabeau de Beauvau,

ont l'honneur de vous faire part de la perte bien douloureuse qu'ils viennent de faire en la personne de

ACHILLE-PIERRE-ANTOINE DE BASCHI

Comte du Cayla, officier supérieur, chevalier de l'ordre royal et militaire de Saint-Louis, pair de France, leur père, beau-père et grand-père.

Il était né à Paris, au Palais-Bourbon, le 17 février 1775. Il est mort le jeudi 14 août 1851, veille de l'Assomption, après avoir reçu les sacrements de la sainte Eglise. Issu de l'antique maison des Comtes de Baschi-Farnèse, qui habitaient l'Italie au XIe siècle, il en était resté le seul et dernier descendant.

Vous êtes instamment prié de ne pas l'oublier dans vos prières.

Paris, le 19 août 1851.

Il est impossible de composer une lettre plus niaise et plus vaniteuse; elle est sotte comme Craon et orgueilleuse comme tous les Beauvau. La teinte religieuse lui a été donnée par Mme de Craon, bas-bleu sale et prétentieux, qui a la manie de vouloir convertir les protestants au catholicisme.

Craon a épousé Mlle du Cayla, non parce qu'elle est née des comtes de Baschi-Farnèse, qui habitaient l'Italie au XIe siècle, mais parce que sa mère, après avoir été quelque peu la maîtresse de Fouché, sous l'empire, trouva le moyen d'exciter les dernières lubricités de Louis XVIII, et qu'elle joua, pendant quelques années, un rôle de Maintenon.

Sosthènes de La Rochefoucauld la dédommageait des faiblesses du roi.

JEUDI 9 OCTOBRE.

Je recommence aujourd'hui le travail de mes notes interrompu par la nonchalance du relieur, qui ne me livrait pas ce nouveau petit carnet.

Nous approchons de ce que tout le monde nomme la crise de 1852; aussi n'ai-je jamais tant entendu parler de conspirations. Chaque jour, les journaux enregistrent des complots découverts, inscrivent dans leurs colonnes des manifestes révolutionnaires publiés clandestinement.

La lie de la population cherche à rassembler les éléments d'une autre jacquerie, et malheureusement les hommes qu'elle menacerait ne peuvent s'entendre et se réunir contre l'ennemi commun. Chacun marche individuellement dans le sentier où le conduisent ses petites passions, chacun cherche à faire triompher son opinion politique, qui n'est en réalité que l'intérêt de son égoïsme très-étroit et très-mal compris. De gens qui aiment leur pays d'un amour sincère, j'en connais peu; l'amour-propre est aussi un grand moteur, et dans le siècle où nous vivons, il n'y a que trop de *génies* disposés à dire comme Louis XIV: « *L'État, c'est moi.* »

Je crains, en avançant dans ma rude besogne, d'avoir de bien tristes pages à transcrire sur ce livre. Hommes et choses, tout peut manquer à la fois et les cendres et les laves de notre volcan ne préserveront pas nos débris pour les siècles futurs, comme jadis les cendres et les laves du Vésuve ont préservé Pompéi et Herculanum.

Les hommes d'à présent qui servent l'État sont chancelants et incertains; s'ils ne participent pas aux conspirations des partis, ils les connaissent et ils gardent le silence. Ainsi, au mois de juin 1850, M. de Billaudel, légitimiste Dauphinois, fit le voyage de Bruxelles pour offrir à Serurrier, notre premier secrétaire de légation, la candidature aux élections de 1852. Serurrier refusa; mais il aboucha son frère, préfet destitué, avec les comités légitimistes. M. de Billaudel est le chef d'une vaste association qui embrasse dix-huit départements du Midi. MM. Mollé, Berryer et Changarnier lui avaient recommandé les frères Serurrier.

Le diplomate est aujourd'hui premier secrétaire à Londres; le second sollicite toujours une préfecture et se fait patronner par la princesse Mathilde et par Mme de Salvage, vieille Égérie de l'Élysée.

Les conspirations et les coups d'état n'ont pu aboutir jusqu'à ce jour par les mêmes raisons : lorsqu'il s'agit d'attacher le grelot, beaucoup reculent.

Le 21 septembre dernier, le coup d'état était prêt; le 23, il était certain; mais à l'instant suprême, on n'osait plus compter sur quelques généraux, entre autres sur le général Carrelet, et le coup d'état a été remis.

Nous ne devons compter que sur l'imprévu.

VENDREDI 10 OCTOBRE.

Rue des Petits-Champs, n° 33, en face de la rue Chabannais, il y a un rôtisseur-traiteur nommé Durand; là se réunissent les chapeliers communistes. Dernièrement, un de leurs chefs mourut; plus de 3000 frères ont suivi son enterrement. Les propos les plus ordinaires de ce lieu de réunion roulent sur la guillotine qui attend les *aristos* en 1852. Les marchands de la rue des Petits-Champs qui ne sont pas allés à l'enterrement du chapelier communiste sont notés; ceux qui y sont allés sont également notés; les frères leur répètent chaque jour: « Vous êtes des poltrons si vous n'osez pas faire autrement; prenez garde à vous en 1852. »

Léon Faucher, le ministre de l'Intérieur, nommé officier de la légion d'honneur en huit jours, chevalier d'abord, puis officier, voudrait être commandeur avant le jour de l'an; je tiens du maréchal Excelmans qu'il vient le solliciter pour obtenir cette faveur, avec un enfantillage ridicule. Cet homme, vaniteux à l'excès, s'est fait dernièrement recevoir à Reims au bruit et à la fumée de treize coups de canon.

Il est fort question de le remplacer; il y a peu de jours, Romieu, l'auteur du *Spectre rouge*, avait des chances pour recueillir sa succession.

SAMEDI 11 OCTOBRE.

Hier, il y a eu *grave* conseil des ministres chez le président; il s'agissait de se prononcer sur la loi du 31 mai. Le ministère sautera sur cette question. Les amis du président croient qu'il serait bon de revenir à l'ancienne loi du suffrage universel, Dieu veuille qq'ils ne se trompent pas!

4 heures. Tous les ministres s'en vont, à l'exception de Fould. Le président proposera le retrait de la loi du 31 mai.

LUNDI 13 OCTOBRE.

Continuation de la crise ministérielle. On nomme Baroche à l'Intérieur, Flahaut aux Affaires étrangères, Saint-Arnaud à la Guerre.

MARDI 14 OCTOBRE.

Il paraît décidé que le cabinet tout entier se retirera devant le retrait de la loi du 31 mai. Emile de Girardin fait depuis quelques jours des coquetteries au président, dans l'espoir d'un *petit* ministère. Aujourd'hui, dit-on, tout doit être décidé. La presse dit ce matin : *C'est aujourd'hui l'anniversaire de la bataille de Iéna.*

Hier soir, j'ai dîné chez la Princesse Mathilde, rue de Courcelles. Elle semblait approuver le rapprochement des rouges et de l'Elysée, si les rouges veulent appuyer la révision, et elle louait le retrait de la loi du 31 mai par respect pour la constitution, qui proclame le suffrage universel.

Je me suis alors permis de lui dire devant le vieux général Armandi : « Tous ces respects sont de l'hypocrisie; le Prince ne peut continuer à gouverner la France qu'en violant la constitution; qu'il le fasse donc hardiment, noblement, le pays sera avec l'homme qui aura de l'audace ; mais il sera contre l'homme qui prendra pour alliés les ennemis de la société et de la civilisation. »

JEUDI 16 OCTOBRE.

Les ministres ne sont pas encore nommés. La commission de permanence s'est assemblée hier et doit avoir aujourd'hui une nouvelle réunion. Quelques personnes pensent que la Chambre sera convoquée. La Gueronnière m'a envoyé ce matin son article du *Pays* sur la question à l'ordre du jour. Je lui ai répondu sur-le-champ.

Les troubles du *Cher* continuent ; mais cette levée de boucliers de messieurs les rouges ne semble pas bien redoutable jusqu'à présent.

Les débats seront vifs à l'assemblée sur les deux questions de *révision* et d'*abrogation*. Je crains fort, connaissant le patriotisme de nos hommes politiques, qu'aucun d'eux ne veuille sacrifier à la chose publique ses rancunes ou son amour-propre. Les plus remuants sont, en ce moment, Thiers et les orléanistes qui le suivent, et les légitimistes sans portée, tels que : Poujoulat, le phraseur lourd ; Nettement, l'ancien harangueur de la *Quotidienne* ; Dufougerais, qui a été longtemps directeur de la *Mode* ; puis La Rochejaquelin, gros important sans importance, qui s'agite par nature.

On ne s'aborde plus qu'en se demandant : « Avons-nous un ministère ? ». Et quand nous en aurons un, nous ne serons pas plus près d'une solution.

Nous commençons à nous habituer aux révolutions et on les regarde venir. Ma sœur Anne ne voit encore que la poussière qui poudroie et l'herbe qui verdoie.

La femme de Barbe-bleue est bien malade.

JEUDI 23 OCTOBRE.

Nous sommes toujours dans l'enfantement d'un ministère, les combinaisons se font et se défont avec une grande facilité. Hier soir chez la Princesse Mathilde on donnait comme certain la nomination de M. de Turgot au Commerce et du général Saint-Arnaud à la Guerre.

Turgot était, en 1830, officier dans la garde royale. Au moment de marcher contre l'émeute il donna sa démission. Trois jours plus tard, il portait et il porte encore la croix de juillet, donnée à ceux qui tirèrent sur la garde.

Jadis, on aurait nommé un tel homme un *Jeanfoutre*, aujourd'hui on le nomme ministre.

MERCREDI 29 OCTOBRE.

Depuis hier, le ministère est formé. Les noms des élus sont au Moniteur. La rente a fait 12 centimes de hausse. Aussitôt le ministère a été nommé : le ministère de *deux sous et demi*.

Turgot fait lever les épaules, il est ministre des Affaires étrangères.

Le général Saint-Arnaud, ministre de la Guerre, est un mangeur criblé de dettes comme le général Magnan, commandant en chef l'armée de Paris et dont les meubles sont souvent saisis et vendus. Fleury, lieutenant-colonel, officier d'ordonnance du président, lui est dit-on donné comme secrétaire général; c'est aussi un mangeur, dont le président paye assez souvent les dettes. Fleury est l'amant de la marquise de Contades (Mlle de Castellabe), qui a ruiné mon ami Coislin et qui a roulé un peu dans le duvet de tous les lits.

Mais, pour en revenir au ministère, je n'en augure rien de bien merveilleux. C'est un plâtrage pour masquer une situation. Nous approchons des actions décisives. Le président a voulu tenter une sorte de coup d'état, mais ses adhérents n'ont pu s'entendre et le préfet de police, Carlier, allait trop vite. 28 oct.

Le préfet de police, nommé hier, est un M. de Maupas, préfet de la Haute-Garonne, que je connais comme chanteur de romances dans les salons.

VENDREDI 31 OCTOBRE.

Encore du Véron! Depuis trois jours la polémique du Constitutionnel est perfidement hostile et frappe sans ménagements sur les amis du président.

Persigny est le plus abîmé par les boutades du docteur. En voici la raison:

Didier, sous-préfet de St-Denis, protégé de Véron, a été déplacé et nommé à la préfecture d'Oran (Algérie).

VENDREDI 31 OCTOBRE.

Didier ne veut pas quitter la France, de là toute la colère du Constitutionnel. Didier déplacé, qu'importe la France! Didier déplacé, qu'importe le président et le parti de l'ordre? Véron abuse de sa position semi-officielle pour annoncer chaque matin des nouvelles alarmantes, pour prêter au président des intentions qu'il n'a pas, pour donner le texte ou du moins le sens d'un faux message. On parlemente avec Véron, on lui dépêche Mocquard, le chef du cabinet de la présidence; il le met à la porte; enfin, on capitule et Didier sera préfet en France! Tout cela est honteux!

Le marquis de Belmont, Briançon, beau-fils de M. de Crouseilhes, ministre démissionnaire de la Justice, est nommé par une ordonnance *in extremis* chevalier de la légion d'honneur. L'ordonnance établit par deux mensonges les motifs de cette nomination : *ancien officier de cavalerie ayant rempli des missions à l'étranger.*

Belmont n'a jamais eu que le grade honorifique d'officier au service de Bavière pour pouvoir porter un uniforme quelconque, et jamais il n'a été chargé de missions.

Pauvre croix de la légion d'honneur, où vas-tu t'égarer?

Belmont n'est connu que comme un joueur de tripot, un ex-coureur de filles, entretenu par Mme de Lauriston, jusqu'à son mariage. C'était un homme taré, c'est un homme décoré aujourd'hui. On peut l'accoupler à Guy de la Tour du Pin, sali par l'histoire fangeuse qui fit que Mme Ch. de Fitz James s'est exilée du monde.

Hier, à la première représentation de Bettine, charmante petite pièce de Musset, jouée au théâtre du Gymnase, Théophile Gautier et les autres feuilletonistes trônaient au balcon, décorés de rubans rouges; les airs de fatuité, l'importance de ces écrivailleurs ne sauraient se décrire. Ces laquais de la littérature décorés de la légion d'honneur, cela soulève le cœur!

Théophile Gautier, auteur d'un mauvais roman, aussi immoral, aussi indécent que Thérèse philosophe; Théophile Gautier, tout nourri des œuvres du marquis de Sade.... décoré!

Janin décoré!

On donnera sous peu des croix aux héros des tapis francs et de la *haute pègre*.

Dans la diplomatie, on est surpris par une pluie de croix, on en est trempé et cela ne sèche jamais, je le conçois. Les diplomates sont à l'heure présente des commis voyageurs, chargés de faire connaître au monde les rubans, les croix et les plaques des nations civilisées ou non; mais un feuilletonniste, le rat rongeur et puant de l'égout social, pourquoi le décorer ? Marquez-le plutôt.

Le président inaugure aujourd'hui une église qu'il a fait élever à St-Leu Taverny pour servir de St-Denis à sa race. L'église d'un style roman est d'un goût parfait, simple, bien construite et fait honneur au Prince qui l'a ordonnée et à l'architecte, M. Delacroix, qui l'a édifiée.

On vient de me raconter, sur l'ignorance des feuilletonnistes, une bonne anecdote; je la tiens d'Eudoxe Soulié, fils de Soulié, ancien rédacteur de la Quotidienne.

Lorsque J. Janin travaillait à son roman de Barnave, il rencontra Soulié au café et il lui dit: «Répondez-moi un peu, Soulié, vous qui savez tant de choses: Mirabeau vivait-il encore le 21 janvier 1793 ?... »

J. Janin est un des *princes* de la presse *ab uno disce omnes!*

J'ai dîné avec La Gueronnière, rédacteur en chef du journal *Le Pays*, c'était je crois avant-hier. Il m'a pressenti sur son ralliement à la politique du président. J'ai fait savoir la chose au Prince et j'ai conseillé *de voir* La Gueronnière, qui est homme d'esprit, d'intelligence et qui pourra être utile; il serait bien d'inquiéter Véron par la crainte de l'influence de ce nouveau venu.

SAMEDI 1er NOVEMBRE.

La Princesse Mathilde, chez laquelle j'ai dîné hier, m'a dit que la croix pour Belmont avait été demandée directement au président par Mme de Belmont.

Cette croix ne pourrait être gagnée que par le motif qu'il n'y a jamais eu d'homme plus souvent blessé par la v.... que Belmont, et c'est sa femme légitime qui la demande.

Pourquoi ne pas la donner à son beau-frère Léopold d'Ivry, l'homme qui a tué le plus de lapins en France, je le concevrais!

Laurent Jean, le plus spirituel des *bohèmes* de la presse, a fait en quelques mots les portraits de Lamartine et de Musset; les voici:

Lamartine: c'est la Marseillaise dans une église; Musset: c'est une pêche sur des orties.

Je ne puis, pendant que je suis en train de citer les spiritualités de notre époque, résister au désir de transcrire l'épigramme contre Fiévée, faite par Michaud, le bonhomme auteur de l'histoire des Croisades.

Fiévée vivait maritalement avec Théod. Leclerc. l'auteur des proverbes, et cette liaison était fort connue :

> Des soins divers, mais assidus
> De Fiévée occupent la vie ;
> Comme B.... il salit les cus,
> Comme écrivain il les essuie.

MARDI 4 NOVEMBRE.

Aujourd'hui, après un repos de plus de deux mois, nos représentants se remettent à la besogne. Dieu veuille faire descendre sur eux et en eux l'esprit de sagesse. Jamais la France n'a eu plus besoin de médecins habiles. Malheureusement aucun parti n'abandonnera ni ses prétentions ni ses intrigues. La France est à l'agonie, n'importe, elle ne doit guérir que d'une certaine façon. Il y avait, ces jours derniers, une belle petite intrigue pour profiter de la première occasion de conflit ou de dissidence entre la Chambre et le président, et mettre ce dernier en accusation. Changarnier devait être nommé dictateur par la Chambre.

Lorsque les premières nouvelles du changement de ministère furent officielles, le général Changarnier, croyant voir approcher le moment de sa dictature, accourut de sa campagne à Paris. *Les gobe-mouches racontent* que le préfet de police, Carlier, se transporta aussitôt à l'Élysée et dit au président : « Prince, je crois devoir vous prévenir de l'arrivée subite à Paris de M. le général Changarnier. »

Louis Napoléon répondit avec le plus grand calme : « Cela ne doit pas vous étonner, monsieur Carlier, car c'est vous qui l'y avez appelé par une lettre écrite il y a quatre jours. »

Le préfet de police atterré ne savait que dire, toute l'intrigue se trouvait éventée, il se retira, puis écrivit, demanda une autre audience et voyant enfin qu'il ne pouvait rendre de la confiance au prince, il donna sa démission.*)

Hier soir, Louis Napoléon ouvrit ses salons. Léon Faucher et Carlier s'y trouvaient. L'accueil fait à Carlier a été plus que froid ; cet homme se présente comme candidat au poste de colonel de la 2ᵐᵉ légion de la garde nationale de Paris. Le président voit cette candidature si peu favorablement qu'il favorisera celle du général Bougenel, qui accepte de se porter contre l'ancien préfet de police.

A qui se fier par le temps où nous vivons ? Les bons serviteurs d'hier sont nommés traîtres par quelques intrigants à qui l'ambition de jouer un rôle bien ou mal tourne la tête. Changarnier veut être le Monk de son époque, en prévision d'un titre de connétable ; Carlier rêvait disent les sots, un duché et les honneurs de la cour ?

Véron, quoique Didier ait été nommé préfet de l'Ariége, boude toujours ; cet Achille s'enferme sous sa tente et

---

*) Toute cette histoire sur Carlier, répandue à dessein, était fausse ; Carlier voulait, au contraire, hâter le 2 décembre.

laisse sa fureur s'exhaler en propos plus que vifs contre Persigny:

« De quoi se plaint cet homme, s'écrie l'Achille du Constitutionnel; je l'ai traité de mauvais petit officier, j'aurais dû dire mauvais petit sous-officier. » Le Constitutionnel a failli tourner à l'opposition, parce que Didier était envoyé à Oran!

Depuis l'invasion de l'élément bourgeois dans les affaires de l'Etat, la France en est arrivée à ce point que quelques mauvais journalistes mènent le pays. La pairie de Louis XIV est remplacée par la pairie de la presse, dont les trois grands ducs sont à l'heure présente: Bertin des Débats, Véron du Constitutionnel et Girardin de la Presse.

Juvénal, où es-tu?

MERCREDI 5 NOVEMBRE.

J'ai dit hier comment Carlier avait perdu la préfecture de police; je dois dire aujourd'hui comment Maupas y est arrivé. C'est lui qui, ayant découvert toute l'intrigue Changarnier, est venu dire au président: « Monseigneur, on vous trahit et la preuve de ce que j'avance, la voici. » En même temps, il présentait au prince la copie de la lettre écrite pour presser le général de se rendre à Paris.*)

---

*) Nouvelle histoire répandue par les amis de Maupas. Carlier marchait d'un pas ferme; on a cru quelques jours à cette bonide.

Le message a été lu hier; ce document fort étendu, est net, sage, bien raisonné et fort calme. Il a été mal accueilli par la droite, Berryer en tête. Le vent des orages a déjà fait entendre sa voix dans l'enceinte législative.

J'attends aujourd'hui La Gueronnière, rédacteur en chef du *Pays*, pour ménager son avancement dans la politique gouvernementale. Le président a dit hier qu'il le recevrait et causerait avec lui. Dieu veuille que je persuade tout à fait cet homme distingué de s'unir à la politique du pouvoir; nous allons avoir besoin de toutes les forces honnêtes, de tous les gens de cœur et d'intelligence; nous sommes à la veille de 1852.

JEUDI 6 NOVEMBRE.

La Gueronnière est venu hier me raconter son entrevue avec le président; il en est enchanté et me sait bon gré de ce rapprochement. Lamartine perdra son influence sur le *Pays* et 50,000 fr. qu'il y touche par an; ce qui lui sera au moins aussi sensible, c'est de perdre un organe dans la presse au moment où l'on se prépare à une compétition aussi grave que celle du poste de président contre Louis-Napoléon. Lamartine est un vieux fou. La Gueronnière peut rendre et rendra de grands services à la cause de l'ordre, c'est un homme qu'il a fallu dégager de ses patrons, Girardin et Lamartine; il les estime à leur juste valeur.

Lamartine, me disait-il hier, est un homme qu'aveugle sa personnalité et qui ne croit qu'à lui. Girardin est impossible à suivre dans ses évolutions si brusques, il n'a ni consistance, ni valeur politique; l'arme de son journal est usée.

« Quant à nous, gens du *Pays*, ajoutait La Gueronnière, nous ne voulons pas jouer le rôle des Girondins; certes nous n'avons pas leur talent, mais nous espérons n'avoir pas besoin de l'échafaud pour retrouver notre courage. Nous soutiendrons le gouvernement dans la nouvelle voie où il s'est engagé, et je maintiendrai la ligne de notre politique, malgré Lamartine; rapportez-vous en à moi. »

« Le président m'a plu beaucoup, il est calme, réfléchi, et comprend sa situation et la situation. »

J'ai répondu à La Gueronnière que cette entrevue me charmait, parce qu'il la fallait, pour faire se connaître et s'unir dans l'intérêt de tous, des hommes d'ordre, sincèrement animés de l'amour du bien. Le président, ai-je ajouté, n'a eu affaire jusqu'à présent qu'aux larrons de la presse, il était temps, pour la dignité de la presse elle-même et dans l'intérêt public, qu'il connût les hommes honorables qu'elle compte parmi ses directeurs. Vous êtes un homme de bonne compagnie, cela a dû le surprendre, il n'a pas été gâté.

Nous ne nous imposons pas et nous ne demandons rien surtout, a répliqué La Gueronnière.

Je dois le revoir ces jours-ci.

Le soir, j'ai dîné chez la Princesse Mathilde avec Fould, l'ex-ministre des Finances, le chargé d'affaires de Russie, Kisseleff, et le Comte A de Caumont. J'ai causé avec la Princesse, de l'entrevue de La Gueronnière et du président, elle en a été très-satisfaite; puis nous avons causé de la situation des affaires:

« Les *intrépides* de l'assemblée cherchent toujours le moyen d'envoyer Louis à Vincennes », m'a-t-elle dit. Et comme je témoignais quelque étonnement: « ce renseignement est positif », a-t-elle affirmé d'un ton sérieux.

J'ai fait part à la Princesse de mon projet de faire signer par le commerce de Paris une adresse d'adhésion à la politique du président. Ce projet, qui aurait s'il se réalisait pour effet immense d'enlever la bourgeoisie à l'opposition, a beaucoup souri à la Princesse, elle l'a jugé digne de toute attention.

Je pense activement à sa réalisation.

Le soir, un peu tard, je suis allé à l'Opéra, la salle était pleine d'inconnus. Cependant, aux premières loges, j'ai remarqué Thiers et *ses femmes* en deuil de la Duchesse d'Angoulême! Puis, aux avant-scènes des baignoires, Mmes Lehon et Morny. Dans les loges des premières, beaucoup de femmes entretenues, couvertes de diamants.

VENDREDI 7 NOVEMBRE.

Les événements se pressent, la situation se dessine, l'assemblée nationale déclare ouvertement son hostilité contre le président. Les questeurs ont déposé une proposition pour revêtir leur président, Dupin, du droit de requérir l'armée qu'il croira utile à la sûreté de nos représentants, et de la faculté de nommer un général en chef à cette armée. L'urgence est demandée.

Si cette proposition est accueillie, nous entrons en pleine guerre civile. Si cette proposition est accueillie, le Prince Napoléon sera placé en face de résolutions extrêmes. C'est une lutte à mort entre l'assemblée et lui.

Nos députés sont des fous que l'expérience n'éclaire pas et n'éclairera jamais. Périsse la France, mais que leur amour-propre, leur vanité soient sauvés. Changarnier, furieux de n'être plus rien, cherche à mettre le feu aux quatre coins du pays, pour ressaisir un peu de pouvoir ; il est aujourd'hui le héros de cette croisade, contre le président, des prétendus amis de l'ordre. Il espère reprendre un commandement en chef par la grâce de Dupin, qui deviendrait toujours de par *notre bienheureuse constitution,* tout à la fois pouvoir législatif et pouvoir exécutif. Quel gâchis !

L'assemblée, avec une armée à ses ordres et un général en chef pour la commander, c'est la Convention, et quelle Convention !

Toute l'intrigue arrive peu à peu à ma connaissance Changarnier est l'homme de la fusion. Le comte de Chambord a écrit à Berryer de faire porter les voix légitimistes sur lui. Les princes de la maison d'Orléans ont écrit la même chose à l'amiral Baudin pour les orléanistes. Thiers souffle toute la machination ; Changarnier, dictateur militaire ; Thiers président ; un Directoire civil ; Louis-Napoléon à Vincennes, après l'avoir dépouillé une à une de ses prérogatives. Voilà le but que se proposent *ces messieurs.*

G. de Lasteyrie, Mornay, Montebello, Dupin, Molé, les légitimistes sont tous au complet, on en cause ouvertement. Thiers ne dissimule plus ses espérances ; on croit être sûr du succès. Aura-t-on vendu la peau de l'ours avant de l'avoir mis par terre? Quelques jours encore et nous le saurons.

Je viens d'écrire à La Gueronnière pour qu'il fasse un grand article sur tout cela.

D'Albuféra, avec sa bêtise, va pleurnicher chez ses amis en disant : l'Elysée est perdu!

La faction Thiers prétend que le président ne peut compter que sur trois régiments. Enfin, comme toujours, il court mille bruits, il se répand mille rumeurs qu'inventent les malveillants et que répètent ou propagent les niais ou les sots.

Lorsque le président a été informé de la proposition de MM. les questeurs, il n'a dit que :

« Tant mieux; ces messieurs se dessinent enfin! »

Lamoricière doit parler contre la proposition comme subversive de toute discipline dans l'armée.

Le président me demande communication de mon projet d'adresse du commerce parisien. La Gueronnière me répond à l'instant même qu'il partage mes idées sur la façon d'envisager les menées des partis dans l'assemblée, et qu'il va les frapper aux yeux de la France par la publicité.

SAMEDI 8 NOVEMBRE.

J'ai dîné hier chez la Princesse Mathilde; Clary, le représentant, s'y trouvait. Il m'a dit que l'assemblée reculait devant la belliqueuse incartade de ses questeurs. Dupin l'a fait appeler et l'a chargé d'assurer le président qu'il repousserait de toutes ses forces le pouvoir dont on voulait l'investir. Baze en sera encore pour ses frais de vaillance. Qu'inventera la coalition ?

DIMANCHE 9 NOVEMBRE.

J'ai dîné hier avec La Gueronnière, qui avait témoigné le désir de me parler. Il m'a dit d'abord combien ma lettre d'avant-hier lui a paru intéressante et qu'il l'a mise en article (premier Paris) dans le *Pays*. Il m'a révélé ensuite une nouvelle trahison commise par un des dépositaires du pouvoir. M. Leroy, ancien préfet, secrétaire général actuel du ministère de l'Intérieur, avant tout, créature de M. Thiers, a des entrevues avec ce personnage et lui fait porter le travail du ministère. On le voit le matin de bonne heure sortir avec un portefeuille de l'hôtel de la rue St-Georges.

La trahison est encore puissante, elle a encore bien des positions dont il serait plus que nécessaire de l'expulser.

Je fais savoir ce que m'a appris La Gueronnière au président, il avisera.

Si l'abrogation de la loi du 31 mai est consentie par l'assemblée, aussitôt après le vote, le ministre de la Guerre doit monter à la tribune et déclarer à MM. les représentants qu'ils sont tous prisonniers. Le triage se fera après, pour séparer l'*ivraie* du *bon grain*, et l'*ivraie* sera mise dans l'impossibilité de nuire. Pour appuyer la déclaration du ministre, cinq régiments cerneront l'assemblée.

Ce projet hardi ne doit pas être regardé comme chimérique, j'en tiens le secret de *bonne source*, et si je l'inscris sur mon livre, c'est que je ne doute pas et que je ne peux pas douter de la réalité de sa conception. Le ministre de la Guerre est tout prêt à jouer son rôle; l'armée est bien disposée et ne demande que l'ordre d'agir. Depuis qu'il est question de la proposition des questeurs, les protestations militaires pleuvent à l'Elysée et au ministère contre cette monstruosité.

Les temps qui approchent sont gros d'événements; je préfère la crise la plus vive au laisser-aller, à l'atonie qui nous ronge.

Marrast a eu une attaque de paralysie, il est mourant. Le prince Paul de Wurtemberg est mourant aussi.

LUNDI 10 NOVEMBRE.

Voici l'allocution adressée hier, dimanche, par M. le président de la république aux officiers des régiments nouvellement arrivés à Paris et qui lui ont été présentés par M. Magnan, général en chef de l'armée de Paris.

Comme ce discours dessine vivement la situation, je le rapporte ici :

« Messieurs,

« En recevant les officiers des divers régiments de
« l'armée qui se succèdent dans la garnison de Paris, je
« me félicite de les voir animés de cet esprit militaire qui
« fit notre gloire et qui fait aujourd'hui notre sécurité.
« Je ne vous parlerai donc ni de vos devoirs, ni de la

« discipline. Vos devoirs, vous les avez toujours remplis
« avec honneur, soit sur la terre d'Afrique, soit sur le sol
« de la France, et la discipline, vous l'avez toujours main-
« tenue intacte à travers les épreuves les plus difficiles.
« J'espère que les épreuves ne reviendront pas, mais si
« la gravité des circonstances les ramenait et m'obligeait
« de faire appel à votre dévouement, il ne me faillirait
« pas, j'en suis sûr, parce que, vous le savez, je ne vous
« demanderai rien qui ne soit d'accord avec mon droit
« reconnu par la constitution, avec l'honneur militaire,
« avec les intérêts de la patrie; parce que j'ai mis à votre
« tête des hommes qui ont toute ma confiance et qui mé-
« ritent la vôtre; parce que, si jamais le jour du danger
« arrivait, je ne ferais pas comme les gouvernements qui
« m'ont précédé, et je ne vous dirais pas : Marchez! je
« vous suis; mais je vous dirais : Je marche; suivez-moi! »

MARDI 11 NOVEMBRE.

La proposition des questeurs revient sur l'eau. L'assemblée se donne le plaisir de conspirer contre Louis-Napoléon. Les impatients, les ardents parlent maintenant de l'envoyer à Vincennes. C'est, disent-ils, l'affaire d'un coup de main et personne ne s'en apercevra.

Le général Thierry remue ciel et terre pour les princes d'Orléans.

Changarnier et Lamoricière espèrent s'installer au pouvoir en se liant avec tous les partis.

M. Molé se rajeunit dans les conciliabules des conspirateurs. Thiers envenime la situation. Rémusat et Jules de Lasteyrie l'aident dans cette patriotique besogne. Les orléanistes se croient sûrs du succès; les légitimistes aussi, et les socialistes se réjouissent.

Le président paraît décidé à la plus grande énergie.

4 heures du soir. Le bruit se répand que la Chambre doit demain mettre le président en accusation et le faire conduire immédiatement à Vincennes. D'un autre côté, on annonce un coup d'état du président pour répondre à celui de l'assemblée, qui a déjà, dit-on toujours, son dictateur nommé dans la personne de Changarnier et son directoire tout prêt.

Les fous l'emporteront-ils?

JEUDI 13 NOVEMBRE.

Aujourd'hui, grande discussion à l'assemblée sur le retrait de la loi du 31 mai.

La situation est grave et je crois le président décidé à soutenir hardiment sa haute lutte contre l'assemblée.

Hier, le ministre de la Guerre a fait déchirer, dans les casernes, l'ordre affiché sous la Constituante, d'obéir aux réquisitions du président de l'assemblée. Cette mesure présage la façon dont le pouvoir exécutif entend s'opposer à la proposition des questeurs déclarée inconstitutionnelle, car le pouvoir qu'elle voudrait remettre au président de l'assemblée, n'est pas inscrit dans la constitution et n'a appartenu, avant la promulgation de la constitution, qu'au président d'une *Constituante*. Telle est l'opinion du gouvernement et il paraît décidé à la soutenir très-vertement.

DIMANCHE 16 NOVEMBRE.

L'abrogation de la loi du 31 mai a été repoussée par l'assemblée à six voix de majorité. Clary est honteux d'avoir voté contre le président ; Lamartine, malade, n'a pu prendre part au vote. Enfin, cette victoire de l'assemblée est, s'il est permis de se servir de cette expression, tirée par les cheveux.

Baze, ses adhérents et le général Changarnier ont été pris de peur après ce vote ; ils ont passé une nuit très-agitée à la questure avec des pistolets devant eux.

Thiers, dans son hôtel de la rue ou place St-Georges, n'était pas sans inquiétude. Tous ces messieurs et bien d'autres croyaient d'être arrêtés.

Leurs craintes avaient quelque fondement ; à la réouverture de l'assemblée et en présence de son hostilité déclarée, Carlier avait proposé de faire arrêter tous les chefs et les plus remuants, de les diriger par un convoi spécial sur le Havre, et de les faire embarquer immédiatement pour l'Amérique du sud. Il demandait la mise en état de siége de Paris, et répondait de tout. L'affaire se serait exécutée en une nuit, sans le concours des troupes, et le lendemain, lorsque Paris se serait occupé de ce coup d'état, les gens arrêtés auraient déjà été embarqués.

Le président a refusé, soit qu'il n'ait pas trouvé de vigueur dans son ministère, soit qu'il ait encore voulu attendre.

Demain, la discussion commencera sur la proposition des questeurs; si l'assemblée l'adopte, comme tout le fait présager, je crois le président décidé à un coup d'état. Magnan, le général en chef de l'armée de Paris, n'est pas très-vigoureux; mais Saint-Arnaud, le ministre de la Guerre, l'est, dit-on, beaucoup.

Nous sommes à la veille de graves événements, chacun a voulu sauver la France à soi seul et nul n'a voulu la sauver avec son voisin. Nous sommes tous des fous.

Avant-hier, le ministre de l'Intérieur m'a nommé secrétaire des musées, c'est-à-dire secrétaire général.

Aujourd'hui a lieu le tirage de la loterie des lingots d'or. J'ai pris, hier soir, trois billets; mais la fortune n'a jamais frappé à ma porte.

MARDI 18 NOVEMBRE.

La proposition des questeurs a été repoussée par 408 voix contre 300.

Ce vote éloigne la solution. Le président était énergiquement décidé à ne pas être vaincu, les moyens extrêmes étaient prêts, et l'armée aurait marché à la voix de son chef.

Hier soir, à la réception de l'Elysée, les officiers s'y trouvaient en masse et ne dissimulaient pas leur antipathie contre l'assemblée.

La bombe éclatera un de ces jours. Les chefs des vieux partis sont furieux parce qu'ils se sentent usés. Je crois le dénouement prochain.

JEUDI 20 NOVEMBRE.

Hier, j'ai dîné chez la Princesse Mathilde, et le soir, j'ai fait la tournée des ministères de l'Intérieur, des Travaux publics et de l'Instruction. J'ai été bien reçu partout. Le secrétaire général, M. Leroy, à l'Intérieur, m'a témoigné sa satisfaction de ma nomination au poste de secrétaire de la direction générale des musées. M. Giraut, ministre de l'Instruction, m'a accueilli d'une façon très-amicale.

Je suis revenu, ma tournée faite, chez la Princesse, où j'ai trouvé le général Baraguay d'Hilliers et le maréchal Excelmans. On a beaucoup causé de la dernière crise à propos de la proposition des questeurs.

Après la déclaration du ministre de la Guerre sur l'enlèvement de l'arrêté relatif à la réquisition directe dans les casernes, Baze, le général Changarnier aidant, avait eu la velléité de faire arrêter le ministre par le commissaire de police de l'assemblée; mais la réunion des Pyramides a fait défection aux questeurs et les ordres déjà donnés ont été retirés.

Le ministre, informé du projet, sortit de l'assemblée; des instructions envoyées aux troupes les avaient consignées. Aujourd'hui, la majorité ancienne est *abasourdie*, elle pleure son impuissance, qu'elle craint cependant de s'avouer à elle-même.

Auguiot, chassé du musée, menace et croit effrayer; son cousin Chanay, le député rouge, de Lyon, a voulu hier intimider le ministre de l'Intérieur en dénonçant la possibilité d'interpellations à la tribune au sujet du renvoi du drôle. Le ministre a refusé d'entendre Chanay.

En rentrant le soir au Louvre, Nieuwerkerke m'a dit : « Je suis d'autant plus aise de vous voir dans votre nouvelle position, jadis occupée par le vicomte de Sennone, puis par M. de Cayeux, qu'elle vous porterait tout naturellement à me succéder comme directeur général des musées, si, par une cause quelconque, je me retirais. »

Le président et le ministre répondent du dévouement de Leroy ; ils ne peuvent croire à ses visites chez Thiers. Je reparlerai de cette affaire à La Gueronnière.

MERCREDI 26 NOVEMBRE.

La situation politique est toujours la même ; jusqu'à présent, tout se passe, du côté de l'assemblée, comme du côté du président, en discours menaçants, mais sans résolutions. Les deux pouvoirs sont ennemis irréconciliables. Chacun d'eux attend une occasion pour frapper son adversaire, il faut seulement trouver le défaut de la cuirasse.

Le discours du président pour la distribution des récompenses aux exposants de Londres est incisif, il a été à plusieurs reprises vivement applaudi, la phrase contre M. Thiers surtout.

Que dira l'assemblée aujourd'hui ?

Dans les couloirs de l'assemblée et chez les secrétaires de la présidence, on se vante de pouvoir, avant peu, mettre le président de la république à Vincennes ; ces gens qui se révoltent lorsqu'on les traite de conspirateurs tiennent cependant ce langage.

Paris va nommer un député. La bourgeoisie de Paris est toujours la même race vaniteuse et incapable, qui laisse passer toutes les révolutions; ils jouent comme les enfants avec les allumettes chimiques et sont très-étonnés d'incendier leurs maisons.

Le candidat qui réunit les suffrages est un ancien chocolatier nommé Devinck, vaniteux bourgeois, un de ces hommes enfin qui aiment à donner, comme en 1848, des leçons au pouvoir.

Depuis soixante ans, la bourgeoisie est aux affaires et le pays est déchu de la moitié de son importance. Bourgeois!..... bourgeois, grondez vos cuisinières, vous n'êtes que des omelettes soufflées de vanité et d'ignorance.

MARDI 9 DÉCEMBRE.

Le coup d'état est accompli!..... L'assemblée est dissoute, le Conseil d'Etat est dissous; un grand nombre d'arrestations ont eu lieu cette nuit.

Lamoricière, Changarnier, Bedeau sont arrêtés avec beaucoup d'autres. Le président Dupin[*]) et quelques membres de l'assemblée, réunis au Palais législatif, ont voulu protester; mais ils ont été forcés d'évacuer la salle. On dit que quelques députés et des hommes du peuple ont été blessés en cherchant à forcer les consignes.

---

[*]) Faux bruit (pour Dupin) comme on le verra dans la suite de mes récits.

MARDI 2 DÉCEMBRE.

Il est midi et demi. Je prépare la dernière travée de la grande galerie du Louvre, pour placer des troupes. Les bruits les plus contradictoires circulent; suivant les uns, les *rouges* veulent tenter quelque algarade, suivant les autres, tout va bien. Il faut attendre à ce soir.

La troupe criait : Vive l'empereur.

Le suffrage universel est rétabli. Louis-Napoléon demande le pouvoir décennal; les élections sont annoncées pour le 14.

Enfin, la crise est commencée, il s'agit de bien jouer la partie.

Morny est ministre de l'Intérieur.

Le général Lovoëstine commande la garde nationale.

Toute cette affaire a été conduite dans le plus grand secret; aucune des personnes arrêtées n'avait de soupçons.

C'est aujourd'hui plus que jamais qu'il faut dire :

Dieu sauve la France!

1 heure ¾. La Rochejaquelin, qui pérorait au milieu d'un groupe devant un poste, vient de se faire maltraiter par la populace.

Mon cabinet ne désemplit pas de gens qui s'offrent à soutenir le mouvement.

2 heures ½. Cavaignac est arrêté, dit-on.

Sur le boulevard, à la hauteur de la rue Taitbout, les groupes sont nombreux; quelques agitateurs pérorent, mais il n'y a pas de mot d'ordre, les rues sont militairement gardées. Le faubourg St-Denis est calme, le faubourg Poissonnière aussi.

Les gens du journal *Le National* cherchent à causer de l'émotion, je doute qu'ils y parviennent.

3 heures ¼. La Patrie vient de paraître; elle contient les noms de quelques-uns des représentants arrêtés. Cette nuit, le préfet de police avait rassemblé les commissaires et leur délivrait des mandats d'arrestation en leur disant: « *Si vous hésitez, j'ai d'autres commissaires tout prêts.* »

Thorigny n'a su sa destitution que par l'arrivée au ministère de Morny, suivi de quatre mille soldats.

L'assemblée, au nombre de deux cents, a voulu se réunir à la mairie du X° arrondissement. Elle signait la déchéance du président; il y a eu des arrestations.

Encore rien de grave dans Paris.

MERCREDI 3 DÉCEMBRE.

La nuit a été calme, toutes les troupes étaient rentrées.

Fleury, l'officier d'ordonnance du président, a été blessé à la tête d'un coup de fusil; sa blessure ne l'empêche pas de continuer son service.

Carlier, l'ancien préfet de police, a présidé à la destruction de la salle des séances de l'assemblée. Les bruits qui avaient couru sur sa liaison avec Changarnier et que j'ai rapportés plus haut étaient dénués de fondement. C'est lui, au contraire, qui avait proposé au président le coup d'état d'hier. On ne crut pas devoir accepter sa proposition et il donna sa démission.

Thiers est à Ham, il y occupe la chambre occupée jadis par le Prince Napoléon (bruit faux).

Il est question d'envoyer, dans un fort d'Afrique, les principaux députés arrêtés.

Piscatory, mené après son arrestation à la caserne où commande le général Forest, a voulu le malmener de paroles; poussé à bout, le général lui a dit : « *Si vous ajoutez un mot, je vous fous mon sabre dans le ventre.* »

Aujourd'hui, les généraux sont compromis. Il faut pour eux que le président triomphe; je ne pense pas non plus qu'ils soient mécontents d'être débarrassés du *maréchalat in partibus des grands* généraux d'Afrique.

Le général Lauriston a voulu réunir sa légion de gardes nationales. Vingt-cinq hommes se sont présentés, et c'est à la suite de cette tentative que le général a été arrêté.

Je dîne ce soir chez la Princesse Mathilde, j'y apprendrai sans doute bien des choses.

11 heures. Morel-Fatio arrive; il a traversé le faubourg St-Antoine; on s'y armait. Un groupe de deux cents insurgés, commandés par un jeune homme à cheval et ceint d'une écharpe rouge, parcourait les rues. Ce groupe avait pour armes des fusils et des piques.

Les troupes garnissaient avec l'artillerie la frontière du faubourg.

3 heures 1/2. L'affaire du faubourg St-Antoine est finie. Une barricade a été formée et emportée; il y a eu seulement trois soldats blessés. Un nombre assez considérable d'insurgés a été arrêté.

Delpech, le député, qui voulait, revêtu de ses insignes, haranguer le peuple, a été fait prisonnier par six sergents de ville au coin de la rue de Richelieu et du boulevard.

Les faubourgs du Temple et St-Marceaux sont calmes, les ouvriers travaillent.

Les députés non arrêtés de la faction Cavaignac se réunissent en cachette; ils cherchent un moyen de raviver le peuple, cela paraît difficile.

L'armée de Paris a déjà voté pour la présidence décennale, les votes sont bons. Je crois les agitateurs bien abandonnés.

JEUDI 4 DÉCEMBRE.

Hier ont été tués, derrière les barricades, M. Baudin et M. Madier de Monjau, représentants*); M. Schœlcher est grièvement blessé.

Les bourgeois de Paris tremblent à la pensée de signer leur vote sur la présidence décennale. Toujours poltrons, ils voudraient pouvoir faire un semblant d'opposition pour en réclamer le bénéfice si le président échouait.

Le premier Conseil consultatif a refusé, mû par les mêmes idées.

La haute Cour de justice, qui essayait une réunion, a été dissoute par la force armée.

Des gamins ont voulu piller la boutique de Lepage, armurier, rue de Richelieu; quelques soldats les ont mis en déroute. Il n'a fallu que vingt sergents de ville pour arrêter une autre troupe, promenant à 9 heures $^1/_2$, hier soir, un drapeau rouge sur la place de la Bourse.

La Gueronnière se trompant, comme toute sa rédaction du *Pays*, sur l'importance de leur individualité, donne

---

*) Ce dernier n'a été que blessé et fait prisonnier. Schœlcher, blessé légèrement, a pu quitter la France.

dans le numéro de ce matin, sa démission d'écrivain, et signifie au ministre la démission de son frère, nommé sous-préfet.

Midi. Des barricades se reforment, dit-on, rue Aumaire, et quelques personnes disent que de grands efforts seront tentés dans la soirée par le parti de la démagogie. Le faubourg St-Antoine et le faubourg St-Denis étaient calmes, il y a une heure.

Minuit. Je viens de parcourir le Louvre et d'inspecter tous les postes. Je me suis promené sur les toits du Louvre avec les conservateurs et les employés. La ville était morne ; on entendait quelques fusillades isolées. Nieuwerkerke est venu vers 10 heures $1/2$ nous donner des nouvelles. La journée a été assez rude, surtout pour le 72me régiment, qui a eu son colonel blessé et son lieutenant-colonel tué. Un capitaine a la jambe cassée ; il y a à peu près douze morts dans l'armée et quarante blessés. Les barricades ont été enlevées avec un élan remarquable. La gendarmerie mobile a montré un très-grand zèle.

L'argent a été répandu à profusion, cependant les hommes se font payer très-cher ce soir, ils demandent dix-huit francs pour aller aux barricades. Les orléanistes chauffent l'affaire. Nadaillac a été un moment arrêté. Il vociférait que le président ne périrait que de sa main ; qu'il fallait convoquer la garde nationale. On l'a relâché. Dix-huit *messieurs* bien mis, arrêtés au coin de la rue de Richelieu, dans un groupe qui tirait sur les troupes, sont aux Tuileries. Nieuwerkerke s'y rend pour savoir leurs noms.

Les généraux Cavaignac, Changarnier, Lamoricière, passeront devant un conseil de guerre s'il y a contre eux des preuves de complot. Falloux a été relâché; il est venu mettre une carte chez le président.

Berryer est sur parole à sa campagne.

Tous les représentants auxquels on rend la liberté s'engagent sur l'honneur à ne pas se mêler aux événements.

Quelques-uns avouent avec bonne foi qu'il faut se rallier à Louis-Napoléon, entr'autres Casimir Périer, qui sort du fort du Mont Valérien; il l'a dit à Reiset, notre conservateur des dessins.

Demain, la journée sera rude, le canon partira et les ordres les plus sévères sont donnés; tout ce qui sera pris les armes à la main sera fusillé. Les soldats fouilleront les maisons des quartiers insurgés; tout individu qui ne prouvera pas qu'il est habitant de la maison où il sera trouvé sera fusillé. Tous ceux qui porteront sur eux quelque marque attestant qu'ils ont tiré un fusil seront également passés par les armes.

Les provinces sont calmes; le général Castellane, par une dépêche de Lyon, datée de midi, répond de sa division.

Amiens a voulu l'union de l'armée et de la garde nationale pour soutenir le *pronunciamento* du président. Le préfet et le maire, qui protestaient, sont destitués. Bernard, ex-député très-énergique et très-dévoué, y a été envoyé comme commissaire extraordinaire.

En somme, la journée n'est pas mauvaise.

Les bourgeois de Paris rechignent à la pensée de voter tout haut; leur lâcheté s'accommodait d'un vote secret. Ils ne voudraient pas se compromettre; c'est toujours la même race : incapable, poltronne et vaniteuse, se cachant les jours de danger et voulant le pouvoir quand tout est calme, pour le perdre par impéritie.

On entend en ce moment deux décharges qui ne paraissent pas très-éloignées du Louvre.

Pendant que nous étions sur le toit, vers cinq heures, des balles sont venues tomber à nos pieds. Tous les conservateurs et les employés sont couchés sur des matelas, de Laborde seul est rentré chez lui.

Cet homme a bien de la peine à cacher ses sentiments orléanistes; toute la soirée, il s'était fait porteur de mauvaises nouvelles; il pressentait pour l'avenir des dangers qu'il aurait voulu qu'on lui affirmât. C'est toujours le même mauvais homme.

Du haut du Louvre et sous le clair de lune, la ville silencieuse était bien belle ce soir, et les réflexions qui assaillaient l'esprit étaient bien tristes; mais je ne veux pas les remâcher ici. Qui sait ce qui adviendra; ne lançons pas l'anathème sur mes concitoyens au moment des dangers suprêmes. Je veille et je vais de nouveau visiter les portes; le Louvre et ses trésors me sont confiés, ne négligeons rien.

SAMEDI 6 DÉCEMBRE.

Tout est fini; le président triomphe et l'insurrection est étouffée. Berryer et Odillon Barrot cherchent à ramener les députés qui les écoutent habituellement.

Les adhésions arrivent de tous les côtés et elles arriveront encore, d'ici à quelques jours, en plus grand nombre.

La répression a été vive, les troupes ont dû être retenues. Dans la nuit de jeudi à vendredi, le général Canrobert a fouillé les maisons du quartier des insurgés ; un grand nombre de ces malheureux ont été fusillés.

Sur le boulevard Montmartre et sur le boulevard des Italiens, de nombreux coups de fusil adressés à la troupe ont nécessité des représailles ; plusieurs maisons ont été criblées de balles et de boulets ; dans la rue Vivienne, le sang a également coulé.

Les décharges que j'entendais la nuit dernière ont été faites sur une barricade élevée au coin de la rue de l'Oratoire et qui a été immédiatement abandonnée.

Les orléanistes et les légitimistes sont furieux, ils se laissent entraîner par la passion, à d'atroces propos. Ils excusent presque d'avance l'assassinat du président. Dans les clubs de l'Union du Jockey et de la rue Royale, on se croirait en pleins clubs jacobins.

Nadaillac voulait réunir la garde nationale.

Quelques cerveaux brûlés disent : « *Nous aurons pendant quelque temps le triomphe des rouges ; mais qu'importe !* »

J'ai dîné chez la Princesse Mathilde. Chaix d'Estange y est venu. Son appartement, dans la maison de Sallandrouze, a été atteint par les balles du 72e de ligne ; mais il y a eu peu de dégâts. Chaix d'Estange s'est fort étonné que Dupin n'ait pas encore envoyé sa démission de procureur général ; enfin, il a parlé en homme qui ambitionne sa succession.

Le soir, la nouvelle nous est parvenue de la mise en liberté de Thiers et de Roger (du Nord) ; personne ne voulait y croire. Nieuwerkerke s'est rendu à la présidence et en a rapporté la confirmation de cette incroyable nouvelle. Tout le monde en est resté abasourdi et découragé.

DIMANCHE 7 DECEMBRE.

Les députés relâchés relèvent la tête; ils se réunissent, ils se réconfortent, ils redeviennent insolents dans leurs propos. Les familles de ceux qui sont encore en prison font chorus. Il faut entendre les Rémusat, les Lasteyrie, dont le président a eu l'indignité de troubler les conspirations; puis la famille de Flavigny, relâché le premier jour; elle ne tarit pas en propos violents, et mon frère Louis est la dupe de tous ces intrigants; il a donné sa démission pour avoir leur approbation, et les Flavigny feront leur paix, tandis que mon pauvre frère aura perdu son présent et son avenir.

Dans les départements du centre, il y a quelque émotion, des pillages, des séditions. L'Ardèche est surtout parcouru par des bandes de socialistes. Ces départements sont mis en état de siége et des troupes sont dirigées vers les localités insurgées pour y ramener la paix.

Les puissances étrangères sont très-satisfaites des résolutions du président. Lord Palmerston a écrit une lettre de félicitations. Quelques journaux anglais et l'*Indépendance belge*, ainsi que le *Courrier de Gand*, viennent d'être interdits, pour s'être faits les moniteurs de l'insurrection. Toutes les nouvelles qu'ils donnaient comme vraies étaient celles répandues par les gens des barricades.

Le Times, ce grand journal anglais, très-philippiste, se montre hostile; il n'y a rien d'étonnant, le mouvement a été conduit par les agents orléanistes.

Des légitimistes de la force de Ch. de Fitz James ne peuvent dissimuler leur colère. Les plus bêtes disent que la police seule a fait les barricades!

Les arrestations continuent; les journalistes et les députés montagnards peuplent les prisons. Des armes et de la poudre ont été trouvées chez la plupart d'entr'eux.

Paris a été très-calme aujourd'hui, le calme continue ce soir; mais cependant de fortes patrouilles sillonnent la ville.

Il va falloir épurer les administrations, encombrées d'amis des conjurateurs. Déjà quelques préfets et sous-préfets ont été changés. Le général d'Arbouville, engagé avec le Molé, a donné sa démission.

Gigoux, le peintre, arrêté dans la nuit de vendredi à samedi par des agents qui prétendent lui avoir entendu préconiser l'assassinat du président, a réclamé la protection de la direction générale des musées au moment où les gendarmes allaient le conduire à la préfecture de police. Il a été relâché et il nie comme un beau diable le propos qu'on lui attribue.

Léon de Laborde s'est montré hier chez la Princesse Mathilde; il est en plein bonapartisme, n'ayant pu, par *ses vœux* et ses intrigues, faire réussir les émeutiers, et cependant, il votera contre la présidence décennale.

Il y avait hier, au cimetière Montmartre, trente-huit cadavres de messieurs bien mis, dont les mains et la figure portaient des traces de poudre. Deux associés d'agent de change ont été fusillés, après avoir été pris au moment où ils tiraient sur les soldats.

La petite banque et le petit bourgeois sont très-mauvais.

Le nombre des morts parmi les insurgés, tant tués pendant le combat que fusillés après, dépasse deux mille. La répression a donc été rude. Dieu veuille que ce soit la dernière dont ait besoin la ville de Paris. Je n'ose malheureusement pas l'espérer, il faut à cette grande folle un spectacle de sang tous les deux ou trois ans. Ce spectacle remplace pour elle les courses de taureaux qui font les délices des Espagnols.

MARDI 9 DÉCEMBRE.

Les socialistes sont parvenus à ensanglanter quelques départements. A Clamecy, dans la Nièvre, la ville a été par eux mise à sac; assassinats, femmes violées, pillage général, rien n'y a manqué; à Poligny, dans le Jura, les troubles que l'on croyait apaisés, ont repris d'une manière plus grave; on attend des nouvelles. A Cabestang (Hérault) et à Béziers, les légitimistes et les principaux propriétaires ont été assassinés. A Nuits (Côte-d'Or), M. Arth. Marey-Monge a été également assassiné. Sans le coup de vigueur du Prince Louis-Napoléon, ce qui se passe dans quelques localités aurait été, en 1852, l'état normal de toute la France.

Les partis ont été surpris avant le moment fixé par eux pour agir. Nous aurions revu la Jacquerie et toutes ses horreurs.

Les légitimistes fous n'ouvrent pas encore les yeux. La société de Paris, gangrenée jusqu'à la moelle, ne trouve de pitié que pour les assassins, les barricadeurs; elle ne sait blâmer que la répression et l'action de l'armée, qui cependant sauve non-seulement la France, mais l'Europe.

La princesse Bagration traite le président de bourreau. Les clubs de l'Union du Jockey, des Moutards, où se réunit l'élite des inutiles et des niais, les fils dégénérés des grandes familles, ne décolèrent pas de voir l'ordre maintenu.

On les sauve malgré eux et ils ne savent qu'injurier le pouvoir sauveur.

Les orléanistes et les légitimistes, réunis un moment par la haine, regrettent de ne pouvoir s'entredéchirer au profit des socialistes, qui comptaient sur leurs divisions. Plus on a d'indulgence pour eux, plus ils sont arrogants et insolents.

M. Thiers est abattu, la prison de quelques jours qu'il a subie l'a rendu misérable; il est démonétisé. Ce petit grand homme est parti pour l'Italie.

M. Léon Faucher, ce cuistre impertinent, après avoir écrit une lettre insolente au président, a reçu l'ordre de quitter la France; il est parti.

Victor Hugo, maintenant que la bataille est finie, veut transformer sa couardise en héroïsme. On le méprise et on lui dit : « Allez trembler plus loin ! »

Mon frère Louis persiste dans sa démission; il fait une sottise; c'est un garçon impressionnable comme une femme; il a vu les députés repoussés de la Chambre : il demeure sur la place du Palais Bourbon; il a eu une fièvre épidermique; puis, il est lié avec tous les orléanistes et il s'est dévoué en victime. Aujourd'hui, les gens qui brisent son avenir le portent au ciel par leurs louanges; dans un mois, ils le blâmeront et ils le recevront avec moins de plaisir, parce que ce ne sera plus un homme important : le directeur de la politique extérieure.

Mon frère Louis ne connaît ni les hommes, ni le monde, il est encore étourdi de sa crânerie; je ne lui donne pas six semaines pour sentir bien lourdement sa légèreté.

DIMANCHE 14 DÉCEMBRE.

L'insurrection est partout comprimée. Dans le département des Basses-Alpes, les bandes armées se retirent devant les troupes, et d'ici à deux ou trois jours, nous apprendrons le rétablissement des autorités et de l'ordre. La mission de la justice, mais d'une justice sévère, va commencer. Le corps social est malade et doit être traité par des remèdes énergiques. Il ne faut pas se laisser entraîner à cette dangereuse clémence qui perpétue les révolutions et les émeutes, en ménageant les fauteurs. Le socialisme est un crime qui doit être poursuivi comme le serait le parricide. En huit jours, il a étalé au soleil, dans trois ou quatre départements où il a pu se croire un moment triomphant, les forfaits les plus monstrueux.

Des femmes et des jeunes filles ont été violées publiquement, avec tous les raffinements de la plus sale luxure; quelques-unes ont été égorgées après avoir servi à la débauche des insurgés transformés en autant de *de Sade*.

A Clamecy, une femme a été violée devant son mari; puis ses deux filles ont subi le même sort et tous ont fini par être égorgés : père, mère et enfants. A Poligny, mêmes scènes, à Digne et autres localités !... Des commissaires, envoyés par la propagande de Londres, étaient à Paris dès le premier jour des barricades. Louis Blanc lui-même, habillé en femme, s'était hasardé au milieu de l'émeute. Les maisons des *aristos* devaient être pillées, les musées, les bibliothèques livrés aux flammes, car suivant la doctrine des barbares du XIX° siècle, les arts corrompent le peuple.

Le socialisme est une plaie qu'il faut cautériser à tout prix. En France, la liberté n'est que le droit acquis aux pervers de détruire l'état social. Nous avons besoin de désapprendre la fausse liberté.

Louis-Napoléon a accompli courageusement et habilement le plus grand acte politique des temps modernes, il est important qu'il conserve le calme et la fermeté nécessaires au rôle de sauveur de l'Europe que l'histoire lui décernera.

La clémence et la pitié sont deux vertus des époques de calme et de paix, qu'il faut voiler. La société toute entière est en état de siége, elle a besoin de *réapprendre* le respect de la famille, des lois, de l'autorité; la justice elle-même doit se raffermir. En un mot, Louis-Napoléon doit traverser son siècle comme un homme de bronze, inflexible et juste, sans pitié dangereuse, le glaive de la répression à la main.

Le salut de la société est à ce prix.

Tous les agents du pouvoir, faibles ou douteux, seront, j'en ai l'espérance, mis de côté; les traîtres et les mauvais, chassés; l'instruction publique sera purgée pour sauver la jeune génération qui s'élève, du poison qui a gangrené la génération actuelle.

Une nouvelle impulsion va être donnée aux arts. Un ministère des Beaux-Arts sera créé. Morny sera ministre, il réunira l'Instruction, la partie artistique des Travaux publics, les bibliothèques, etc., etc.

Notre direction générale sera augmentée des commandes de travaux d'art, des expositions annuelles, des musées de province, etc., et notre musée du Louvre recevra les bronzes et vases antiques, ainsi que les dessins de la Bibliothèque Nationale.

Il y a beaucoup à faire dans la direction des beaux-arts; cela sera-t-il bien fait? C'est le point important.

MARDI 16 DÉCEMBRE.

Des papiers saisis chez M. Baze, questeur de l'assemblée nationale, il résulte la preuve d'un complot contre le président de la république. Les arrêtés de réquisition directe ont été trouvés préparés en double expédition. Toute la force armée de la première division militaire, c'est-à-dire de onze départements, passait sous le commandement du général nommé par l'assemblée.

Cela en dit assez pour justifier la mesure défensive prise par Louis-Napoléon.

La Gueronnière me disait hier qu'à un dîner auquel il assistait, chez M. l'abbé Duguerry, curé de la Madeleine, le supérieur du séminaire d'Issy affirmait avoir reconnu le prince de Joinville sous un déguisement, dans la commune même d'Issy, il y a peu de temps. Cette reconnaissance concorderait avec le propos tenu par M. de Thorigny, ministre de l'Intérieur, à M. de La Rochejaquelin, le jour du vote sur la proposition des questeurs :

« Prenez garde! Vous allez tomber en plein complot « orléaniste; le prince de Joinville est en France, nous « avons suivi ses pas jusqu'à Issy; mais là nous perdons « sa trace. »

Dimanche, j'ai dîné chez la Princesse Mathilde; le soir, le ministre de la Guerre et le général d'Hautpoul sont arrivés, ainsi que M. Turgot, le ministre des Affaires étrangères.

Il a été fort question de l'insurrection du département des Basses-Alpes, ainsi que des horreurs commises à Clamecy.

Les insurgés des Basses-Alpes sont au nombre de quatre à cinq mille hommes armés; ils ont les canons de la garde nationale et sont retranchés sur les contreforts des montagnes. Aujourd'hui encore, il n'y a pas de nouvelles de rencontre décisive entre eux et la troupe.

A Clamecy, les bandes socialistes, maîtresses de la ville, se sont fait servir à dîner et elles ont contraint trente-huit des plus jolies et des plus jeunes femmes ou filles de la localité à les servir dans un complet état de nudité. Ces malheureuses ont été violées *coram populo* sur la place publique. Les prêtres, liés à des poteaux, assistaient à ces saturnales; les insurgés se relayaient pour violer et chaque femme a été la proie de plusieurs bandits; à la fin, on cherchait ceux qui pouvaient justifier d'une maladie vénérienne pour qu'ils la communiquassent aux victimes de leur brutalité.

MARDI 16 DÉCEMBRE.

Il faut que la lâcheté soit bien grande chez nos bourgeois qui ont vu s'accomplir de tels forfaits sans se faire massacrer jusqu'au dernier pour chercher à les empêcher. Ainsi, voilà toute une ville flétrie, de nombreuses familles dont l'honneur est sali, moins par le viol, que par la lâcheté des hommes qui n'ont pas su mourir sur le seuil de leur foyer domestique pour défendre leurs femmes et leurs filles!

Ces lâches n'oseront plus désormais lever les yeux sur leur famille, il leur sera interdit de porter des armes dont ils n'ont pas su se servir, de parler de leur honneur et de leur courage. Lâche race de bourgeois, impuissante pour le bien, Caïns qui n'ont su jamais tuer que des Abels, cachez-vous avec la marque réprobatrice sur le front! Quand les temps calmes reviendront, on les entendra les premiers réclamer l'extension des libertés, l'armement des gardes nationales, etc., etc.

JEUDI 18 DÉCEMBRE.

Cavaignac est relâché; il va se marier et partir pour la Belgique.

Le gouvernement avait répandu, dans les jours qui ont suivi le 2 décembre, des bruits d'intentions rigoureuses, plutôt pour effrayer, qu'avec la résolution de les mettre à exécution. Ainsi, en dehors du champ de bataille, je ne crois pas qu'il y ait eu d'exécutions.

Ceci ressemble à la destitution de Carlier, que j'ai relatée plus haut. A cette époque, on parlait beaucoup de la connivence de ce fonctionnaire avec Changarnier, pour expliquer son renvoi; nous avons su depuis le pourquoi de ces bruits.

L'élection du président se prépare, on ne discute plus que sur la majorité qui le nommera; quel en sera le chiffre?

Parmi ses ennemis, des gens ordinairement calmes parlent avec acharnement des chances qu'il a d'être assassiné. Le sens moral est profondément perverti en France. Le pays a besoin d'une régénération morale, de paix, d'absence de ces prétendues libertés qui n'étaient que la licence. La presse a fait un mal énorme aux populations, elle était entre les mains de l'écume de la littérature, d'écoliers aux études avortées, d'esprits déréglés et ambitieux, qui sacrifiaient tout à leur vanité. Il faut d'abord porter remède à ce mal profond. Les écrivains de la presse périodique étaient organisés comme un Etat dans l'Etat.

SAMEDI 20 DÉCEMBRE.

Hier, il y avait, comme tous les vendredis, soirée au Louvre; le colonel L'Espinasse y est venu et voilà ce qu'il m'a raconté :

Le 30 novembre dernier, le ministre de la Guerre m'a fait appeler et il m'a dit : « Colonel, la situation po- « litique dans laquelle nous nous trouvons est des plus « critiques; l'assemblée se déclare de plus en plus hostile « au président; avant peu, si on la laisse faire, la conspi- « ration tramée par elle et dont la proposition des questeurs

« n'était que le premier acte, aura son explosion. Les
« projets des conspirateurs ne sont plus un secret pour
« personne. Mettre le président à Vincennes, s'emparer
« du gouvernement, tel est leur but. Nous sommes donc
« menacés de la guerre civile, nous avons donc à craindre
« la dislocation de l'armée, tiraillée par les partis qui, le
« lendemain de leur victoire, ne marcheraient plus d'ac-
« cord et, définitivement, nous subirons la république so-
« ciale, une Terreur pire que celle de 1793, la ruine et la
« honte de notre pays.

« Le président veut prévenir un tel état de choses
« et, pour y parvenir, il a résolu de dissoudre l'assemblée,
« d'e... arrêter les principaux meneurs et d'en appeler,
« p... ...ver ses actes, à la nation tout entière. J'ai
« compte sur vous, sur votre énergie, qui m'est connue,
« pour exécuter les mesures nécessitées par le coup d'état
« salutaire, me suis-je trompé ? »

Je répondis que le président pouvait compter sur moi.

A l'instant même, il me fut remis une carte dont la présentation devait me donner accès dans tout le palais de l'assemblée nationale, et, sans perdre de temps, profitant de mon droit, j'examinai la position que je devais emporter; puis, ayant reconnu le faible de la place et pris mes dispositions, je revins chez le ministre et je lui répondis du succès de l'entreprise quand il me donnerait l'ordre d'agir. Cet ordre ne se fit pas attendre longtemps. Dans la nuit du 1ᵉʳ au 2 décembre, je fus réveillé par trois commissaires de police, chargés chacun d'une lettre que j'ouvris et qui contenait des mandats pour procéder à l'arrestation des questeurs; d'autres ordres m'enjoignaient de m'emparer du Palais législatif, dont le commandement m'était remis, et enfin, je devais remettre au président Dupin une lettre du Prince.

Les trois commissaires parurent d'abord émus de la gravité de l'acte qu'ils allaient avoir à accomplir; mais quelques paroles fermes que je leur adressai leur rendirent assez d'assurance, et d'ailleurs, ils virent à l'expression de ma figure combien j'étais parfaitement résolu. Leur concours me fut dès lors assuré.

Vers 2 heures $1/2$, mon régiment quittait sans bruit l'École militaire, deux cents hommes investissaient l'ensemble du Palais législatif avec ordre de n'en laisser sortir personne, et de ma personne, je me présentai, suivi de forts pelotons, à la petite porte du guichet de la présidence, où je demandai successivement à parler à l'officier commandant le poste et au chef de bataillon commandant le palais. En un moment, les deux officiers, étonnés de ma présence à une pareille heure, furent mis aux arrêts forcés dans une chambre que je fis garder militairement, et, maître du palais, je pus procéder à l'arrestation des trois questeurs, MM. Baze, le général Leflô et de Panat.

M. Baze tenta, sans succès, l'empire de son éloquence sur mes soldats, qui se moquèrent de lui.

Le général Leflô, en grand uniforme, voulut haranguer la troupe, protester au nom des droits de l'assemblée; je ne lui permis pas de continuer ses tentatives, et avec tout le respect possible, je lui fis comprendre que, militaire chargé d'une mission, je ne pouvais permettre qu'il fît appel, contre les ordres dont j'étais porteur, aux soldats qui m'accompagnaient.

Mes hommes l'emmenèrent sur un signe que je leur adressai.

Débarrassé des questeurs, je me fis introduire chez M. Dupin, auquel je remis la lettre du Prince qui, après lui avoir expliqué la nécessité du coup d'état qui s'accomplissait, l'assurait de la conservation de sa liberté, mais lui conseillait néanmoins de laisser passer les premiers moments en demeurant fort calme au Palais législatif.

Le président Dupin répondit : « J'aime mieux cela », et il resta.

Tout allait à merveille; le jour se levait. Je réunis à mes troupes les soldats préposés à la garde de l'assemblée et qui tous jusqu'alors avaient ignoré quelle mission ils accomplissaient, et je leur dis :

« Soldats ! Une conspiration tramée par plusieurs
« membres de l'assemblée nationale avait pour but de
« s'emparer du pouvoir et de mettre à Vincennes le neveu
« de l'empereur Napoléon. Elle était sur le point d'éclater;
« nous avons prévenu son explosion; voulez-vous être com-
« mandés par des *pékins* ou par le neveu de l'empereur? »

Un cri unanime de : Vive Louis-Napoléon! fut la réponse des soldats à mon allocution.

La partie devenait de plus en plus belle; cependant, comme il pouvait y avoir un soulèvement à Paris, une tentative d'attaque sur l'assemblée, je ne négligeai aucune précaution. Un nombre considérable de familles d'employés étaient logées dans les bâtiments de service du Palais législatif. Je dus laisser circuler les bonnes, les domestiques. Une soixantaine de députés profitèrent de ces facilités pour se réunir dans la salle des séances; ils y délibéraient la déchéance du président, lorsque je fus informé de ce qui se passait.

Aussitôt je chargeai un chef de bataillon de la gendarmerie mobile d'expulser du palais cette tentative de réunion. Cet officier fut accueilli par des huées, des cris; je crus un moment qu'il serait assommé; définitivement, il dut battre en retraite. J'entrai dans la salle à la tête de mes grenadiers et je fus également reçu par des vociférations. Les députés présents engageaient des luttes avec mes soldats. Voulant éviter tout scandale, j'obtins un moment de silence et je dis :

« Messieurs, au nom de votre propre dignité, cessez
« de vous opposer à l'accomplissement des ordres que je
« suis chargé d'exécuter, et ne me placez pas dans la né-
« cessité d'avoir recours à la force dont je dispose. »

Les cris, les vociférations, les injures couvrirent mes paroles, je ne pouvais laisser se prolonger une telle scène; quelques énergumènes saisissaient mes gendarmes par leurs buffleteries; je prononçai d'une voix qui dominait le tapage, l'ordre suivant :

« Gendarmes, emportez ces messieurs! »

Le commandement fut exécuté, non sans peine; les gendarmes emportèrent les députés comme on emporte des paquets. Les plus enragés parmi ces ex-représentants s'accrochaient à leurs bancs, ce qui faisait dire aux gendarmes : « Tiennent-ils à leurs 25 francs, ces gaillards-là! » Un plus énergumène encore voulait être frappé, il le demandait avec instance, tellement qu'à bout de patience, le gendarme lui dit : « *C'est votre dernier mot?* » et sur une réponse affirmative, il lui donna une bourrade à l'aide de laquelle il put tomber, et enfin, au comble de ses vœux, il fut emporté.

Le palais débarrassé, j'organisai le service militaire, et je pensais n'avoir plus qu'à m'occuper de ce soin, mais on vint me prévenir que mes députés chassés de la salle des séances avaient ameuté quelque populace et forçaient le poste qui gardait la porte d'entrée de la rue de Bourgogne. J'y courus avec une compagnie, je coupai en deux la colonne envahissante, et après en avoir refoulé dans la rue la partie qui encombrait le poste, je m'adressai en ces termes aux députés qui marchaient en tête et que je tenais prisonniers :

« Vous n'êtes plus pour moi des députés; vous êtes
« des insurgés qui ameutez la populace et forcez une con-
« signe; à votre première violence, je vous ferai fusiller. »

Mon attitude résolue leur en imposa, je n'entendis pas un mot; tous furent gardés à vue dans une chambre; mais peu à peu, et d'un ton très-radouci, ils me demandèrent leur liberté et je la leur rendis.

— « Colonel, demandai-je, les auriez-vous fait fusiller, s'ils avaient méprisé vos menaces? »

— « Sans doute, je jouais ma tête, et je ne voulais pas la mal jouer. »

Le colonel L'Espinasse est de taille moyenne, il paraît avoir tout au plus quarante ans; ses cheveux et sa moustache sont noirs, ses traits sont énergiques, son regard est ferme, et sa parole brève est faite pour le commandement.

Fleury, l'officier d'ordonnance du président, avait depuis longtemps désigné les officiers et les troupes qui, le cas échéant, pouvaient être chargés de soutenir un coup d'état. Saint-Arnaud et L'Espinasse étaient du nombre. Saint-Arnaud, dans cette prévision, avait été chargé de l'expédition de la Kabylie; il en avait rapporté le grade de lieutenant-général et il était revenu en France pour prendre possession du ministère de la Guerre.

Les hommes étaient choisis avec discernement. Quant à l'assemblée nationale, si redoutable, si forte, qui agitait tellement le pays, qui se croyait invincible sous le bouclier d'une constitution stupide; quant à tous ces conspirateurs à 25 fr., les Baze, Leflô, de Panat, etc., qu'a-t-il fallu pour les dissiper ?.....

Un colonel a dit à quelques gendarmes : emportez-moi ces hommes-là! et ils ont ridiculement été emportés au milieu des quolibets.

Puisse une telle fin être celle du règne des bavards!

DIMANCHE 21 DÉCEMBRE.

Je viens de voter, à la Halle aux draps, pour le président.

Hier, j'ai dîné chez la Princesse Mathilde; les complimenteurs commencent à affluer, ce sera un débordement dans quelques jours.

De Belleyme et Chaix d'Estange s'y trouvaient, le maréchal Excelmans, etc., etc.

Il y a de grandes promotions dans l'armée, dix-huit généraux, etc.

JEUDI 25 DECEMBRE.

Lord Palmerston vient de tomber du haut de sa politique machiavélique, aux applaudissements de l'Europe.

Lord Granville entre aux affaires. Décidément, la démagogie est vaincue sur tous les points. Les réfugiés seront mieux surveillés, s'ils ne sont pas expulsés. L'Italie va respirer. Lord Palmerston a fait bien du mal à l'Europe et même à son pays. Cet homme avait le génie du mal, il aurait volontiers mis le feu au monde pour se chauffer les pieds.*)

Les votants pour Louis-Napoléon connus jusqu'à ce jour sont au nombre de 5.552,000 contre 510,000 qui ont dit non.

De grandes réformes vont avoir lieu en France, dans l'organisation des ministères : ceux du Commerce et des Travaux publics seront réunis à l'Intérieur, celui des Cultes à la Justice; un ministère des Beaux-Arts sera formé pour Morny.

Baroche aura l'Intérieur.

Persigny, dit-on, les Affaires étrangères.

La Direction générale des musées gagnera en importance et en attributions.

Il est question d'y réunir le musée de Cluny, celui de l'artillerie, les bronzes et les dessins de la bibliothèque Ste-Geneviève et la surveillance de tous les musées de province.

---

*) Il y a de l'injustice dans ce jugement; Lord Palmerston est un véritable homme d'affaires.

Je suis toujours proposé pour être secrétaire de cette direction.

Mon neveu, Charles de Vieil Castel, sollicite une préfecture; sa mère m'a écrit pour me prier de l'appuyer; je l'ai fait avec plaisir, et Morny a déjà une note pressante à ce sujet.

Ce soir, j'ai dîné chez la Princesse Mathilde. Le président assistait hier à la représentation de l'Opéra. Il a été reçu par trois salves d'acclamations; il était fort ému.

VENDREDI 26 DÉCEMBRE.

La nouvelle Chambre à nommer n'aura pas, pour les ambitieux, le même attrait que les Chambres loquaces de la Restauration et du régime de 1830. Les séances n'en seront pas publiques; les journaux n'en publieront pas le rendu-compte. On veut des hommes d'affaires, on est las des bavards; depuis près de quarante ans, nous avons servi de théâtre aux bateleurs de la parole.

Le prince Jérôme est mécontent de n'avoir pas été nommé président du Comité consultatif et il a exprimé son mécontentement en termes inconvenants dans une lettre que publient les journaux italiens. Le président lui a donné un congé de six mois et *son fils a reçu le conseil* de partir pour Londres, où il est maintenant. Le chiffre du vote est aujourd'hui de 6,100,000. On ne connaît encore que les opérations de quatre-vingt-un départements, dont vingt-deux seulement définitives.

MERCREDI 31 DÉCEMBRE.

Le président est proclamé par 7,400,000 voix. Sa force est immense; nous verrons comment il en usera?

L'année 1851 qui finit aujourd'hui est curieuse et laisse à l'histoire son contingent d'événements importants.

Est-ce l'empire qu'elle fonde?

Louis-Napoléon a paru pour la première fois avec l'uniforme de l'armée; il n'est plus question de celui de la garde nationale. Dieu veuille que cette institution bourgeoise, qui n'a jamais empêché une révolution et qui a favorisé toutes les perturbations, disparaisse. La bourgeoisie a fait son temps; c'est elle qui, avec son outrecuidante vanité, nous a conduits depuis soixante ans dans tous les précipices.

Il y a déjà de la monnaie à l'effigie du président. L'aigle remplace le coq, et Ségur d'Aguesseau proposait ce matin à la Commission consultative de décréter l'appropriation des Tuileries à la demeure du chef de l'Etat. Baroche a fait décider qu'il fallait laisser résoudre cette question par le président lui-même. Les familiers poussent à l'empire, tout s'agite, les ambitions se remuent. Celui-ci veut être sénateur, celui-là membre du Corps législatif; quelques-uns rêvent les habits brodés des chambellans. Il y a impatience de jouer au grand seigneur, d'une quantité de gens qui ne sont pas faits pour l'être.

Pauvre nation française! vaniteuse putain qui roule d'amours en amours, toujours désireuse de se farder pour le dernier venu. Des broderies, des décorations, des titres, voilà ce qui remplace le *panem et circenses* des anciens Romains.

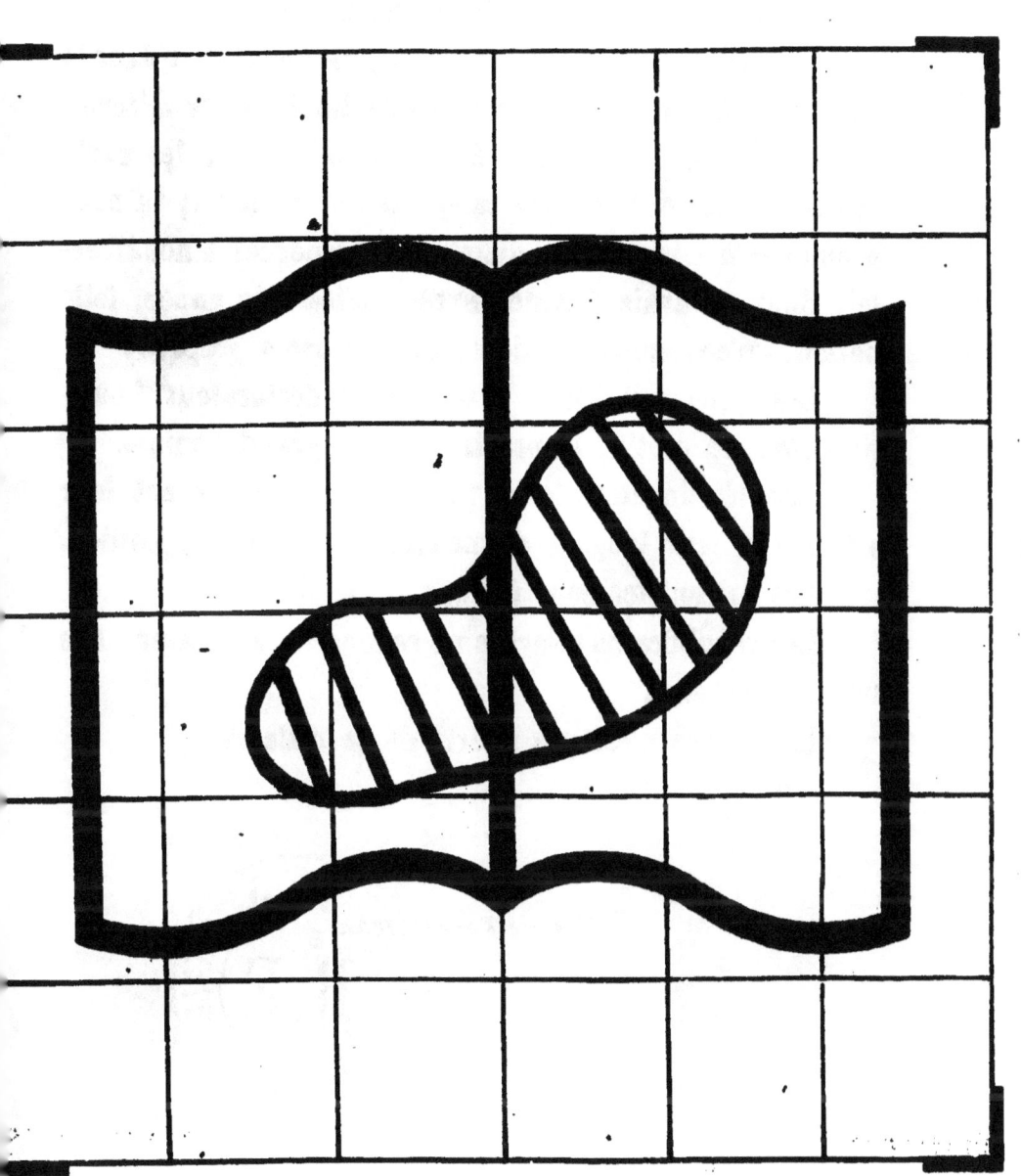

Demain, le *Te Deum* à Notre-Dame, l'inauguration solennelle; on s'arrache les billets pour cette cérémonie et le ministre les donne difficilement.

Va, pauvre et misérable année, va t'engloutir dans la fosse des siècles, avec ton cortége de hontes et de misères! Tu as vu mourir le règne des parlementaires; les excès des socialistes ont mis du sang sur ton manteau; tu nous as amenés à désirer une dictature, à renoncer à nos libertés, dont tu avais fait des excès. Misérable année, folle nation, qu'adviendra-t-il de ce que tu avais préparé?

Les gens qui, il y a un mois, déclaraient Louis-Napoléon un crétin, le proclament un grand homme.

Les légitimistes de la petite église conservent leur attitude et leur langage de mauvaise et funeste opposition.

Les orléanistes sont furieux.

Les républicains atterrés ne renoncent point à prendre une revanche......

La France n'est pas guérie de sa maladie.

Fin de l'année 1851.

INDEX

DES
NOMS CITÉS DANS LE PREMIER VOLUME.

A

Arlincourt (d') p. 6
Ardant p. 29
Agoult (Mme d') p. 39
Ancelot p. 43, 44
Aguado p. 46
Arago p. 59, 60
Audenarde (d') p. 89
Anastasi p. 93
André (Jules) p. 107
Adam (Edmond) p. 113, 114
Armandi (général) p. 116, 199
Auguiot p. 57, 58, 84, 128, 140, 142, 143, 151, 159, 160, 220
Arnaud (Saint-) p. 199, 201, 202, 219, 246
Aumale (duc d') p. 148
Audigné p. 149
Aldobrandini p. 170
Ange (de Saint-) p. 186
Angoulême (duchesse d') p. 148
Arbouville (d') p. 232
Albufera (d') p. 213

B

Bacciochi p. 49, 50, 51, 63, 88
Baillon (de) p. 25, 116
Bagration p. 234
Baroche p. 11, 14, 44, 45, 149, 163, 171, 199, 247, 249
Barrot (Odilon) p. 21, 59, 117, 174, 229
Baraguay-d'Hilliers p. 61, 75, 154, 163, 220
Barbier (Mme) p. 91, 92
Baudin (Soulanges) p. 116
Baudin (amiral) p. 212
Baudin (député) p. 226
Bauffremont p. 127
Baze p. 23, 214, 237, 220, 242, 246
Bearn (de) p. 6, 7
Beaumont p. 8
Beauveau p. 195
Bedeau (général) p. 71, 72, 118, 222
Belhomme p. 98
Belmont (de) p. 121, 122, 203, 205
Belleyme (de) p. 246
Berger p. 10, 178
Berghes (de) p. 169
Bernard p. 228
Bernardi p. 175, 176
Berthier, p. 27
Bertin p. 208

Berryer p. 44, 197, 209, 212, 228, 229
Bethune (de) p. 86
Biard (M™°) p. 168
Billaudel p. 197
Blanc (Louis) p. 53, 60
Blanc (Charles) p. 88
Bois-le-Comte p. 18, 20, 56
Bonaparte (Louis - Napoléon) p. 11, 15, 16, 17, 25, 55, 61, 86, 113, 136, 149, 150, 151, 153, 157, 162, 163, 166, 167, 176, 190, 198, 204, 207, 209, 210, 211, 212, 213, 215, 216, 217, 218, 219, 221, 223, 224, 228, 229, 233, 236, 237, 240, 241, 243, 246, 247, 248, 249, 250
Bonaparte (Jérôme) p. 133, 248
Bonaparte (Napoléon) p. 175, 248
Bonaparte (Princesse Mathilde) p. 5, 6, 8, 10, 11, 17, 24, 33, 34, 35, 36, 46, 47, 55, 57, 61, 64, 66, 76, 79, 84, 87, 92, 109, 115, 116, 118, 123, 126, 128, 132, 133, 135, 136, 141, 143, 148, 149, 152, 153, 154, 155, 158, 161, 171, 173, 174, 189, 199, 201, 205, 210, 213, 220, 225, 230, 232, 238, 246, 248
Bonaparte (Murat) p. 65, 88, 115

Bonaparte (Pierre) p. 152, 153, 154, 156
Bonaparte (Lucien) p. 153
Bonaparte (Antoine) p. 153, 156
Bonaparte (Canino) p. 6, 44, 52, 53, 82, 92, 93, 115, 120, 140, 151, 152, 153, 154, 156
Bonneval (de) p. 99
Bonnechose (de) p. 107
Boulanger, p. 139
Boulay de la Meurthe p. 83, 152, 171
Bourgoing (de) p. 12, 13
Bresson p. 5, 144
Bretonne p. 18, 19
Breviés (de) p. 93
Briffaut p. 93
Brohan (Augustine) p. 126
Butenval (de) p. 55, 56

C

Calvimont p. 73
Campo Alanqué p. 146
Canrobert 230
Caraman (de) p. 6, 169
Carondelet p. 69
Carnot (de) p. 174
Carlier p. 135, 173, 190, 202, 206, 207, 218, 224, 239
Carrelet (général) p. 197
Caulaincourt (de) p. 55
Caumont (de) p. 210
Castellane (de) p. 5, 126, 128
Cavaignac (général) p. 16, 44, 71, 162, 223, 226, 227, 239

Cavé (Mme) p. 139, 140
Cayé. p 29
Cayeux p. 221
Chabot (de) p. 96
Chabrillant (de) p. 34, 122
Chaix d'EstAnge p. 5, 6, 230, 246
Chamerolles p. 164
Chambord (comte de) p. 14, 183
Changarnier (général) p. 7, 16, 17, 44, 56, 71, 176, 197, 206, 208, 212, 216, 217, 218, 220, 222, 224, 227, 240
Champagnac p. 15
Chanay p. 220, 221
Chardon p. 160
Charras p. 71
Chataigneraie (de la) p. 9
Chateaubriand (de) p. 22
Chauvin p. 175
Chennevières (de) p. 116
Clary p. 213, 218
Clot Bey p. 189
Coislin (de) p. 25, 34
Coigny (de) p. 128
Colfarne p. 190
Contades (de) p. 5, 34, 115, 202
Coquereau (abbé) p. 65, 173
Courbet p. 44
Courbonne (de) p. 189
Courtaumer (de) p. 37
Courtigis (général) p. 80
Craon (de) p. 195
Crémieux p. 60, 117, 176
Crès (Princesse de) p. 91, 153
Cretineau Joly p. 150

Creton p. 53, 65
Crouseilhes (de) p. 121, 122, 203

D

Danclá p. 7
Danremont p. 75, 76
Dash (comtesse) p. 8
Decamp p. 138
Delagarde p. 18
Delahaye (Mlle) p. 46
Delaharpe p. 72
Delessert p. 119
Delille p. 63
Delpech p. 225
Demidoff (prince) p. 66, 67
Densin (Mlle) p. 57
Denpey p. 132
Desprès p. 46, 66, 76, 92, 110, 126, 128, 129, 133, 144, 149, 202, 203, 207
Diaz p. 139
Didier p. 111, 112, 186, 203, 207
Didier (Saint-) p. 44
Dino (de) p. 30, 66
Dolomieu p. 83
Douglas p. 148
Drisen (Mme de) p. 156
Drouyn de l'Huys p. 173
Duban p. 61, 62, 151
Duchâtel (comtesse) p. 57
Dudon p. 127
Duguerry (abbé) p. 237
Dufougerais p. 200
Dumas (Alex.) p. 8, 48, 108, 109, 110
Dumont p. 140, 143, 159

Dupaty p. 191, 192
Dupin p. 45, 211, 212, 213, 222, 230, 242, 243
Dupont p. 33, 191
Duprez p. 182
Duras (de) p. 38
Devinck p. 222

E

Elsler (Fanny) p. 47
Epine (de l') p. 50
Esclignac (d') p. 127
Espinasse (général) p. 240, 245
Excelmans p. 10, 34, 65, 87, 93, 106, 107, 115, 133, 144, 149, 152, 174, 198, 220, 246

F

Falloux (de) p. 228
Faucher (Léon) p. 146, 149, 151, 172, 184, 198, 207, 234
Félix (de Saint-) p. 89
Feuillet de Conches p. 3
Fievée p. 206
Fiorentino p. 117, 182, 183
Fitz James (de) p. 121, 203, 232
Flahaut (de) p. 144, 199
Flamarens (de) p. 9, 149
Flavigny (de) p. 14, 19, 20, 56, 231
Fleury (général) p. 202, 224, 245, 262
Fontanar p. 19

Forey (général) p. 225
Foucher (Victor) p. 43
Fould p. 77, 124, 199, 210
Foy (général) p. 5

G

Gabriac (de) p. 20
Ganay (de) p. 170
Gauthier (Théophile) p. 203, 204
Geraldine Pacha p. 150
Georges (de Saint-) p. 27, 51
Géraldy p. 7
Gigoux p. 25, 232
Giraud p. 25, 86, 93, 107, 110, 116, 126, 220
Girardin (Emile de) p. 21, 208, 209, 210
Girardin (Mme de) p. 47
Gosselin p. 40
Goya p. 106
Granier de Cassagnac p. 29
Grandville (Lord) p. 247
Grehan p. 63
Greppo p. 138
Guadalcazar (marquise de) p. 18, 19, 70, 89, 132
Gudin p. 25, 54, 58, 132, 134, 135
Gueronnière (de La) p. 124, 150, 151, 200, 205, 209, 210, 213, 214, 221, 226, 237
Guichart p. 151
Guitaud (de) p. 5, 10, 18, 25, 144
Guizard p. 123, 158
Guizot p. 14, 47, 50, 155

H

Haumann p. 86
Haureau p. 90, 91
Hautpoul (d') p. 238
Heeckeren (de) p. 108
Hohenzollern p. 163
Hope p. 122
Houssaye (Arsène) p. 125
Herfort p. 23, 54, 116, 126, 149
Hugo (Victor) p. 21, 27, 109, 167, 168, 171, 172, 234
Hugo (Charles) 172
Humboldt p. 38, 194

I J

Isabelle (reine) p. 49, 144, 145
Ivry (d') p. 122
James p. 119
Jancovriez Bey p. 150
Janin (Jules) p. 109, 191, 192, 193, 204, 205
Jarnac (de) p. 32
Jeanron p. 58, 88, 97
Joinville (prince de) p. 237
Joly p. 138
Jouffroy (de) p. 29
Jousselin p. 93
Judith (Mlle) p. 114

K

Kalerdjy (Mme) p. 107, 108, 118
Kisseleff p. 84, 141, 149, 210
Kocburn (Mlle) p. 89
Koreff p. 135, 147
Kruger p. 25

L

La Bouillerie (de) p. 89
Labat p. 33
Labatut p. 110
Laborde (de) p. 24, 55, 57, 75, 119, 120, 125, 142, 163, 169, 175, 193, 232
Lacarte (Mme de) p. 192
Lacroix (Eug.) p. 147
Ladvocat p. 118, 119
Lagrange (de) p. 18, 59
Lagrenée (de) p. 10, 11, 12
Lamartine (de) p. 7, 22, 40, 41, 42, 60, 89, 176, 205, 209, 210, 218
Lamoricière (général de) p. 23, 44, 71, 213, 216, 222, 227
Langlade p. 174
Lapeyrouse (de) p. 91
Las-Marismas (de) p. 45, 87
Lasteyrie (de) p. 81, 82, 83, 93, 95, 96, 97, 118, 212, 217, 231
Latour Dumoulin p. 51
Laurencie (de) p. 64
Laurent Jan p. 205, 207
Lauriston (de) p. 203, 225
Lautour Mézeray p. 48, 187, 188
Lebon (Joseph) p. 168, 169
Lebrun p. 61
Leclerc (Th.) p. 206
Lecomte (Jules) p. 49, 51, 63, 64
Ledochonsky p. 92
Ledru Rollin p. 27, 53, 60, 89, 114, 176
Leflô (général) p. 242, 246

Lefort p. 86, 106, 123
Lehon (comtesse) p. 211
Leopold p. 139
Lepage p. 226
Lepic p. 152
Leroy p. 214, 220, 221
Lesseps (de) p. 157
Letacheff p. 68
Levassor p. 105, 123
Longpérier (de) p. 107, 117
Lostanges (de) p. 74
Lovoëstine p. 223
Löwenhielm (de) p. 47
Louis-Philippe p. 57, 74
Liadière (Mme) p. 141, 142
Lincoln (Lady) p. 147
Larochejaquelein (de) p. 21, 75, 175, 176, 200, 223, 238
La Valette (de) p. 47, 56, 85
Luppé (de) p. 93, 94
Lourmel (de) p. 27

M

Madier de Monjau p. 226
Magnan (maréchal) p. 164, 169, 202, 215, 219
Magnoncourt p. 96
Malitourne p. 158
Manara p. 132, 141, 149
Manuel p. 133
Mars (de Saint-) p. 8, 17, 34, 36, 118
Marrast p. 89, 215
Marest p. 147
Marey-Monge p. 233
Marquet (Mlle) p. 158
Martinet p. 117, 118

Masson (Mlle) p. 33, 88
Marzochi p. 45, 93
Maupas (de) p. 202, 208
Maurice (Charles) p. 182
Mazzini p. 157
Membrée p. 25
Menneval (de) p. 166
Mérimée p. 55, 57, 119, 125, 147
Méry p. 25
Michelet p. 81, 82
Millot p. 158, 186
Miot p. 138
Mirabeau (de) p. 70, 127, 145
Metschersky p. 6, 8, 74
Mocquard p. 50, 163, 203
Mohl p. 184, 185
Moissac p. 29
Moissenet p. 159
Molé p. 21, 23, 197, 212, 217
Molènes (de) p. 96
Montalembert (de) p. 36, 37
Montalivet (de) p. 84, 142
Montebello (de) p. 212
Montéglon (de) p. 25, 44, 107
Montholon (de) p. 91
Monyon p. 133
Morand p. 159
Morel Fatio p. 43, 225
Mornay (de) p. 132, 149, 162, 212
Morny (de) p. 120, 144, 163, 211, 223, 224, 237, 247, 248
Mouchy (de) p. 163
Muller p. 25, 44, 107
Musset (Alfred de) p. 108, 109, 147, 205

N

Nadaillac (de) p. 227
Narvaëz p. 129, 130, 145
Nesselrode (comtesse de) p. 107, 108, 110, 111, 112
Nettement p. 200
Nicolaï (de) p. 133
Nicolas (le Tzar) p. 66, 67
Nieuwerkerke (de) p. 5, 10, 25, 26, 37, 44, 46, 47, 50, 52, 55, 57, 58, 61, 62, 63, 64, 65, 76, 79, 92, 109, 117, 118, 119, 120, 123, 126, 128, 133, 140, 142, 143, 144, 149, 151, 152, 154, 159, 160, 161, 186, 221, 227, 231
Normamby (Lord) p. 57

O

Odier p. 119
Orléans (princesse de) p. 117, 143, 216
Ottin p. 160
Oudinot p. 163

P

Palmerston (Lord) p. 231, 247
Panat p. 242, 246
Papon (de) p. 29, 80, 123
Pastoret (de) p. 7, 72
Perrelet (général) p. 191
Perrier (Casimir) p. 228
Perrot (général) p. 7, 45, 79, 80
Persan (Mme de) p. 127
Persigny (Fialin de) p. 14, 133, 163, 247

Péry (Mme) p. 149
Petit (général) p. 117
Pétra Camara p. 149
Peyronnet (de) p. 121
Piat (Félix) p. 110, 111
Piscatory p. 5, 6, 26, 30, 31, 225
Planay (Mme de) p. 133
Ponchard p. 7
Poniatovski p. 88
Pons (de) p. 9
Poujoulat p. 200
Praslin (de) p. 128

Q

Queler (Mme de) p. 101
Quinet (Edgard) p. 82

R

Rachel p. 125, 146, 159
Raguse (de) p. 133
Ratomsky p. 47, 55, 66, 76, 87, 109, 126, 128
Rauzan (de) p. 39
Rébillot p. 118
Reding (de) p. 64, 65
Reiset p. 107, 228
Rémusat (de) p. 96, 217, 231
Rességuier (de) p. 39, 40
Riboissière (de la) p. 42, 174
Ris (Clément de) p. 44
Riccardo p. 52, 93
Rizza Bey p. 52, 150
Rocca Giovini p. 34, 52, 82, 83, 87, 149, 153
Rochette p. 194
Rochefoucauld (de la) p. 170, 195
Rochefort p. 9

Roger p. 25, 105
Roger de Beauvoir p. 8
Roger du Nord p. 230
Romieu p. 73, 74, 141, 142, 158, 186
Romans (de) p. 14, 74, 75, 76
Roqueplan p. 49, 125, 139, 158, 182, 183
Rossi p. 53, 82, 152, 153, 154, 156
Rothschild (de) p. 23, 49, 60
Rouget p. 107
Rouzet p. 110, 112
Roy p. 85

S

Saillant (du) p. 96
Salvage (de) p. 34, 197
Salvandy (de) p. 72
Saldanha p. 129
Saligny (de) p. 56
Samoïloff p. 132, 149
Sand (Georges) p. 109
Sandeau (Jules) p. 117
Saulcy (de) p. 184, 185
Sauvigny (de) p. 27
Schœlcher p. 88, 95, 138, 226
Ségur d'Aguesseau p. 249
Seligmann p. 7, 33
Sémélé (de) p. 174
Sennone p. 221
Serrano p. 145
Serrurier p. 197
Sirey p. 97
Soulié p. 64, 204
Soult p. 50
Sudre (Mlle de) p. 15
Sue (Eugène) p. 39, 109

Susse p. 26, 70
Sussy (de) p. 149
Sutherland p. 78
Sparre (de) p. 91, 92

T

Taglioni p. 133, 158
Taillefer p. 73
Talleyrand (de) p. 127
Tanneguy Duchâtel p. 6, 68, 69, 96
Tarlet p. 69
Tarral p. 44, 52, 53, 115, 117
Thayer p. 83
Thiers p. 21, 22, 23, 105, 119, 155, 200, 211, 212, 213, 214, 217, 218, 221, 224, 230, 234
Thierry p. 216
Thomas p. 129
Thorigny (de) p. 224, 238
Thuriot de la Rosière p. 19
Tour du Pin (de la) p. 203
Tourdonnet (de) p. 123, 124
Tremisot p. 73
Troubetskoï p. 141
Tracy (de) p. 96
Tubœuf p. 159
Turgot p. 201, 238
Tussac (de) p. 6, 7

V

Vaine p. 113
Vacquerie p. 168
Vaisse p. 75
Valdès p. 158
Vallembroie (de) p. 7
Vallon (du) 15, 27, 28, 102, 123, 124, 151

Véron p. 3, 47, <u>48</u>, 49, 51, 65, 85, 114, 125, 133, 146, 147, 156, 158, 159, 164, 173, 177, 178, 179, 180, 181, 186, 202, 203, 205, 207, 209
Vernaut p. 122
Vieil Castel p. 18, 45, 186, 231, 234, 235, 248
Vieillard p. 90
Villemessant (de) p. 182, 183
Villetreux (de) p. 54, 64, 93, 116
Villoutray (de) p. 126
Viilot p. 45, 91, 92, 107, 118
Vitet p. 1
Voisins (Gilbert des) 133, 134, 158, 186

W

Wallace p. 54
Wagram (de) p. 105, 106
Wells p. 85
Wieloglovsky p. 47
Wolonsky p. 145
Wurtemberg (princesse de) p. 149, 215

Y

Yermoloff p. 96

Z

Zéba (M. de) p. 107, 108, 132

www.ingramcontent.com/pod-product-compliance
Lightning Source LLC
Chambersburg PA
CBHW050632170426
43200CB00008B/986